浙江省“十一五”规划重点建设教材

全国高等院校规划教材·旅游系列

旅游企业财务管理

屠红卫　主　编
申建英　赵金芳　副主编

北京大学出版社
PEKING UNIVERSITY PRESS

图书在版编目（CIP）数据

旅游企业财务管理/屠红卫主编．—北京：北京大学出版社，2011.8
（全国高等院校规划教材·旅游系列）

ISBN 978-7-301-09316-0

I．①旅… II．①屠… III．①旅游业－企业管理：财务管理－高等学校：技术学校－教材
IV．①F590.66

中国版本图书馆 CIP 数据核字（2005）第 069394 号

书　　名：旅游企业财务管理
著作责任者：屠红卫　主编
策 划 编 辑：李　玥
责 任 编 辑：李　玥
标 准 书 号：ISBN 978-7-301-09316-0/G·1556
出 版 者：北京大学出版社
地　　址：北京市海淀区成府路 205 号　100871
网　　址：http://www.pup.cn
电　　话：邮购部 62752015　发行部 62750672　编辑部 62765126　出版部 62754962
电 子 信 箱：zyjy@pup.cn
印 刷 者：三河市北燕印装有限公司
发 行 者：北京大学出版社
经 销 者：新华书店
787 毫米×1092 毫米　16 开本　13.25 印张　320 千字
2011 年 8 月第 1 版　2014 年 6 月第 2 次印刷
定　　价：26.00 元

前　言

随着市场经济的发展和现代企业制度的逐步形成，旅游企业的经营方式也发生了根本的转变，资本经营已成为现代企业理财的基本理念，资本经营的基本特点是围绕资本保值增值进行经营管理，把资本收益作为管理的核心，通过优化配置来提高资本营运效益，经营活动涉及资本流通、收购、重组、参股和控股等能实现资本增值的领域。企业财务部门主要的职责就是筹措资金、投放资金和管理内部资金。在市场经济条件下，企业要筹措经营活动所需资金，离不开金融市场，并需要充分利用金融市场的功能。企业所面对的外部环境更多的是面对金融机构、中介顾问和大众传媒等，确立财务管理在企业管理中主导地位，是经济发展的客观要求，财务管理已经进入了以资本经营为特征、以企业发展战略管理为目标的新阶段。学好本书内容对旅游院校学生至关重要，它可以帮助学生走上工作岗位后迅速成长为高端管理人才提供必要的理财技能。

本书对财务管理相关知识点的描述简明扼要、通俗易懂，是旅游类院校财务管理课程教学的首选教材，也可为学生毕业论文的写作提供帮助，同时也是其他院校学生学习财务管理知识和旅游企业财会人员后续教育的实用参考资料。每章均有配套练习及参考答案，方便学生及时消化掌握所学知识，同时也可为教师在考核学生过程中的命题提供方便。

本书由屠红卫任主编，申建英、赵金芳任副主编，本教材第一至六章及附录由屠红卫编写，第七章由申建英、屠红卫编写，第八、九章由赵金芳编写，第十章由金建江编写，第十一章由李冬编写。

限于编者的学术水平及理解财务管理知识的能力，书中必然存在疏漏和不当之处，敬请广大师生及旅游企业的同仁们批评指正。

编　者

2011 年 3 月于杭州

目　录

旅游企业财务管理导论

本章导读

本章将学习认识旅游企业财务管理的概念。旅游企业财务管理的目标在于投资者财富的最大化，旅游企业财务管理的内容是筹资管理、投资管理、运营管理和利润分配管理，旅游企业财务管理的方法是预测、决策、计划、控制和分析评价。而科学合理的财务管理组织形式是加强财务管理的必要前提和保障。

1.1 认识旅游企业财务管理

1. 旅游企业财务管理的意义

旅游企业财务管理是旅游企业管理的重要组成部分，是有关旅游企业资金的获得和有效使用的管理工作。旅游企业财务管理工作贯穿于旅游经营活动的全过程，可以说财务管理是企业管理的核心，有效的财务管理工作必将为旅游企业的增收节支提供强有力的保障。

（1）为旅游企业经营管理提供有用的信息资料

这些信息资料包括：为进行预测和规划提供必要的财务信息，为加强内部控制提供必要的财务信息，为衡量各部门绩效提供必要的财务信息。

（2）促进旅游企业全面提高经济效益

旅游企业财务管理通过财务预算的编制，制订出经营目标和盈利目标，通过强化监督机制加强对经营活动的各种费用和消耗资源的控制，以尽可能少的人力、物力和财力获取尽可能多的收益。

（3）全面提升旅游企业经营管理水平

财务管理在指导旅游企业日常经营活动过程中发挥着积极的作用，可以指导日常经营活动按既定的目标运行；可以完善企业内部控制机制，实行指标目标管理；可以监督经营行为把握经营方向，修正经营思路和经营偏差；可以参与经营决策，避免决策失误。

2. 旅游企业财务管理的对象

旅游企业财务管理的对象就是现金流转，即现金的循环与周转。从财务的角度来说，旅游企业发生的成本费用就是现金的消蚀，收入和利润则是现金的来源。创办任何企业，首先必须有足够的现金以供经营所需，在经营过程中，现金转化为经营用的各种资产，通过资产营运获取收入，又陆续转回现金。

例如，在酒店经营过程中，一部分现金用于修建营业场所（包括客房、餐厅、大堂、游乐场所等）而形成固定资产，一部分现金用于购买餐饮原材料、客房消耗品等流动资产等，这些资产通过客房出租和餐饮产品的销售而又收回现金。这就是对一个酒店财务管理对象的简单理解。

我们把“现金—非现金资产—成本费用—现金”称谓一次现金循环，而企业的经营活动是持续不断的，这样就形成了周而复始的现金循环，即现金周转。现金周转速度越快，企业的经济效益就越好。

现金的短期循环是指所需时间不足一年的现金循环，短期循环中的资产称为流动资产；现金的长期循环是指所需时间超过了一年的现金循环，长期循环中的非现金资产是长期资产，包括固定资产、无形资产、长期待摊费用和长期投资等。

现金是短期循环和长期循环的共同起点，在取得非现金资产时分离成各种流动资产和长期资产，各种资产被使用后分别形成“主营业务成本”和“营业费用”同步形成旅游企业的“产品”，并随着“产品”的出售又同步转回现金，现金如此不断地增值从而使企业不断地生存发展下去。

现金的循环是一个缓慢的过程，房屋建筑物的成本往往需要几十年才能获得补偿。

旅游企业有时会出现现金流转不畅的情况，即现金流入量小于现金流出量，造成这种情况的原因有来自企业外部的，如市场变化、企业之间的竞争激烈、经济兴衰等，也有企业内部的原因，如盈亏、扩充等。

即使是盈利企业也有可能由于流出过多的现金而发生临时现金流转的困难。从长期看，亏损企业的现金流转是不可能维持的。从短期看，又分为两类，一类是亏损额小于折旧额的企业，在固定资产重置以前可以维持下去；另一类是亏损额大于折旧额的企业，不从外部补充现金将很快破产。

3. 旅游企业财务管理的职能

旅游企业财务管理的职能不外乎财务决策、财务计划、财务控制三大部分。

财务决策是有关资金筹集与使用的决策。

财务计划是预先确定筹资方式和规模、投资方向、何时进行投融资以及具体由谁去组织投融资活动等。广义的财务计划包括确定财务目标、制定财务战略和财务政策、规定财务工作程序和针对某一具体问题的财务规则，以及制定财务规划和编制财务预算。狭义的财务计划是指针对特定期间的财务规划和财务预算。

财务控制是对财务计划的执行过程进行纠正偏差、防微杜渐的行为，使企业的财务活动按既定的目标进行。财务计划是财务控制的重要依据，财务控制是执行财务计划的手段，它们组成了旅游企业财务管理循环，见图 1-1。

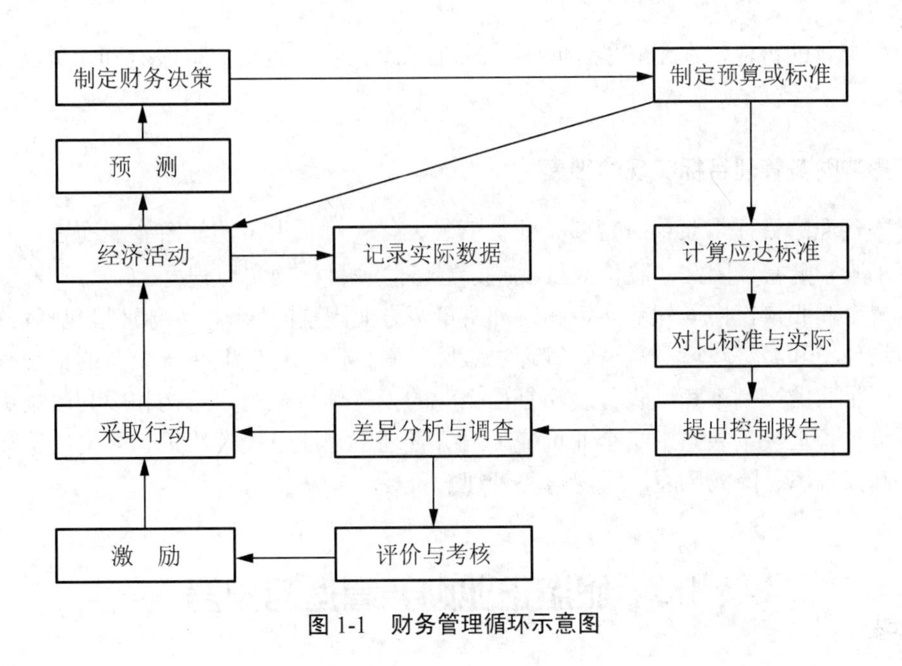

图 1-1　财务管理循环示意图

1.2　旅游企业财务管理的目标

1.2.1　旅游企业财务管理的目标

财务管理是旅游企业管理的重要组成部分，是有关资金的获得和有效使用的管理工作。财务管理的目标取决于旅游企业的总目标。

旅游企业作为一种形式比较特殊的企业，也是盈利性组织，其出发点和归宿是获利。目前，我国旅游企业从成立起就面临竞争，并始终处于生存和倒闭、发展和萎缩的矛盾之中，旅游企业只有获利才能生存下去，只有不断发展才能求得更好的生存。

力求保持以收抵支和偿还到期债务的能力，减少破产的风险，使旅游企业能够长期稳定地生存下去，是对财务管理的第一个要求。

一个旅游企业如果不能发展，如果不能提高服务质量，如果不能扩大自己的市场份额，就会被别的旅游企业排挤出去。旅游企业的发展离不开一定数额的资金，因此，筹集旅游企业发展所需的资金，是对财务管理的第二个要求。

从财务的角度来看，盈利就是使资产获得超过其投资的回报。在市场经济中，没有“免费使用”的资金，资金的每项来源都有其成本。每一项资产都是投资，都要从中获得回报，例如应充分利用闲置的现金、尽快收回应收账款、固定资产要充分地用于经营活动等。因此，通过合理有效地使用资金使旅游企业获利，是对财务管理的第三个要求。

旅游企业对财务管理的要求概括地说就是使旅游企业投资者财富最大化，这就是旅游企业财务管理的最终目标。投资者创办旅游企业的目的是扩大财富，他们是旅游企业的所有者，旅游企业价值最大化就是投资者财富最大化。

旅游企业的价值，在于它能给所有者带来未来报酬，包括获得股利和出售其股权而换取现金。

1.2.2 影响财务管理目标实现的因素

财务管理的目标是股东财富或企业价值最大化，对于上市的旅游企业而言，其股票价格代表了股东财富，因此，股价高低反映了财务管理目标的实现程度。

旅游企业股票价格受外部环境和管理决策两方面因素的影响，外部环境包括法律环境、金融市场环境和经济环境；从公司管理决策因素看，股价高低取决于企业的报酬率和风险程度，而企业的报酬率和风险程度又是由企业的投资项目、资本结构和股利政策决定的。外部环境与管理决策共同影响企业价值，财务管理正是通过投资决策、筹资决策和股利决策来提高报酬率、降低风险，实现财务管理的目标。

1.3 旅游企业财务管理的内容

旅游企业的财务管理目标是旅游企业价值最大化，而旅游企业价值最大化的途径是提高报酬率和降低风险，旅游企业的报酬率和风险大小又取决于旅游企业的投资项目、资本结构和股利分配政策。因此，旅游企业财务管理的主要内容是投资决策、筹资决策和股利分配决策三部分。

1.3.1 投资决策

投资是指以获取收益为目的而发生的货币性资产流出。比如用现金购买国债、用现金购买公司股票和债券、购买机器设备、兴建厂房等。投资的目的就是为了获得更多的现金流入。

旅游企业的投资决策，按投资对象不同可分为直接投资和间接投资；按投资时间长短可分为长期投资和短期投资。

（1）直接投资与间接投资

直接投资是把货币性资产直接投放于生产经营性资产，从中获得利润的投资，如购置机器设备、兴建厂房等。

间接投资又称证券投资，是指把货币性资产投放于金融性资产，以便获得股利或利息收入的投资。如购买国债、公司股票债券等。

这两种投资决策所使用的一般性概念虽然相差不大，但决策的具体方法却大相径庭。直接投资要事先创造一个或几个备选方案，通过对这些方案的分析和评价，从中选择一个足够满意的行动方案。证券投资只能通过证券分析与评价，从证券市场中选择企业需要的股票和债券，并组成投资组合；作为行动方案的投资组合，不是事先创造出来的，而是通过证券分析得出的。

（2）长期投资与短期投资

长期投资是指时间超过一年的投资，又称为资本性投资，如购买机器设备、兴建厂房等。真正意义上的长期投资主要是指固定资产投资。

短期投资是指时间不超过一年的投资，又称为流动资产投资或营运资产投资，如对应收账款、存货、短期有价证券的投资。

长期投资与短期投资的决策方法有所不同，由于长期投资时间长风险大，决策分析时更注重货币的时间价值和投资风险价值的计量。

1.3.2　筹资决策

筹资决策要解决的问题是如何取得企业所需要的资金。筹资决策与投资、股利分配有密切的关系，筹资的数量多少要考虑投资的需要，在利润分配时如果加大留存收益可减少从外部的筹资数额。筹资决策的关键是决定各种资金来源在总资金中的比重，即确定资本结构，从而使筹资风险和筹资成本相配合。

旅游企业可选择的资金来源很多，按不同标志可划分为以下两种。

（1）按是否需要归还可分为权益资金和借入资金

权益资金是指企业投资者提供的资金。它不需要归还，筹资风险小，但其期望的报酬率较高。

借入资金是指债权人提供的资金。它需要按期归还，当企业无力偿还到期债务时便会有一定的风险，但其要求的报酬率比权益资金低。

所谓资本结构主要是权益资金与借入资金的比例关系。一般来说，完全靠权益资金筹资，则得不到负债经营的好处；但负债比例过高则风险也会加大，企业随时可能陷入财务危机。筹资决策的一个重要问题就是确定最佳资本结构。

（2）按使用资金的时间长短可分为长期资金和短期资金

长期资金是指企业可长期使用的资金，包括权益资金和长期负债。

短期资金一般指使用时间不超过一年就必须归还的短期负债。原则上短期资金的筹集应主要解决临时的资金需要，在经营旺季借入，待旺季结束后即马上归还。

长期资金和短期资金的筹资速度、筹资成本、筹资风险以及借款时企业所受的限制均有所不同。如何安排长期和短期资金的相对比重，是筹资决策要解决的另一个重要问题。

1.3.3　股利分配

股利分配是指在旅游企业实现的利润中，有多少作为股利发放给投资者，留下多少继续用于企业的再投资。

实际发放的股利总额占实现利润总额的比率叫股利支付率，股利支付率太高，就是影响企业再投资的能力，会降低未来收益，可能导致企业价值下降；如果股利支付率太低，又会引起投资者不满，影响投资者的投资热情，也可能导致企业未来价值下降。旅游企业应根据自身的实际情况确定最佳的股利分配政策。

股利决策从另一角度来看也是企业的内部筹资问题。

1.4 旅游企业财务管理的方法

财务管理的方法是指为了顺利实现财务管理目标，在进行日常理财活动过程中所采取的一系列的技术和手段，一般可分为财务预测、财务决策、财务计划、财务控制和财务分析等方法。

1.4.1 财务预测

财务预测是根据历史资料，依据现实条件以及未来发展趋势，运用特定的方法对旅游企业未来的财务活动及其结果所做出的科学预计和推断。

财务预测是旅游企业财务管理的起始环节，无论是筹资管理、投资管理还是股利分配管理，都首先要进行科学合理的财务预测，它是进行政策的财务决策的基础，是编制财务预算（计划）的前提。财务预测方法有定性预测法和定量预测法两种。

（1）定性预测法

定性预测法主要是利用直观材料，依靠个人经验的主观判断和综合分析判断能力，对事物未来的状况和趋势做出预测的一种方法。旅游企业在缺乏完备的历史资料的情况下可采用定性预测的方法。这种方法也可以称为专家预测法，即选择经验丰富、熟悉本行业经营、财务现状、通晓市场行情的专家，提出专家意见，经过反复征询最后达成一致意见后作为最终的预测结果。

（2）定量预测法

定量预测法是根据有关变量之间存在的数量关系，建立数学模型来预测未来发展趋势和结果的一种方法，一般有趋势预测法和因果预测法等。

① 趋势预测法。它是按照时间顺序排列历史资料，根据事物发展的连续性来预测未来一段时间发展趋势和可能出现的结果。这种预测方法可分为：算术平均法、加权平均法、回归分析法等。

② 因果预测法。它是根据历史资料，通过分析找出预测变量与其他相关变量之间的依存关系，建立数量模型来进行预测的一种方法。它具体包括量本利分析法、投资回收期法、现金流量法等。

以上定性预测的方法和定量预测的方法各有利弊，旅游企业应综合运用定性预测法和定量预测法，以保证预测结果的相对准确性，为财务决策提供科学的依据。

1.4.2 财务决策

财务决策是指在财务目标的总体要求下，从若干个备选的财务活动方案中选择最佳方案的过程。财务管理的核心内容是财务决策。

财务决策的基本步骤是：根据财务预测的结果提出待解决的问题；然后提出解决此问题的备选方案；对各方案进行分析、评价和对比；拟定择优标准，选取最佳方案。

（1）财务决策的基本分析方法

基本分析方法是指在分析、评价、判断中能够普遍适用的方法。最常用的分析方法是单一分析法和比较分析法。另外，框图分析法也在国内外流行起来。因素替换法和假设分析法是为适应企业经营水平提高的要求而发展起来的。

① 单一分析法。单一分析法是早期使用的决策方法，它是根据企业当期经营和财务的具体状况对方案进行舍取的一种方法。它使用的是单一价值标准，比如最大利润、最高产量、最低成本、最大市场份额、最短时间等。这种单一的决策标准给人们带来了很多教训，往往是顾此失彼。单一价值标准决策，往往会使第一步决策取得辉煌的成就，但也容易走向极端，适得其反。

② 比较分析法。比较分析法是通过对几种不同方案的主要项目或指标数值的变化进行对比，确定出差异，从而进行分析、判断和决策的一种方法。这种方法一般以经济效益为尺度，即将投入和产出进行货币化的比较与分析。

比较分析法适用的范围最广，通过比较分析，可以发现差距，寻找产生差距的原因，进一步判定各种方案对企业经营业绩和财务状况的影响；通过比较分析，可以确定各种方案的收益性差距和企业资金投向的安全性差距。

③ 框图分析法。框图分析法是将企业的历史水平和各种方案的预测数等用框图形式直观地反映出来，以说明各种方案所导致的变化情况的一种方法。

这种方法既可以反映绝对值，又可以反映比例和相对值，而且简明、直观，因此这种方法越来越受到人们的重视。

④ 因素替换法。因素替换法是通过对决定某一指标各因素的逐个替换，来说明各个方案因素指标的变动对分析指标的影响程度的一种方法。

这种方法常常用于同指标预测数值的比较和指标的变动预测，以及变动影响分析。由于这一分析过程反映出分析指标对各方案因素变化的敏感程度，所以也称为敏感性分析。

⑤ 假设分析法。在比较分析的基础上，确定某项指标的最高水平数值，然后假设在该指标达到最高水平的情况下，企业的经营及财务状况变动情况，从而找出最佳方案的方法。在这种假设情况下，可以分析各方案的影响因素要达到什么水平才能实现企业现有潜力的充分发挥。因此，这种方法可以充分发掘企业发展趋势和发展潜力。

（2）财务决策的具体分析指标

具体分析指标是我们分析比较的基础。以下是归纳的三大类指标：

① 绝对值指标。绝对值指标是指通过数额绝对值的变化就能说明一定的问题、选定最佳方案的指标。它主要反映指标的增减变化。

② 百分比指标。百分比指标一般反映指标绝对值增减变化的幅度或所占的比重。

③ 比率指标。比率指标一般揭示各项目之间的对比关系。

（3）财务决策的一般程序

① 确定决策目标。财务决策目标可以分为信用分析目标、经营决策分析目标和税务分析目标。

- 信用分析目标。信用分析目标主要确定企业的偿债能力、支付能力、投资资金的安全性和获利性。
- 经营决策分析目标。经营决策分析目标主要确定企业产品、生产结构和经营战略方面的重大调整方向。
- 税务分析目标。税务分析目标主要确定企业的收入与支出情况对应交税金的影响。

② 情报活动。情报活动就是探查环境，为制订决策寻找条件。这一阶段，要根据初步设想的目标收集情报，找出决策的依据。情报收集的内容有：

- 宏观经济形势信息；
- 行业情况信息；
- 企业内部数据。

③ 设计活动。设计活动就是创造、制订和分析可能采取的方案。这一阶段，要根据收集到的情报，以企业想要解决的问题为目标，设计出各种可能采用的方案（备选方案），并分析评价每一个方案的得失与利弊。

④ 评价活动。评价活动就是对各方案进行评价。这个阶段，要根据实践发展过程和方案的比较，评价各方案主观与客观相符合的程度。

⑤ 抉择活动。抉择活动就是从备选方案中选择一个决策方案，或者说在备选方案中进行抉择。这一阶段，要根据当时的情况和对未来的预测，以及一定的价值标准来评价诸方案，并按照一定的准则选出一个决策方案。

在进行财务决策时应遵循的原则如下：

- 尽可能收集所需资料，掌握真实情况；
- 指标对比，综合判断；
- 点面结合，抓住重点；
- 定性分析与定量分析相结合；
- 静态与动态相结合。

1.4.3 财务计划

财务计划也叫财务预算，是在一定的计划内以货币形式反映生产经营活动所需要的资金及其来源、财务收入及支出、财务成果及其分配的计划。

财务预算一般包括：现金预算、资本预算、成本费用预算、预计利润表和预计资产负债表等。

现金预算是规定企业未来特定时期内现金的收入、支出并加以平衡的预算。

资本预算是有关长期资产购置与改造的预算。

成本费用预算是有关旅游企业在未来特定时期内成本费用合理支出的预算。

预计利润表是根据短期决策的要求，规定一定期间内销售收入、成本和利润的预算。

预计资产负债表是有关预算期末资产、负债和所有者权益情况的预算，反映企业预计财务状况的一种报表。

财务预算的方法一般有以下四种。

（1）平衡法，即利用有关指标之间客观存在的内在平衡关系计算确定计划指标的方法。如：资产=负债+所有者权益；期末存货＝期初存货＋本期进货－本期销货；等等。

（2）因素法，即根据影响各项指标的各种因素来推算出计划指标的方法。比如酒店在编制餐饮菜品成本预算时，可根据某一菜品所消耗的原材料数量和价格两个因素计算确定。

（3）比例法，即根据企业历史上已经形成的各种指标之间的比例关系来计算计划指标的方法。如根据各营业部门历史上营业费用占部门营业收入的一定比例与本期预计部门营业额来编制确定各部门本期的营业费用预算。

（4）定额法，即根据旅游企业自身确定的各项定额来作为计划指标的一种预算方法。如对某一菜品规定其原材料消耗定额，就可以按该菜品的实际出菜数量和规定的原材料消耗定额计算确定该菜品在一定时期的原材料费用预算。值得一提的是，定额必须切实可行，并根据实际情况定期修订。

1.4.4　财务控制

财务控制是指在财务管理中，利用有关信息和特定手段，对旅游企业的财务活动施加影响或进行调节，以便顺利实现财务计划规定的财务目标。财务控制的方法有以下三种。

（1）排除干扰控制，又称防护性控制或事前控制，是指在财务活动发生前，就制定一系列制度和规定，把可能产生的差异予以排除的一种控制方法。

例如，为了保证现金的安全与完整，就要规定现金的使用范围，制定好内部牵制制度；为了节约各种费用开支，则可事先规定开支标准等。

排除干扰是最彻底的控制方法，但排除干扰要求对被控制对象有绝对的控制能力。在财务管理中，各种事前制定的标准、制度、规定都可以看做是排除干扰的方法。

（2）补偿干扰控制，又称前馈性控制或事中控制，是指通过对实际财务系统运行的监视，运用科学的方法预测可能出现的偏差，采取一定措施使差异得以消除的一种控制方法。

例如，当实际发生的菜品成本与预算发生差异时，应事先确定可以调整的进货渠道或使用替代品，以确保实际成本的发生额与预算基本一致，从而保证财务目标的顺利实现。

要做好前馈性控制，必须掌握大量的信息，并能采取相应的纠正措施，否则就不可能实现前馈性控制的目的。

（3）平衡偏差控制，又称反馈性控制或事后控制，是在认真分析的基础上，发现实际与计划之间的差异，确定差异产生的原因，采取切实可行的措施，调整实际财务活动或财务计划，使差异得以消除或避免今后出现类似差异的一种控制方法。反馈控制所要平衡的总是实际产生的差异。在平衡偏差的过程中，由于时滞的存在，还可能会造成新的偏差，但平衡偏差运用起来比较方便，一般不需太多的信息，因为它是根据实际偏差随时调节的。旅游企业的财务活动受外部因素的干扰较多，出现偏差时常发生，用平衡偏差控制法来纠正偏差是财务控制中一项经常性的工作。

1.4.5 财务分析

财务分析是根据有关信息资料，运用特定方法，对旅游企业财务活动过程及其结果进行分析和评价的一项工作。通过财务分析，可以掌握各项财务计划指标的完成情况，评价财务状况，研究和掌握旅游企业财务活动的规律性，改善财务预测、决策、计划和控制，提高旅游企业经济效益，改善旅游企业管理水平。常用的财务分析方法有对比分析法和比率分析法。

（1）对比分析法，亦称指标比较法，是对财务报表所揭示的财务实际指标与所设定的比较指标进行对比，借以揭露矛盾，评价业绩，找出问题或差距，从而进一步寻求改进及完善的措施。指标对比分析法的比较指标可根据财务分析的需要及可能，自行设立，通常可以是计划指标、上期实际指标、历史先进水平、同行业先进水平、国际先进水平等。

对比分析法是一种最常用的分析方法，它具有适应面广、分析过程简单明了、提示问题清楚等特点。运用对比分析法，必须注意对比指标的口径一致。

（2）比率分析法，它是利用财务报表不同项目指标间的相互关系，计算出相对比率，通过比率对比分析旅游企业的经营业绩和财务状况的一种分析方法。比率分析法有以下三种类型：

① 相关比率分析法：根据财务活动中存在依存关系的项目，建立起指标对比关系，计算出比率，从而分析旅游企业的经营和财务状况。

例如：将分析期的利润总额、成本费用总额、销售收入总额、总资产建立起指标对比关系，计算出销售利润率、成本费用率、成本利润率、资产利润率等，然后与基期同类比率进行对比分析。

② 趋势比率分析法：根据财务历史资料同类指标的数字进行对比而求出比率，并通过观察此类比率的增减速度和发展趋势，预计旅游企业在某方面的未来发展趋势，以发现企业经营活动及财务管理中的成绩和差距。趋势比率分析法又可分为定基和环比两种。

③ 构成比率分析法：根据财务报表所揭示的经济指标各个组成部分占总体的比重，来观察构成的变化及其合理性，从而掌握旅游企业的经营及财务状况，了解不同项目构成的特点，为进一步改进工作找出办法和途径。

例如，我们可以对分析期各部门的营业额构成情况进行比率计算，分析某一部门的营业额比重的变化情况，从中发现问题并加以改进。

1.5 旅游企业财务管理的组织

旅游企业建立健全财务管理组织，是有效开展各项财务活动的必要前提，是顺利实现企业价值最大化目标的组织保证。

1.5.1　旅游企业财务管理的组织形式

旅游企业有旅行社、酒店、旅游景区等，以酒店为例，其财务部门可按图 1-2 所示建立组织机构。

酒店财务部门的主要职责有：建立健全酒店财务管理制度，处理日常财务收支账目；稽核酒店各类营业收入和支出，制定结算和信用政策并负责执行，制定酒店各种物料（包括餐饮原材料、烟酒饮料、餐具、客房用品等）的价格，负责成本费用的控制，负责仓储收发保管记录工作，负责应收应付款项的结算，发放工资，负责固定资产及低值易耗品管理，负责编制财务预算，负责财务分析报告的编制，负责财务评价等。

酒店财务机构设置视规模大小、星级高低、内部管理的要求等而有所不同，没有完全固定的模式。但不论是何种组织形式，财务部在酒店企业组织机构中的地位是极其重要的，它是直接由总经理领导的一个重要部门。

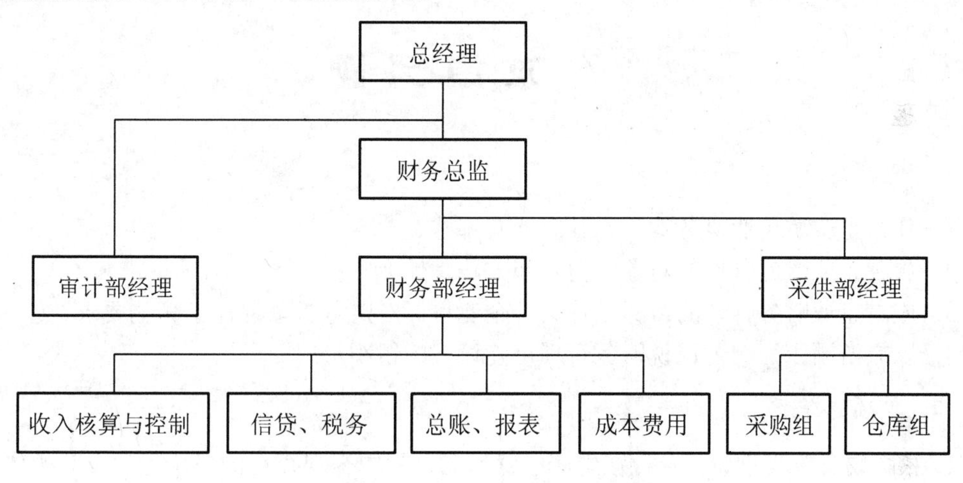

图 1-2　财务管理组织机构示意图

1.5.2　旅游企业财务管理法规制度

旅游企业财务管理法规制度是对财务管理工作的原则和要求所做出的统一规范，是企业财务管理的行为准则。具体如下所示。

（1）会计法。它是规范会计行为的基本法律，用以保证会计资料的公允性和合理性，加强经济管理和财务管理，维护市场经济秩序。

（2）企业财务会计报告条例。它是根据《会计法》制定的行政法规，用以规范企业财务会计报告，保证财务会计报告的真实性、合法性和完整性。

（3）企业会计制度。它是由国务院财政部统一制定颁布的，详细规定了企业会计核算的内容，主要经济业务的处理方法以及会计报表的格式、内容和编制方法等。

（4）企业内部的财务管理规章。它是旅游企业根据自身的业务规模和经营管理的要求，根据《会计法》、《企业财务会计报告条例》、《企业会计制度》制定的指导企业理财活动的规定或办法，包括企业财务管理机构的设置、财务人员的工作职责、企业内部控制制度、成本费用管理办法、外币管理制度等。它是处理日常财务活动和财务关系的具体规范和行为规则，具有可操作性强的特点。

1.6 本章总结

本章主要介绍了财务管理涉及的基本理论问题。其要点包括：

旅游企业财务管理是旅游企业管理的重要组成部分，是有关旅游企业资金的获得和有效使用的管理工作。财务管理的目标就是通过合理地筹集资金和有效地使用资金使旅游企业的价值最大化。旅游企业财务管理的对象就是现金流转，即现金的循环与周转。

旅游企业财务管理的主要内容是投资决策、筹资决策和股利分配决策三部分。财务管理方法一般可分为财务预测、财务决策、财务计划、财务控制和财务分析评价等方法。

在这些基本理论问题中，应重点掌握财务管理对象、目标、内容。

1.7 本章习题

一、思考题

1．什么是旅游企业财务管理？其职能有哪些？

2．旅游企业财务管理的对象、内容和方法是什么？

3．旅游企业财务管理的目标是什么？企业目标对财务管理提出了哪些要求？

4．以旅游酒店为例，说说财务管理可能设置的组织形式。

二、单项选择题

1．根据财务管理理论，企业在生产经营活动过程中客观存在的资金运动及其所体现的经济利益关系被称为（　　）。

A．企业财务管理　　B．企业财务活动

C．企业财务关系　　D．企业财务

2．下列经济活动中，能够体现企业与投资者之间财务关系的是（　　）。

A．企业向职工支付工资

B．企业向其他企业支付货款

C．企业向国家税务机关缴纳税款

D．国有企业向国有资产投资公司支付股利

3．相对于每股收益最大化目标而言，企业价值最大化目标的不足之处是（　　）。

A．没有考虑资金的时间价值　　B．没有考虑投资的风险价值

C．不能反映企业潜在的获利能力　　D．某些情况下确定比较困难

4．财务管理的核心为（　　）。

A．财务预测　　B．财务决策　　C．财务预算　　D．财务控制

5．下列各项经济活动中，属于企业狭义投资的是（　　）。

A．购买设备　　B．购买零部件

C．购买供企业内部使用的专利权　　D．购买国库券

6．在下列各项中，从甲公司的角度看，能够形成“本企业与债务人之间财务关系”的业务是（　　）。

A．甲公司购买乙公司发行的债券　　B．甲公司归还所欠丙公司的货款

C．甲公司从丁公司赊购产品　　D．甲公司向戊公司支付利息

7．短期金融市场的主要特点不包括（　　）。

A．交易期限短　　B．所交易的金融工具有较强的货币性

C．资金借贷量大　　D．交易的目的是满足短期资金周转的需要

8．在下列各项中，能够反映上市公司价值最大化目标实现程度的最佳指标是（　　）。

A．总资产报酬率　　B．净资产收益率

C．每股市价　　D．每股利润

9．在没有通货膨胀的条件下，纯利率是指（　　）。

A．投资期望收益率　　B．银行贷款基准利率

C．社会实际平均收益率　　D．没有风险的社会平均资金利润率

10．在通货膨胀时期，实行固定利率对债权人和债务人的影响表述准确的是（　　）。

A．对债务人有利　　B．对债权人没有影响

C．对债务人没有影响　　D．对债权人有利

三、多项选择题

1．利润最大化目标和每股收益最大化目标，存在的共同缺陷是（　　）。

A．不能反映资本的获利水平

B．不能用于不同资本规模的企业间比较

C．可能会导致企业的短期行为

D．没有考虑风险因素和时间价值

2．债权人与所有者的矛盾表现在未经债权人同意，所有者要求经营者（　　）。

A．投资于比债权人预期风险更高的项目

B．发行新债券而致使旧债券价值下降

C．扩大赊销比重

D．改变资产与负债及所有者权益的比重

3．公司治理机制是治理结构在经济运行中的具体表现，包括内部治理机制和外部治理机制。内部治理机制具体表现为（　　）等。

A．公司章程　　B．董事会议事规则

C．法律法规　　D．决策权力分配

4．下列各项中，属于企业资金营运活动的有（　　）。

A．采购原材料　　B．销售商品

C．购买国库券　　D．支付利息

5．下列（　　）属于企业购销商品或接受、提供劳务形成的财务关系。

A．企业与供货商之间的财务关系　　B．企业与债务人之间的财务关系

C．企业与客户之间的财务关系　　D．企业与受资者之间的财务关系

6．利润最大化不是企业最优的财务管理目标，其原因包括（　　　）。

A．没有考虑企业成本的高低

B．不能直接反映企业创造剩余产品的多少

C．没有考虑利润与投入资本额的多少

D．没有考虑取得利润的时间和承受风险的大小

7．下列关于财务管理的环节表述正确的是（　　　）。

A．财务预算是指企业根据各种预测信息和各项财务决策确立的预算指标和编制的财务计划

B．财务控制就是对预算和计划的执行进行追踪监督、对执行过程中出现的问题进行调整和修正，以保证预算的实现

C．财务规划和预测首先要以全局观念，根据企业整体战略目标和规划，结合对未来宏观、微观形势的预测，来建立企业财务的战略目标和规划

D．财务分析是财务管理的核心，财务预测是为财务决策服务的。

8．下列各项中，可用来协调公司债权人与所有者矛盾的方法有（　　　）。

A．规定借款用途　　　　B．规定借款的信用条件

C．要求提供借款担保　　D．收回借款或不再借款

9．在下列各项中，属于财务管理经济环境构成要素的有（　　　）。

A．经济周期　　　　B．经济发展水平

C．宏观经济政策　　D．公司治理结构

10．在下列各项中，属于企业财务管理的金融环境内容的有（　　　）。

A．利息率　　B．公司法　　C．金融工具　　D．税收法规

四、判断题

1．在确定企业财务管理目标时，只需要考虑所有者或股东的利益，企业价值最大化实际上意味着所有者或股东利益最大化。（　　）

2．财务管理环境又称投资环境，是指对企业财务活动和财务管理产生影响作用的企业内外各种条件的统称。（　　）

3．民营企业与政府之间的财务关系体现为一种投资与受资关系。（　　）

4．从财务管理的角度看，公司治理是有关公司控制权和剩余索取权分配的一套法律、制度以及文化的安排。（　　）

5．如果资金不能满足企业经营需要，还要采取短期借款方式来筹集所需资金，这属于筹资活动。（　　）

6．金融工具是指能够证明债权债务关系并据以进行货币资金交易的合法凭证。（　　）

7．公司治理机制是治理结构在经济运行中的具体表现，具体表现为公司章程、董事会议事规则、决策权力分配等一系列内部控制制度。（　　）

8．在协调所有者与经营者矛盾的方法中，“接收”是一种通过市场来约束经营者的方法。（　　）

9．企业是由股东投资形成的，因此，在确定企业财务管理的目标时，只需考虑股东的利益。（　　）

10．金融市场按证券交易的方式和次数分为初级市场和次级市场，即基础性金融市场和金融衍生品市场，或称一级市场和二级市场。（　）

（参考答案）

一、思考题

（略）

二、单项选择题

1．D　2．D　3．D　4．B　5．D　6．A　7．C　8．B　9．D　10．A

三、多项选择题

1. CD　2. AB　3. ABD　4. AB　5. ABC　6. CD　7. ABC　8. ABCD　9. ABC　10. AC

四、判断题

1．错　2．对　3．错　4．对　5．对　6．对　7．对　8．对 9．错　10．错

第 2 章

货币时间价值

货币时间价值是现代财务管理的基本观念之一，货币时间价值涉及所有的理财活动，因此称其为理财的第一原则。为了对不同时点的货币进行对比，便引出了终值与现值的概念，本章将对复利现值、复利终值、年金等概念展开讨论。

24 美元能再次买下纽约吗？

纽约是美国最大的工商业城市，有美国经济首都的称号。但是在 1626 年 9 月 11 日，荷兰人彼得·米纽伊特（Peter Minuit）从印第安人那里只花了 24 块美元买下了曼哈顿岛。据说这是美国有史以来最合算的投资，超低风险超高回报，而且所有的红利全部免税。彼得·米纽伊特简直可以做华尔街的教父。就连以经商著称于世的犹太人也嫉妒死了彼得·米纽伊特。

但是，如果我们换个角度来重新计算一下呢？如果当时的 24 美元没有用来购买曼哈顿，而是用来投资呢？我们假设每年 8%的投资收益，不考虑中间的各种战争、灾难、经济萧条等因素，这 24 美元到 2009 年会是多少呢？是 43 万亿多美元，这不但仍然能够购买曼哈顿，如果考虑到由于“9·11”事件后纽约房地产的贬值的话，更是不在话下。这个数字是美国 2003 年国民生产总值的 2 倍多，是我国 2003 年国民生产总值 11 万亿人民币的 30 倍。这是一个惊人的数字。而这个数字之所以能够产生，主要是复利的魔力。

从这个故事中，我们认识到，原来钱这个东西是随着时间的不同，价值是不断变化的。更确切地说，是购买力不断变化。这就是财务管理中的一个基本概念——货币的时间价值。

货币的时间价值是指货币经过一定时间的投资和再投资而增加的价值。从量的规定性来看，货币的时间价值是在没有风险和通货膨胀条件下的社会平均资金利润率。

在经济生活中，我们都知道目前的 100 元现金与若干年后的 100 元现金是不对等的，如果社会平均利润率能达到 10%，则即使不存在通货膨胀，目前的 100 元钱在一年后便能达到 110 元。也就是说，100 元现金经过一年投资就可以增加 10 元现金，也就是产生了货币的时间价值。人们习惯于用相对数表示货币的时间价值，即用增加的现金与投入的现金的百分数来表示，如 10%。

现金投入经营活动后，其数额随着时间的推移不断增长，这是一种客观的经济现象。旅游企业资金循环的起点是投入的现金，用现金购买所需的资源，然后推出新的产品或服务，以此获取比最初投入量更多的现金。资金循环和周转以及因此实现的现金增值，需要一定的时间，每完成一次循环，现金就增加一定数额，周转的次数越多，增值额也就越大。因此，随着时间的延续，现金总量在循环和周转中按几何级数增长，使得货币具有时间价值。

由于不同时点上的单位货币的价值不相等，因此，不同时点的货币数额不能直接进行对比，需要把它们换算到相同时点的基础上，然后才能进行大小比较并做出优劣判断。由于货币随时间的增长过程与复利的计算过程在数学上比较相似，因此，在换算过程中广泛使用复利计算方法。

复利是计算利息的一种方法，即每经过一个计息期，就要将产生的利息加入原来的本金后作为计算下期利息的本金，逐期滚算，俗称“利滚利”。计息期是指相邻两次计息间隔的时间，如年、半年、季、月、日等。除非特别说明，计息期一般为 1 年。

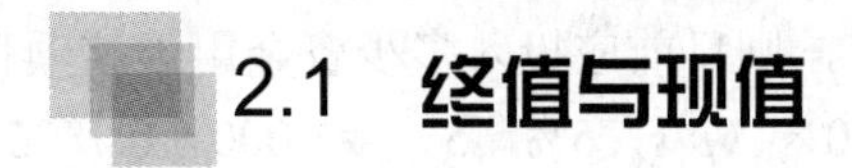

2.1　终值与现值

2.1.1　复利终值的计算

终值也称目前一定数额的现金在间隔若干期后的“本利和”或“将来值”。

我们用 S 表示复利终值，用 P 表示目前所拥有的现金（也叫本金），用 i 表示货币的时间价值（或投资报酬率），n 表示计息期数，则复利终值计算公式如下：

$$S = P(1+i)^n$$

【例 2-1】 某旅行社准备将 100000 元投资于某旅游线路，年报酬率为 5%，经过一年时间终值（本利和）为：

$$S=P+P\times i=P\times(1+i)=100\,000\times(1+5\%)=105\,000\text{（元）}$$

如果该旅行社并不提走现金，再将 105 000 元继续投资于该旅游线路，则第二年年末的本利和为：

$$S=[P\times(1+i)]\times(1+i)=P\times(1+i)^2$$
$$=100\,000\times(1+5\%)^2=110\,250\text{（元）}$$

依次类推，第三年期末的复利终值为：

$$S=P\times(1+i)^3=100\,000\times(1+5\%)^3$$
$$=100\,000\times1.1576=115\,760\text{（元）}$$

我们把 $(1+i)^n$ 叫做复利终值系数或“一元的复利终值”，表示为（S/P，i，n）。例如（S/P，5%，3）表示利率为 5%的三期复利终值系数。为了方便计算，可直接在“复利终值系数表”（见附录一）查阅。该表的第一行列示了不同的利率 i，第一列是计息期数 n，不同利率和期数的复利终值系数在纵横交叉处。通过该表可查到（S/P，5%，3）的系数为 1.1576，也就是说在时间价值为 5%时，现在 1 元钱与三年后的 1.1576 元钱在经济上是等效的。

2.1.2 复利现值的计算

复利现值是复利终值的对应概念，它是指未来若干期后的一笔现金按复利计算的目前价值，也可以理解为取得若干期后的一定数额的“本利和”目前需要投入的本金。

复利现值的计算，实际上是复利终值的逆运算。

通过复利终值的计算已经知道：

$$S=P(1+i)^{n}$$

则：

$$P=S/(1+i)^{n}=S(1+i)^{-n}$$

上式中 $(1+i)^{-n}$ 叫做复利现值系数，或称为 1 元的复利现值，可以把若干期后的将来值换算成现在的价值，用（p/s，i，n）表示。例如，（p/s，5%，5）表示利率为 5%时 5 期的复利现值系数。为了便于计算，也可直接查阅“复利现值系数表”（见附录二），查表可知，（p/s，5%，5）为 0.7835，即在利率为 5%时，五年后的 1 元钱相当于现在的 0.7835 元。

【例 2-2】 某五星级酒店拟投资某项目，项目期限 5 年，预计报酬率为 5%，如果该酒店希望在 5 年后收回 1 000 万元，则目前应投入多少资金用于该项目。

$$P=S(p/s,\ i,\ n)=1\,000\times(p/s,\ 5\%,\ 5)=1\,000\times0.7835=783.5\text{（万元）}$$

该酒店在预计项目报酬率为 5%时目前投资 783.5 万元，五年后可以收回 1 000 万元。

2.1.3 复利利息

本金 P 的 n 期复利息为 n 期后的“本利和”与本金之间的差额，用 I 表示复利息。

$$I=S-P$$

例 2-1 中，本金 100 000 元 5%三期后的复利息 $I=115\,760-100\,000=15\,760$（元）

例 2-2 中，本金 783.5 万元 5%五期后的复利息 $I=1\,000-783.5=216.5$（万元）

2.1.4 名义利率与实际利率

复利计息不一定都是按年计算，也有可能按半年、季度、月份计算，甚至按日计算。当利息在一年内需要复利几次时，给出的年利率叫做名义利率。

【例 2-3】 一笔本金 10000 元，投资期为 3 年，年利率为 6%，如果每半年复利一次，则每年将计算利息二次，三年共利息 6 次。则：

每半年利率 $i=6\%\div2=3\%$

复利次数 $n=3\times2=6$

$S=10\,000\times(1+3\%)^{6}=10\,000\times1.1941=11\,941$（元）

$I=11\,941-10\,000=1\,941$（元）

当一年内如果复利若干次，实际取得的利息要比名义利息高一些。如例 2-3 中，如果每年复利一次，则利息为 1 910 元[$10\,000\times(1+6\%)^{3}-10\,000$]，即三年内每半年复利一次比每年复利一次多 31 元的利息。即本例中的实际年利率必然高于 6%，具体计算如下：

每半年复利一次，三年后的本利和为 11 941 元，则：

$$11\,941=10\,000\times(1+i)^{3}$$

$$（1+i）^3=11\ 941÷10\ 000=1.1941$$

查 3 期复利终值系数表，可知

$$（s/p，6\%，3）=1.191，（s/p，7\%，3）=1.225$$

复利终值系数 1.1941 介于 1.191 与 1.225 之间，则所求利率在 6%与 7%之间，可通过内插法求解，见图 2-1。根据相似三角形的对应边成正比 AC∶AB=CE∶BD，

即：（7%−6%）/（i−6%）=（1.225−1.191）/（1.1941−1.191），得：i=6.09%。

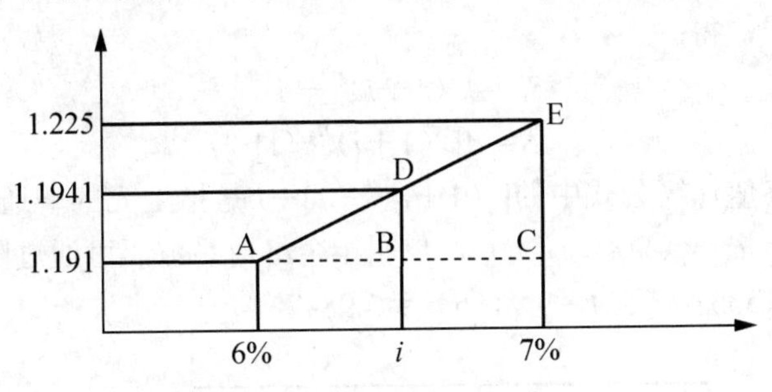

图 2-1　内插法图解

设 r 为名义利率，i 为实际利率，m 每年复利次数，

则实际利率与名义利率的关系：

$$1+i=（1+r/m）^m$$

即

$$i=（1+r/m）^m-1$$

将本例数据代入上式，得出 i=（1+6%/2）^{2}−1=6.09%，则：

$$S=10000×（1+6.09\%）^3=11941（元）$$

2.2　年金终值与年金现值

2.2.1　普通年金终值与现值

年金是指定期、等额的系列收付款项，用字母 A 表示。如分期还款、按月交付养老金、分期支付工程款、每年相同的销售额等，都属于年金形式。根据收付时间的不同，可分为普通年金、预付年金、递延年金和永续年金。

普通年金又叫做后付年金，它是指各期期末收付的系列款项。其收付形式如图 4-2 所示。

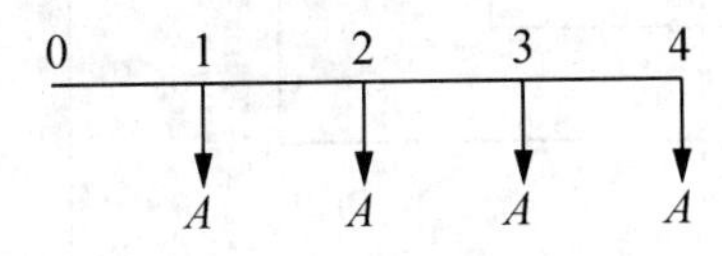

图 2-2　普通年金形式

（1）普通年金终值

普通年金终值是指其最后一次收付时的本利和，它是每次收付的复利终值之和。

图 2-3 中，一共四期每期期末收付的系列款（即普通年金）的终值计算，第一期期末

收付的款项到第四期期末有三期的利息，第二期期末收付的款项到第四期期末有二期的利息，第三期期末收付的款项到第四期期末有一期的利息，第四期期末收付的款项在第四期期末无利息，用公式表示如下：

$S=A（1+i)^0+A（1+i)^1+A（1+i)^2+A（1+i)^3+\cdots+A（1+i)^{n-1}$……………（1）

（1）式两边同乘以（1+i）得：

$S（1+i）=A（1+i)^1+A（1+i)^2+A（1+i)^3+\cdots+A（1+i)^{n-1}+A（1+i)^n$……（2）

（2）式-（1）式，得：

$$S_i=A（1+i）^n-A$$

$$S=A[（1+i）^n-1]\div i$$

上列普通年金终值计算公式中的$[（1+i）^n-1]\div i$是指 1 元的普通年金、利率为 i，经过 n 期的年金终值，记作（S/A，i，n），也叫年金终值系数，可通过附录 3 查表获取。如（S/A，7%，6）=7.1533；（S/A，9%，5）=5.9847 等。

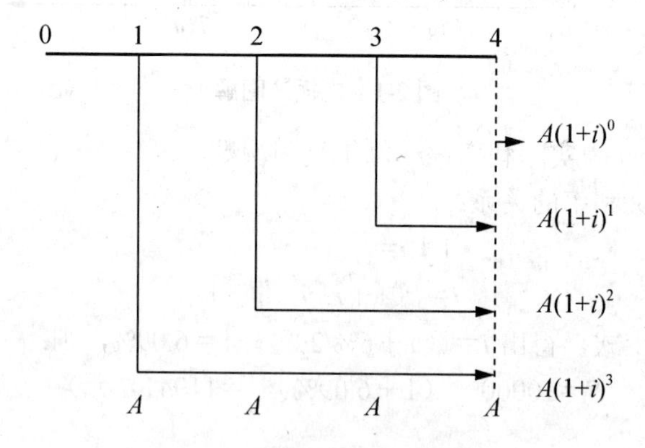

图 2-3 普通年金终值的计算

（2）普通年金现值

普通年金现值是指为在每期期末收付相等金额的款项，目前的总金额应是多少？

图 2-4 中，一共四期每期期末收付的系列款（即普通年金）的现值计算，第一期期末收付的款项距目前相隔 1 期的利息，第二期期末收付的款项距目前相隔 2 期的利息，第三期期末收付的款项距目前相隔 3 期的利息，第四期期末收付的款项距目前相隔 4 期的利息，用公式表示如下：

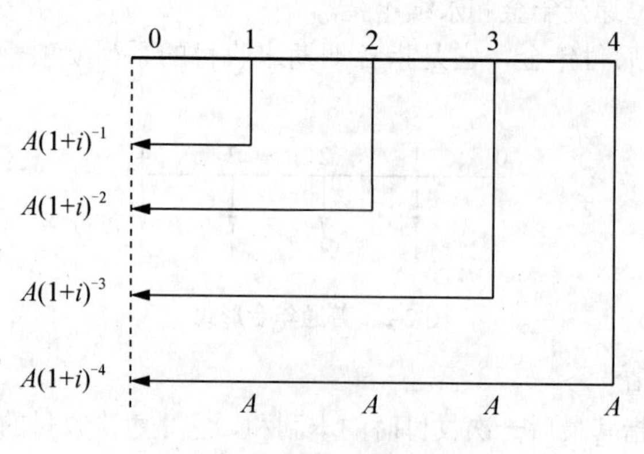

图 2-4 普通年金现值的计算

$P=A(1+i)^{-1}+A(1+i)^{-2}+A(1+i)^{-3}+\cdots+A(1+i)^{-[n-1]}+A(1+i)^{-n}\cdots\cdots\cdots\cdots(1)$

（1）式两边同乘以（1+i）得：

$P(1+i)=A+A(1+i)^{-1}+A(1+i)^{-2}+A(1+i)^{-3}+\cdots+A(1+i)^{-[n-1]}\cdots\cdots\cdots\cdots(2)$

（2）式-（1）式，得：

$$Pi=A-A(1+i)^{-n}$$

$$P=A[1-(1+i)^{-n}]\div i$$

上列普通年金现值计算公式中的$[1-(1+i)^{-n}]\div i$是指 1 元的普通年金、利率为 i，经过 n 期的年金现值，记作（P/A，i，n），也叫年金现值系数，可通过附录 4 查表获取。如（P/A，7%，6）=4.7665；（P/A，9%，5）=3.8897 等。

2.2.2　即付年金的终值与现值

即付年金是指在每期期初收付的年金，又称预付年金或先付年金，其收付形式如图 2-5 所示。

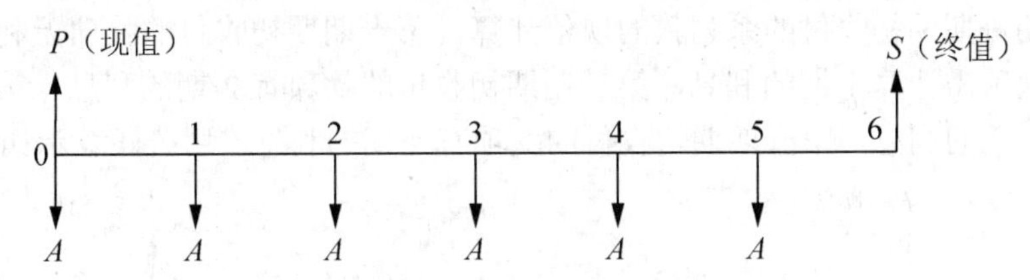

图 2-5　即付年金的收付形式

（1）即付年金终值

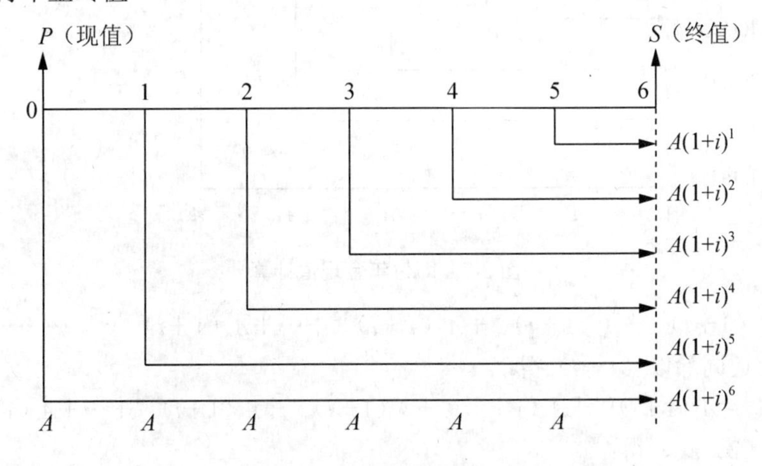

图 2-6　即付年金终值计算

图 2-6 中，一共五期每期期初收付的系列款（付年金）的终值计算，第一期期初收付的款项到第五期期末有 5 期的利息，第二期期初收付的款项到第五期期末有 4 期的利息，第三期期初收付的款项到第五期期末有 3 期的利息，第四期期初收付的款项在第五期期末有 2 期的利息，第五期期初收付的款项在第五期期末有 1 期的利息，用公式表示如下：

$S=A(1+i)^1+A(1+i)^2+A(1+i)^3+\cdots+A(1+i)^n\cdots\cdots\cdots\cdots\cdots\cdots\cdots\cdots(1)$

（1）式两边同乘以（1+*i*）得：

$$S(1+i)=A(1+i)^{2}+A(1+i)^{3}+\cdots+A(1+i)^{n}+A(1+i)^{n+1} \cdots\cdots\cdots\cdots (2)$$

（2）式-（1）式，得：

$$Si=A(1+i)^{n+1}-A(1+i)^{1}$$

$$S=A\cdot[\frac{(1+i)^{n+1}-1}{i}-1]$$

上列即付年金终值计算公式中的$[\frac{(1+i)^{n+1}-1}{i}-1]$是指 1 元的即付年金、利率为 i，经过 n 期的年金终值，记作[（*S/A*，*i*，*n*+1）－1]，也叫年金终值系数，可通过附录 3 查表获取。如 6 期的 1 元即付年金 7%时的终值为（*S/A*，7%，7）－1=7.654，5 期的 1 元即付年金 5%时的终值为（*S/A*，5%，6）－1=5.8019 等。

（2）即付年金现值

即付年金现值是指为在每期期初收付相等金额的款项，目前的总金额应是多少？图 2-7 中，一共五期每期期初收付的系列款的现值计算，第一期期初收付的款项无利息，第二期期初收付的款项需计算 1 期的利息，第三期期初收付的款项有 2 期的利息，第四期期初收付的款项有 3 期的利息，第五期期初收付的款项有 4 期的利息，用公式表示如下：

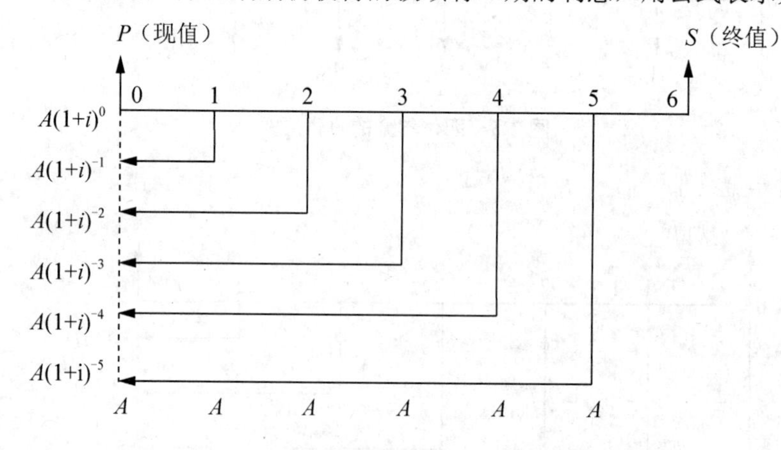

图 2-7 即付年金现值计算

$$P=A+A(1+i)^{-1}+A(1+i)^{-2}+A(1+i)^{-3}+\cdots+A(1+i)^{-(n-1)} \cdots\cdots\cdots\cdots (1)$$

（1）式两边同除以（1+*i*）得：

$$P(1+i)^{-1}=A(1+i)^{-1}+A(1+i)^{-2}+A(1+i)^{-3}+A(1+i)^{-4}+\cdots+A(1+i)^{-n}\cdots (2)$$

（1）式-（2）式，得：

$$P-P(1+i)^{-1}=A-A(1+i)^{-n}$$

$$P(1+i)-P=A(1+i)-A(1+i)^{-n+1}$$

$$P_i=A[1+i-(1+i)^{-(n-1)}]$$

$$P=A\cdot[\frac{1-(1+i)^{-(n-1)}}{i}+1]$$

上列即付年金现值计算公式中的$[\frac{1-(1+i)^{-(n-1)}}{i}+1]$是指 1 元的即付年金、利率为 i，经

过 n 期的年金现值，记作[（P/A，i，$n-1$）+1]，与普通年金现金系数比较，期数减 1，系数加 1。通过附录 4 查表获取。如 1 元 6 期即付年金 7%时的现值可查出（P/A，7%，5）+1=5.1002；1 元 5 期即付年金 7%时的现值可查出（P/A，7%，4）+1=4.3872 等。

2.2.3　递延年金的终值与现值

递延年金是指第一次收付发生在第二期或第二期以后的年金，其收付形式见图 2-8。

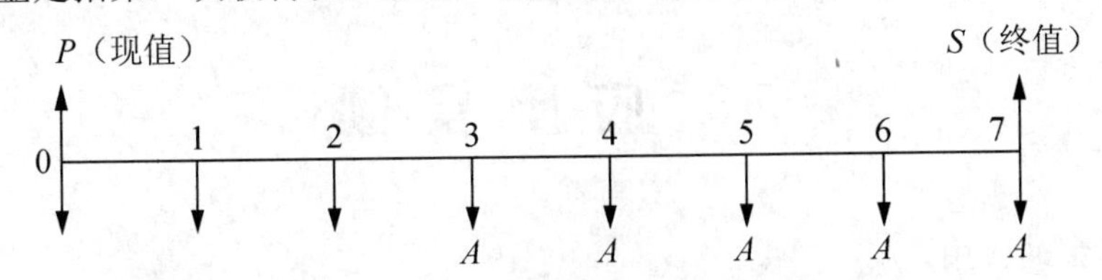

图 2-8　第一次收付发生在第三期期末的递延年金收付形式

图 2-8 中年金 A 第一次收付是在第 3 期的期末发生的，连续收付 5 期，即收付期数 $n=5$，递延期 $m=2$。

（1）递延年金终值的计算

递延年金是普通年金的特殊形式，因此，递延年金终值的计算方法与普通年金终值类似。

（2）递延年金现值的计算

第一种方法是把递延年金看成是 n 期普通年金，先求出递延期末的现值，然后再将该现值调整到第一期期初的现值。

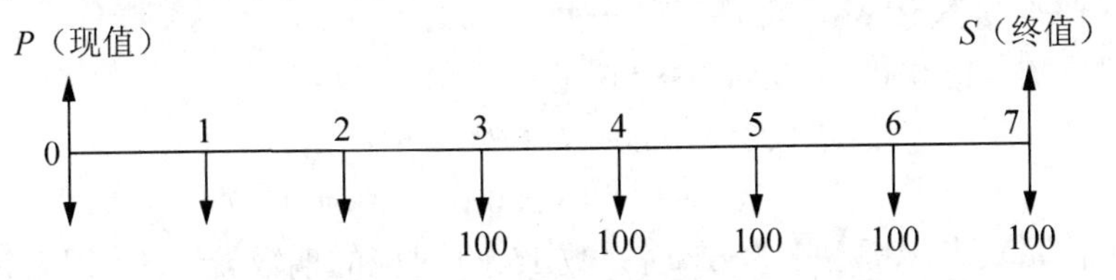

图 2-9　第一次收付发生在第三期期末的递延年金为 100

在图 2-9 中，在利率为 8%时求递延年金现值如下：

$$P_2=100\times(P/A,8\%,5)=100\times3.9927=399.27$$

$$P_0=399.27\times(P/S,8\%,2)=399.27\times0.8573=342.29$$

第二种方法是假设递延期中也进行支付，先求出（$m+n$）期的年金现值，然后减除实际并未支付的递延期（m）的年金现值，即可得出计算结果，如下所示：

$$P_{(m+n)}=100\times(P/A,8\%,7)=100\times5.2064=520.64$$

$$P_m=100\times(P/A,8\%,2)=100\times1.7833=178.33$$

$$P_n=P_{(m+n)}-P_m=520.64-178.33=342.31$$

2.2.4　永续年金的现值

无限期定额支付的年金，称为永续年金。如诺贝尔奖金、存本取息等都可视为永续年金形式。永续年金没有终止的时间，也就没有终值。永续年金的现值可通过普通年金现值的计算公式进行计算：

$$P=A\cdot[\frac{1-(1+i)^{-n}}{i}]$$

当$n\to\infty$时，$(1+i)^{-n}$的极值为 0，因此：

$$P=A\cdot\frac{1}{i}$$

2.3 应用实例

2.3.1 普通年金的应用

【例 2-4】 某旅游社似投资 300 万元于某旅游线路的合作开发，期望报酬率为 6%，合作经营期 10 年，每年末收回 40 万元，问该项目是否可行？

解：先求出每年 40 万元的年金现值，然后与 300 元比较后做出判断。

$$P=40\times(P/A，6\%，10)=40\times7.3601=294.4（万元）$$

由于年金 40 万元按 6%折现 10 年的现值小于目前的投资总额 300 元，说明该项目达不到期望报酬率 6%，该旅行社要么降低期望报酬率，要么放弃该项目，将资金投向更好的其他项目中去。

【例 2-5】 某五星级酒店拟购置一部新的烫平机更新目前正在使用的旧烫平机，每月可节约电力费用 938.06 元。新烫平机价格比旧烫平机高出 15 000 元，问新烫平机应使用多久才合算？（假设利率为 6%，每月复利一次）

解：该例中 P=15 000 元，A= 938.06 元，i=6%，则：

$$15\,000=938.06\times(P/A，6\%，n)$$

$$(P/A，6\%，n)=15\,000\div938.06=15.99$$

查年金现值系数表，折现率为 6%时系数 15.99 对应的期数 n=55，即新烫平机至少应使用 55 个月。

【例 2-6】 某景区拟在 5 年后一次性归还一笔 200 万元的债务，从现在起每年年末等额存入银行一笔款项。假设银行存款利率为 5%，问每年年末应存入多少元？

解：已知 S=200 万元，n=5，i=5%，则：

$$S=A\cdot(S/A，5\%，5)=200（万元）$$

$$A=200\div(S/A，5\%，5)=200\div5.5256=36.2（万元）$$

即每年年末存入 36.2 万元可以在 5 年后一次性归还 200 万元。

2.3.2 即付年金的应用

【例 2-7】 某酒店按揭贷款购入一处房产，10 年每年还款一次，每年年初支付 20 000 元，在银行利率为 7%时，该分期付款相当于一次现金支付的买价是多少？

解：$P=A[(P/A，7\%，9)+1]=20\,000\times[6.515\,2+1]=150\,304$（元）

该分期付款相当于一次现金支付的买价是 150 304 元。

【例 2-8】 某旅行社似投资 300 万元于某旅游线路的合作开发，期望报酬率为 6%，合作经营期 10 年，每年初收回 40 万元，问该项目是否可行？

解：先求出每年 40 万元的年金现值，然后与 300 元比较后做出判断。

$$P=40\times[(P/A，6\%，9)+1]=40\times7.8017=312.01（万元）$$

由于每年年初收回 40 万元按 6%折现 10 年的现值大于目前的投资总额 300 元，说明该项目的报酬率将超过期望值 6%，该项目可行。

【例 2-9】 某景区拟在 5 年后一次性归还一笔 200 万元的债务，从现在起每年初等额存入银行一笔款项，假设银行存款利率为 5%，问每年年初应存入多少元？

解：已知 $S=200$ 万元，$n=5$，$i=5\%$，则

$$S=A\cdot[(S/A，5\%，6)-1]=200$$

$$A=200\div[(S/A，5\%，6)-1]=200\div5.8019=34.47（万元）$$

即每年年末存入 34.47 万元可以在 5 年后一次性归还 200 万元。

2.3.3　永续年金的应用

【例 2-10】 某五星级酒店拟建立一项永久性“微笑大师”奖励基金，每年计划颁发 20 000 元奖金，如果利率为 8%，现在应一次性存入多少钱？

解：

$$P=20\ 000\div8\%=250\ 000（元）$$

即现在应一次性存入 25 万元。

【例 2-11】 某上市公司普通股，每年可分固定股利 4 元，利率为 8%时，对于准备购买该公司股票的投资者来说愿意出多少钱？

解：

$$P=4\div8\%=50（元）$$

假定上述普通股股利是每季度 4 元，年利率 8%时，每季利率是 2%，该普通股的价值为：

$$P=4\div2\%=200（元）$$

2.4　本章观念总结

本章主要介绍了货币的时间价值，强调了一定量的货币在不同的时点上的价值是不一样的，复利现值是复利终值的逆运算，现值、期数、利率、终值四个要素中已知其中任意三个要素就可以求出另一要素。年金是指定期等额的系列收付款项，根据收付时间的不同可以分为普通年金、预付年金、递延年金和永续年金。

2.5　本章习题

一、思考题

1. 什么是货币的时间价值？
2. 什么是年金？有哪些形式？

二、单项选择题

1．某酒店年初借得500 000万元贷款，10年期，年利率12%，每年年末等额偿还。每年应付金额为（　　）。

A．50 000　　B．60 000　　C．282 510　　D．88 492

2．一年内复利 m 次时，其名义利率 r 与实际利率 i 之间的关系是（　　）。

A. $(1+r/m)^{m}$　　B. $(1+r/m)^{-m}-1$

C. $(1+r/m)^{-m}$　　D. $(1+r/m)^{m}-1$

3．表示资金时间价值的利息率是（　　）。

A．银行同期存款利率

B．银行同期贷款利率

C．加权资金成本率

D．无风险和无通货膨胀条件下的社会资金平均利润率

4．下列各项中，代表即付年金的现值系数是（　　）。

A．[（P/A，i，$n+1$）-1]　　B．[（P/A，i，$n-1$）$+1$]

C．[（P/A，i，$n-1$）-1]　　D．[（P/A，i，$n+1$）$+1$]

5．根据资金时间价值理论，在普通年金终值系数的基础上，期数加1，系数减1的计算结果是（　　）。

A．后付年金终值系数　　B．即付年金终值系数

C．永续年金终值系数　　D．递延年金现值系数

6．某酒店年初存入10 000元，假定年利率为12%，每年复利两次。已知（F/P，6%，5）＝1.338 2，（F/P，6%，10）＝1.7908，（P/F，6%，5）＝1.7623，（P/F，6%，10）＝3.1058，则第5年年末的本利和为（　　）。

A．17 623　　B．17 908　　C．13 382　　D．31 058

7．在下列各项中，无法计算出确切结果的是（　　）。

A．永续年金终值　　B．即付年金终值

C．后付年金终值　　D．递延年金现值

8．假设以10%的年利率向银行借款500 000元，投资于某个寿命为10年的项目，为使该投资项目成为有利项目，每年至少应收回的现金数额为（　　）。

A．81 372　　B．73 975　　C．90 990　　D．55 000

9．已知（P/A，7%，4）＝3.3872，（P/F，7%，4）＝0.7629，（P/F，7%，5）＝0.7130，则（P/A，7%，5）应为（　　）。

A．4.1002　　B．4.1501　　C．2.6243　　D．2.6742

10．有一项年金，前3年年初无流入，后5年每年年初流入200万元，假设年利率为7%，其现值为（　　）万元。

A．716.22　　B．669.39　　C．766.35　　D．657.93

三、多项选择题

1．对于资金时间价值概念的理解，下列表述正确的有（　　　）。

A．纯粹利率
B．无风险、无通货膨胀的社会平均资金利润率
C．通货膨胀率极低时的国债利率
D．不考虑通货膨胀下的无风险报酬率

2．下列属于普通年金形式的项目有（　　）。
A．每月等额偿还的房屋贷款　　B．每月定额支付的养老金
C．年资本回收额　　D．每年等额支付的财产保险费

3．在下列各项中，可以直接或间接利用普通年金终值系数计算出确切结果的有（　　）。
A．永续年金现值　　B．永续年金终值
C．偿债基金　　D．即付年金终值

4．递延年金具有如下特点（　　）。
A．年金的现金与递延期无关
B．年金的终值与递延期无关
C．年金的第一次支付发生在若干期之后
D．没有现值

5．下列表述正确的有（　　）。
A．普通年金终值系数与普通年金现值系数互为倒数
B．复利终值系数与复利现值系数互为倒数
C．普通年金现值系数与资本回收系数互为倒数
D．普通年金终值系数与偿债基金系数互为倒数

6．影响资金时间大小的因素主要有（　　）。
A．资金额　　B．风险　　C．计息方式　　D．利率和期限

7．下列表述正确的是（　　）。
A．当利率大于零，计息期一定的情况下，年金现值系数都大于 1
B．当利率大于零，计息期一定的情况下，年金终值系数都大于 1
C．当利率大于零，计息期一定的情况下，复利终值系数都大于 1
D．当利率大于零，计息期一定的情况下，复利现值系数都小于 1

8．下列各项年金中即有现值又有终值的是（　　）。
A．永续年金　　B．即付年金　　C．后付年金　　D．递延年金

9．某旅行社向银行借入 200 000 元，借款期限为 3 年，每年偿付的等额本息为 76 400 元，则借款利率为（　　）。
A．小于 7%　　B．等于 7%　　C．大于 8%　　D．等于 8%

10．下列哪些可视为永续年金的例子（　　）。
A．存本取息　　B．利率高、持续时间特别长的等额系列收支
C．零存整取　　D．整存整取

四、判断题

1．国库券是一种几乎没有风险的有价证券，如果通货膨胀率很低，国库券利率可以代表资金时间价值。 （　　）

2．在有关资金时间价值指标的计算过程中，普通年金现值与普通年金终值是互为逆运算的关系。 （　　）

3．在利率和计息期相同的条件下，复利现值系数与复利终值系数互为倒数。 （　　）

4．在无通货膨胀条件下，公司债券的利率可代表资金时间价值。 （　　）

5．某酒店购进一项设备，3 年分期支付，每年年初等额支付 50 000 元，设年利率为 10%，该项分期付款相当于现在一次性现付购买价格为 136 775 元。 （　　）

6．永续年金只有现值，没有终值。 （　　）

7．名义利率指一年内多次复利时给出的年利率，它等于每个计息周期的利率与年内复利次数的乘积。 （　　）

8．年金是指等额、定期的系列收支，只要间隔期相等，不一定要间隔一年。 （　　）

9．甲方案在三年中每年年初付款 5 000 元，乙方案在三年中每年年末付款 5 000 元，若利率相同，则两方案的终值乙方案较大。 （　　）

10．在现值和利率一定的情况下，计息期数越多，则复利终值越高。 （　　）

五、计算分析题

1．某酒店拟购置一项设备，有甲乙两个可选方案：购买甲设备的年使用费比购买乙设备低 2 000 元，但甲设备价格高于乙设备 8 000 元，若资本成本为 10%，甲设备的使用期应长于多少年，选用甲设备才是有利的。

2．某旅行社向保险公司借款一笔，预计 10 年后还本付息总额为 200 000 元。为归还这笔借款，拟在各年年末提取相等数额的基金。假定银行的借款利率为 12%，请计算年偿债基金额。

该旅行社于第一年年初借款 10 万元，每年年末还本付息额均为 2 万元，连续 8 年还清，请计算借款利率。

3．某酒店的一项设备款，有 AB 两种付款方式可供选择：A 方案是现金一次性支付 30 万元；B 方案是分 3 年支付，各年年初分别支付 10 万元、11 万元、11 万元。假定年利率为 10%，要求：按现值计算，在 AB 两种方案中选优。

4．某人在 2002 年 1 月 1 日在银行存入 1 000 元，年利率为 10%。要求计算：

（1）每年复利一次，2010 年 1 月 1 日存款账户余额是多少？

（2）每季度复利一次，2010 年 1 月 1 日存款账户余额是多少？

（3）若除 1 000 元外，分别在 2002 年、2003 年、2009 年和 2010 年 1 月 1 日存入 250 元，仍按 10%利率，每年复利一次，求 2010 年 1 月 1 日存款账户余额？

（4）假定分 4 年存入相等金额，为了达到第一问所得到的账户余额，每期应存入多少金额？

（参考答案）

一、思考题

（略）

二、单项选择题

1. D　2. D　3. D　4. B　5. B　6. B　7. A　8. A　9. A　10. A

三、多项选择题

1. ABCD　2. ABCD　3. CD　4. BC　5. BCD　6. ACD　7. BCD　8. BCD　9. BD　10. AB

四、判断题

1. 对　2. 错　3. 对　4. 错　5. 对　6. 对　7. 对　8. 对　9. 错　10. 对

五、计算题

1. 已知 P=8 000，A=2 000，i=10%，则 P=2 000×（P/A，10%，n），（P/A，10%，n）=8 000/2 000=4，查普通年金现值系数表：（P/A，10%，5）=3.7908，（P/A，10%，6）=4.3553，用插补法可知：（n−5）/（6−5）=（4−3.7908）/（4.3553−3.7908），n=5.4。

2. 已知 F=200 000，i=12%，则（F/A，12%，10）=17.549，A=200 000/17.549=11 396.66

P=100 000，A=20 000，n=8，则（P/A，i，8）=100 000/20 000=5，（P/A，10，8）=5.3349，（P/A，12，8）=4.9676，i=10%+（12%−10%）（5.3349−5）/（5.3349−4.9676）=11.82%

3. P_A=30 万元，P_B=10+11×（P/A，10，2）=10+11×1.7355=29.0905（万元）

因此，B 方案较优，该酒店应该选择 B 方案支付设备款。

4.（1）p=1 000，i=10%，n=9，（F/P，10%，9）=2.3579，F=1 000×2.3579=2357.9（元）。

（2）p=1 000，i=2.5%，n=36，（F/P，2.5%，36）=2.4325，F=1 000×2.4325=2432.5（元）。

（3）F=250×2.3579+250×2.1435+250×1.1+250=1 650.35。

（4）F=2 357.9，n=4，（F/A，10%，4）=4.6410，A=2 357.9/4.6410=508.06。

财务报表分析

本章将学习旅游企业财务报表的构成内容，熟悉掌握主要财务比率的计算分析方法。

3.1 认识主要的财务报表

3.1.1 资产负债表

资产负债表是反映旅游企业一定日期资产情况、负债情况和投资者权益情况的报告文件。资产是指企业过去的交易或事项产生的能够给企业带来未来经济利益的各种资源，按照变现时间的长短可分为流动资产、固定资产、无形资产和长期投资等。负债是指企业承担的一种现时义务，履行该义务将导致企业经济利益的流出，包括短期负债（偿还期限在一年以内）和长期负债（偿还期限在一年以上）。投资者权益也称股东权益，它是企业的全部资产清偿全部负债后的净额，即企业的净资产。从资产负债表上可以看出，企业的全部资产一部分来源于债权人，另一部分来源于投资者。因此资产总额必然等于负债加投资者权益总额。资产负债表格式见表 3-1。

表 3-1 资产负债表（简表）

编报单位：××大酒店有限责任公司　　2010 年 12 月 31 日　　单位：万元

资　产	年初数	期末数	负债及所有者权益	年初数	期末数
货币资金	35	150	短期借款	220	210
短期投资	10	6	应付票据	50	42
应收票据	12	7	应付账款	30	26
应收账款	200	150	预收账款	19	11
预付账款	5	20	其他应付款	2	3
其他应收款	18	8	应付工资	2	1
存货	350	220	应付福利费	17	10

（续 表）

资　产	年初数	期末数	负债及所有者权益	年初数	期末数
待摊费用	9	13	未交税金	9	5
流动资产合计	639	574	其他未交款	1	2
长期投资	41	85	预提费用	9	4
固定资产原价	2 530	2 740	流动负债合计	359	314
减：累计折旧	985	1 120	长期借款	582	659
固定资产净值	1 545	1 620	实收资本	1 000	1 000
无形资产	16	14	未分配利润	300	320
资产合计	2 241	2 293	负债及所有者权益合计	2 241	2 293

3.1.2 利润表

利润表是反映旅游企业一定时期收入、费用和利润情况的报告文件。收入是指企业在销售商品、提供劳务、让渡资产使用权等日常活动过程中获得的经济利益的总流入。费用是指为取得收入而发生的经济利益的总流出。利润是收入与费用的差额，它是企业在一定时期取得的财务成果。

企业利润总额＝主营业务利润＋其他业务利润－管理费用－营业费用－财务费用＋投资收益＋营业外收入－营业外支出

企业的净利润＝利润总额－所得税

利润表格式见表 3-2。

表 3-2 利润表

编报单位：××大酒店有限责任公司　　2010 年 12 月　　单位：万元

项　目	上年累计	本年累计
一、主营业务收入	3 500	3 800
减：主营业务成本	2 700	2 900
主营业务税金及附加	310	350
二、主营业务利润	490	550
加：其他业务利润	50	30
减：营业费用	30	35
管理费用	65	76
财务费用	35	30
三、营业利润	410	439
加：投资收益	33	51
营业外收入	18	23
减：营业外支出	6	8
四、利润总额	455	505
减：所得税	138	158
五、净利润	317	347
加：年初未分配利润	200	300

（续 表）

项　　目	上年累计	本年累计
六、可供分配的利润	517	647
减：提取盈余公积	48	52
应付利润	169	275
七、未分配利润	300	320

3.2 财务比率分析

3.2.1 财务报表分析概述

财务报表分析是指以财务报表和其他资料为依据，采用专门的方法，系统分析和评价企业的过去和现在的财务状况和经营成果，了解过去、评价现在、预测未来，帮助利益关系方改善决策。它最基本的功能是将大量的报表数据转换成对特定决策有用的信息，以减少决策的不确定性。

财务报表分析是认识过程，通常只能发现问题而不能提供解决问题的现成答案；只能做出评价而不能改善企业的现况；它仅仅是检查问题的手段，能检查企业偿债、获利和抵抗风险的能力，但不能提供最终的解决问题的办法。财务报表分析能指明需要详细调查和研究的项目。

1. 财务报表分析的目的

财务报表分析的一般目的可以概括为：评价过去的经营业绩，衡量现在的财务状况，预测未来的发展趋势。

根据分析的目的，财务报表分析可以分为：流动性分析、盈利性分析、财务风险分析、专题分析（如破产预测、注册会计师的分析性检查程序）等。

企业财务报表的主要使用人有七类，他们都有不尽相同的分析目的。

（1）投资者：分析企业的资产质量和盈利能力，以便做出正确的投资决策；分析盈利状况、股价变动和发展前景，决定是否转让股份；分析资产盈利水平、破产风险和竞争能力，以考查经营者业绩；分析筹资状况，以决定是否出让债权等。

（2）债权人：分析贷款的报酬和风险，以决定是否给企业贷款；分析资产的流动状况，以了解债务人的短期偿债能力；分析盈利状况和负债比率，以了解债务人的长期偿还能力；分析评价企业的价值以决定是否出让债权。

（3）经理人员：主要是为了改善财务决策而需要进行财务分析，它包括外部利益关系方关心的所有问题。

（4）供应商：通过财务报表分析，考察分析对象是否能长期合作；了解销售信用水平，决定是否给予延长付款期限的优待等。

（5）政府：通过财务报表分析了解企业纳税情况、遵守政府法规和市场秩序的情况、职工收入和就业状况等。

（6）雇员和工会：通过财务报表分析判断企业盈利与雇员收入、保险、福利等待遇之间是否相适应。

（7）中介机构（注册会计师、咨询师等）：注册会计师通过财务报表分析可以确定审计的重点。财务分析师为各类报表使用人提供专业咨询。

2. 财务报表分析的方法

财务报表分析的方法主要有比较分析法和因素分析法两种。

（1）比较分析法

比较分析法是对两个或几个有关的可比数据进行对比，揭示差异和矛盾。比较是分析的最基本方法。

比较法按比较对象分类，可以与本企业历史指标相比，也称“趋势分析”；与同类企业比，也称“横向比较分析”；与计划预算比，也称“差异分析”。

比较法按比较内容分类，可以比较会计要素的总量，如总资产、净资产、净利润等；比较结构百分比，即把利润表、资产负债表、现金流量表转换成结构百分比报表，如以收入为100%，计算损益表各项目的比重；比较财务比率，财务比率是各会计要素的相互关系，反映其内在联系。比率的比较是最重要的分析，它是相对数，排除了规模的影响，使不同比较对象建立起可比性。

（2）因素分析法

因素分析法是依据分析指标和影响因素的关系，从数量上确定各因素对指标的影响程度。企业每个指标的高低都受若干因素的影响，从数量上测定各因素的影响程度，可以帮助信息使用人抓住矛盾，或更有说服力地评价经营状况。

因素分析法又可分为：差额分析法、指标分析法、连环替代法、定基替代法等。

3. 财务报表分析的一般步骤

（1）明确分析的目的；

（2）收集有关的信息；

（3）根据分析目的把整体的各个部分分割开来，予以适当安排，使之符合需要；

（4）深入研究各部分的特殊本质；

（5）进一步研究各个部分的联系；

（6）解释结果，提供对决策有帮助的信息。

4. 财务报表分析的局限性

财务报表是会计的产物，会计有特定的前提假设，并要执行统一的规范。信息使用人应在规定意义上使用报表数据，不能认为报表提供了企业的全部实际情况。财务报表的局限性至少有以下几个方面：

第一，财务报表以历史成本报告资产，不代表其现行成本或变现价值；

第二，财务报表假设币值不变，不按通货膨胀率或物价水平调整；

第三，稳健性原则要求预计损失而不预计收益，有可能夸大费用，少计收益和资产；

第四，按年度分期报告，只报告了短期信息，不能提供反映长期潜力的信息。

财务分析本身不能解决报表的真实性问题，因此财务分析人员应当注意财务报告是否规范，财务报告是否有遗漏，分析结果是否有反常现象，尤其要注意审计报告的意见以及注册会计师的信誉。

3.2.2 基本的财务比率

基本的财务比率包括四大类：变现能力比率、资产管理比率、负债比率和盈利能力比率。

1. 变现能力比率

变现能力比率包括流动比率和速动比率，表明企业产生现金的能力，这种能力取决于企业在近期可能转变为现金的流动资产的多少。

（1）流动比率

流动比率＝流动资产÷流动负债

流动比率可以反映企业的短期偿债能力，流动资产越多，短期债务越少，则偿债能力越强。如果用流动资产偿还全部流动负债，企业剩余的是营运资金，营运资金越多，说明偿债风险越少。因此营运资金的多少可以反映偿还债务的能力，但它是一个绝对数，如果企业之间规模相差很大，就缺乏可比性，而流动比率是相对数，更适合企业之间以及本企业不同历史时期的比较。

【例 3-1】 根据表 3-1 资产负债表计算流动比率。

××大酒店有限责任公司 2010 年年末的流动资产是 574 万元，流动负债是 314 万元，则该公司的流动比率为：

流动比率＝574÷314＝1.38

一般认为，制造企业比较合理的最低流动比率是 2，这是因为流动资产中变现能力最差的存货金额约占流动资产总额的一半，流动资产中扣除存货剩下的流动性较大的那部分至少要等于流动负债，企业的短期偿债能力才会有保证。当然，不同行业流动比率的适用性也有所不同，因此某企业计算出来的流动比率只有与同行业平均流动比率或本企业历史上的流动比率进行比较，才能知道这个比率是高还是低。要找出过高或过低的原因还必须分析流动资产和流动负债所包括的内容以及经营上的因素。一般情况下，营业周期、流动资产中的应收账款和存货的周转速度是影响流动比率的主要因素。

（2）速动比率

速动比率＝速动资产÷流动负债＝（流动资产－存货－待摊费用）÷流动负债

速动资产是从流动资产中扣除存货、待摊费用等变现能力较差的部分，因为在流动资产中，存货的变现速度最慢，或者由于某种原因部分存货可能已经损失报废尚未处理，或者部分存货已作抵押，或者存货估价还存在着成本与合理市价相差较大的问题，待摊费用本身不能变现。因此将存货和待摊费用从流动资产减掉而求出的速动比率更能反映企业的短期偿债能力。

【例 3-2】 根据表 3-1 资产负债表计算速动比率。

××大酒店有限责任公司 2010 年年末的流动资产是 574 万元，其中存货为 220 万元，待摊费用 13 万元，流动负债是 314 万元，则该公司的速动比率为：

速动比率＝（574－220－13）÷314＝1.09

较为正常的速动比率一般为 1，低于 1 的速动比率通常被认为是短期偿债能力偏弱。当然不同的行业，其速动比率会有较大的差别，大量采用现金销售的企业几乎没有应收款，因此速动比率低于 1 是非常正常的；而一些应收款较多的企业里，速动比率就应该大于 1。

影响速动比率可信性的重要因素就是应收账款的变现能力，因为账面上的应收账款不一定都能变成现金，实际坏账损失可能比计提的准备金要多。

财务分析人员应根据本企业的实际情况，分析判断速动比率所反映的短期偿债能力。

流动比率与速动比率都是从财务报表中取得的，除此之外还有一些报表之外的因素对企业短期偿债能力有较大的影响，比如可动用的银行贷款指标、准备很快变现的长期资产、偿债能力的信誉等可以增强企业的变现能力；而有些负有负债一旦成为事实上的负债就会加大企业的偿债负担。

2. 资产管理比率

资产管理比率又叫运营效率比率，它是衡量企业在资产管理方面的效率的财务比率，主要有营业周期、存货周转率、应收账款周转率、流动资产周转率和总资产周转率。

（1）营业周期。营业周期是指从取得存货开始到销售存货并收回现金为止的这段时间，其取决于存货周转天数和应收账款周转天数，即：

营业周期＝存货周转天数＋应收账款周转天数

一般情况下，营业周期长说明资金周转速度慢，而营业周期短则说明资金周转速度快。

（2）存货周转率和存货周转天数。企业存货的流动性一般用存货的周转速度来表示，有存货周转率和存货周转天数两个指标。

存货周转率是反映和评价企业进货、投入生产、销售现变等各环节管理状况的综合性指标，它是本期销售成本与本期平均存货的比值，也称存货周转率或周转次数，而每周转一次所需要的时间叫做存货周转天数。

存货周转率（次数）＝销售成本÷平均存货

存货周转天数＝360÷存货周转率

【例 3-3】 根据表 3-1 资产负债表和表 3-2 利润表计算存货周转率和周转天数。

××大酒店有限责任公司 2010 年年末的存货是 220 万元，年初存货是 350 万元，本年销售成本 2 900 万元，则该公司的存货周转率和周转天数分别为：

存货周转率＝销售成本÷平均存货＝2 900÷（350＋220）/2＝10.18（次）

存货周转天数＝360÷存货周转率＝360÷10.18＝35.36（天/次）

一般来说存货周转速度越快，存货占用额小，说明存货流动性越强，存货转换为现金或应收账款的速度就越快，可见提高存货的周转率可以提高企业的变现能力，而存货周转速度越慢则变现能力越差。存货周转率指标的高低反映企业对存货的管理水平，这不仅影响企业的短期偿债能力，也是整个企业管理的重要组成部分。存货周转分析的目的是从不同角度查找存货管理中可能存在的问题，从而确保在保证生产经营连续性的前提下尽可能减少资金占用，提高资金的使用效率，增强企业的短期偿债能力。

（3）应收账款周转率和应收账款周转天数。反映应收账款周转速度的指标是应收账款周转率和应收账款周转天数，应收账款周转率也叫周转次数，它是年度内应收账款转化为现金的平均次数，它说明应收账款的流动速度；周转天数也叫平均收现期，它表明企业从取得应收账款的权利到收回款项所需要的时间。

应收账款周转率＝主营业务收入净额÷平均应收账款

应收账款周转天数＝360÷应收账款周转率

【例 3-4】 根据表 3-1 资产负债表和表 3-2 利润表计算应收账款周转率和周转天数。

××大酒店有限责任公司 2010 年年末的应收账款是 150 万元，年初应收账款是 200 万元，本年主营业务收入净额 3 800 万元，则该公司的应收账款周转率和周转天数分别为：

应收账款周转率＝销售成本÷平均应收账款

＝3 800÷（150＋200）/2＝21.71（次）

应收账款周转天数＝360÷应收账款周转率

＝360÷21.71＝16.58（天/次）

应收账款周转率越高，则平均收现期就越短，说明应收账款的收回速度越快。

存货周转速度和应收账款周转速度是反映企业运用资产效果好坏的最主要指标，除此以外，还有流动资产周转速度和总资产周转速度两个常用的资产管理比率。

（4）流动资产周转率。它是主营业务收入与本年平均流动资产总额的比值。

流动资产周转率＝主营业务收入净额÷平均流动资产

平均流动资产＝（年初流动资产＋年末流动资产）÷2

流动资产周转率反映流动资产的周转速度，周转速度越快，就能相对节约流动资产的投放，相当于扩大了资产的利用价值，增强了企业的盈利能力；相反，如果流动资产周转缓慢，则企业需要补充更多的流动资产去参加周转，就会形成资金浪费，最终削弱获利能力。

（5）总资产周转率。它是企业主营业务收入与平均资产总额之间的比值。

总资产周转率＝主营业务收入净额÷平均资产总额

平均总资产＝（年初资产总额＋年末资产总额）÷2

总资产周转率全面反映企业总资产的周转速度，周转越快则销售能力越强，企业可通过薄利多销的手段加速总资产的周转，带来利润绝对额的增加。

总而言之，各项资产的周转指标用来衡量企业运用资产赚取收入的能力，将资产周转指标与获利能力指标结合在一起分析，可较为全面地评价企业的盈利能力。

【例 3-5】 根据表 3-1 资产负债表和表 3-2 利润表计算流动资产周转率和总资产周转率。

××大酒店有限责任公司 2010 年年末的流动资产是 574 万元，年初流动资产是 639 万元，年末的总资产是 2 293 万元，年初总资产是 2 241 万元，本年主营业务收入净额 3 800 万元，则该公司的应收账款周转率和周转天数分别为：

流动资产周转率＝主营业务收入净额÷平均流动资产

＝3 800÷（574＋639）/2＝6.27（次）

总资产周转率＝主营业务收入净额÷平均资产总额

＝3 800÷（2 293＋2 241）/2＝1.68（次）

3. 负债比率

负债比率是指企业特定时期的债务总额与资产总额、净资产总额之间的比值关系。它们反映企业偿还到期长期债务的能力。主要比率有资产负债率、产权比率和已获利息倍数等。

（1）资产负债率。它是负债总额与资产总额的比值，反映全部资产中有多少比例是通过举债来筹集的，也可衡量企业在破产清算时保护债权人利益的程度。

资产负债率＝负债总额÷资产总额×100%

【例 3-6】 根据表 3-1 资产负债表计算资产负债率。

××大酒店有限责任公司 2010 年年末的总资产是 2 293 万元，负债总额是 973 万元，则：

资产负债率＝负债总额÷资产总额×100%＝973÷2 293×100%＝42.43%

资产负债率指标反映债权人所提供的资本占全部资本的比重，也叫举债经营比率，可以从以下不同角度进行有针对性的分析：

① 从债权人的立场来说，他们最关心的是贷给企业的款项是否按时收回本息，如果投资者提供的资本占全部资本的比重较小，则企业的风险将主要由债权人承担，这对债权人极为不利。因此，债权人总希望企业的负债比率越低越好，这样企业偿还债务的能力强，贷款不会有太大的风险。

② 从投资者的立场来说，由于企业通过举债筹集的资金与投资者提供的资金在经营中发挥同样的作用，因此，投资者所关心的是全部资本利润率是否超过借入资金的利率。在企业所得的全部资本利润率超过借款利率时，投资者获得的利润就会加大，此时对投资者来说负债比例越大越有利。反之，如果运用全部资本所得的利润率低于借款利率，则对投资者不利，企业运用全部资本的所获得的利润还要倒贴给债权人，如果不举债，投资者实际赚取的利润更多，此时，投资者当然希望负债比例越小越好。

③ 从经营者的立场来说，如果举债很多，超出债权人心理承受程度，企业就可能借不到钱；如果企业不举债或负债比例很小，则说明企业畏缩不前，经营者信心不足缺乏开拓进取精神，利用举债经营的能力较差。财务管理要求经营者能充分估计预期的利润和因举债而增加的风险，适度举债，设计最佳的资本结构，以获得最大的经济效益。

（2）产权比率。它是负债总额与所有者权益的比值，也是衡量企业长期偿债能力的指标。

产权比率＝负债总额÷所有者权益×100%

【例 3-7】 根据表 3-1 资产负债表计算产权比率。

××大酒店有限责任公司 2010 年年末的净资产是 1 320 万元，负债总额是 973 万元，则：

产权比率＝973÷1 320×100%＝73.71%

该指标反映企业的基本财务结构是否稳定，通常所有者权益大于负债，说明企业的财务结构是较为稳定的，如本例中负债总额只占所有者权益的 73.71%，说明企业举债经营的能力较强，还有较大潜力。如果产权比率超过 100%，则一旦经营不景气就会使财务风险加剧，最终损害投资者利益，当然如果经济繁荣经营得当，则多举债可以给投资者带来额外的丰厚的利润。因此产权比率高是一种高风险、高报酬的财务结构，而产权比率低是一种低风险、低收益的财务结构。

（3）已获利息倍数，也叫利息保障倍数，它是指企业支付借款利息和交纳所得税前的利润总额与借款利息总额的比值，用来反映企业偿付借款利息的能力，也在一定程度上反映了债权人提供资金的风险。

已获利息倍数＝息税前利润÷利息总额

【例 3-8】 根据表 3-2 利润表计算已获利息倍数。

××大酒店有限责任公司 2010 年净利润总额是 347 万元，利息总额是 30 万元，所得税 158 万元，则：

已获利息倍数＝（347＋30＋158）÷30＝17.83

应当指出的是，利息总额是指本期应付的全部利息，既包括利润表财务费用中的利息，也包括计入本期固定资产价值的资本化利息，因为资本化利息虽然不在利润表内扣除，但本期仍然是要偿付的。利息保障倍数主要是衡量企业是否有足够的偿付利息的能力，如果没有充足的息税前利润，则利息的支付就会发生困难。

旅游企业应将该指标与其他企业，特别是本行业平均水平进行比较，来分析决断本企业已获利息倍数的合理性。同时为稳健起见，最好是比较本企业该指标连续几年的数值，并选择最低指标年度的数值作为标准。这是因为企业在经营形势喜人时需要偿付利息，而在经营状况不佳时也要偿付利息，某一个年度利润高使已获利息倍数很高，但不可能年年如此，采用该指标最低年度的数据，可保证最基本的偿付能力。

4. 盈利能力比率

盈利能力是指旅游企业赚取利润的能力，无论是投资者、债权人还是企业经理人都十分关心企业的盈利能力。反映企业盈利能力的指标主要有销售净利润率、销售毛利率、总资产净利润率、净资产收益率等。

（1）销售净利润率。它是企业一定时期的净利润总额（即税后利润）与主营业务收入总额的比值。

销售净利润率＝净利润总额÷主营业务收入总额×100%

【例 3-9】 根据表 3-2 利润表计算销售净利润率。××大酒店有限责任公司 2010 年净利润总额是 347 万元，主营业务收入总额 3 800 万元，则：

销售净利润率＝净利润总额÷主营业务收入总额×100%

＝347÷3 800×100%＝9.13%

该指标表示每百元销售额能创造 9.13 元的净利润，体现销售收入的收益水平。企业在增加销售收入的同时必须相应地获得更多的净利润，才能使销售净利润率保持不变或有所提高，通过分析销售净利润率的升降变动，可以促使企业在扩大销售的同时，重视改善经营管理提高盈利水平。

（2）销售毛利率。它是毛利额占主营业务收入的比重。毛利是指主营业务收入与主营业务成本的差额。

销售毛利率＝销售毛利÷主营业务收入总额×100%

【例 3-10】 根据表 3-2 利润表计算销售毛利率。

××大酒店有限责任公司 2010 年主营业务收入总额 3 800 万元，主营业务成本总额 2 900 万元，则：

销售毛利率＝销售毛利÷主营业务收入总额×100%

＝（3 800−2 900）÷3 800×100%＝23.68%

该指标表示每百元销售额能创造 23.68 元的毛利，它是构成旅游企业销售净利率的最初基础，企业形成的毛利必须足以开支管理费用、营业费用和财务费用后才能产生净利润。

（3）总资产净利率，也叫总资产收益率，它是旅游企业一定时期的净利润总额与平均总资产的比值。

总资产净利率＝净利润÷平均总资产×100%

平均总资产＝（期初总资产＋期末总资产）÷2

【例 3-11】 根据表 3-1 资产负债表和表 3-2 利润表计算总资产收益率。

××大酒店有限责任公司 2010 年净利润总额是 347 万元，年初资产总额是 2 241 万元，年末资产总额是 2 293 万元，则：

总资产净利率＝347÷（2 241＋2 293）/2×100%＝15.31%

该指标可以综合反映旅游企业全部资产的利用效果，这是一个正指标，比率越高则表明全部资产的利用效率越高，说明企业在增加收入和节约资金使用方面取得了较好的效果。

为了正确评价旅游企业经济效益的好坏、充分挖掘创造利润的潜力，企业可将此指标与本企业该指标的前期数、计划数、本行业平均数和本行业最佳数值进行对比，分析形成差异的原因。影响总资产收益率高低的因素主要有：产品（或服务）的价格、单位成本、产品（服务）的销售数量、资产占用额等。

（4）净资产收益率，也叫权益净利润率或净资产报酬率，它是企业一定时期净利润总额占企业平均净资产总额的百分比。

【例 3-12】 根据表 3-1 资产负债表和表 3-2 利润表计算净资产收益率。

××大酒店有限责任公司 2010 年净利润总额是 347 万元，年初净资产总额是 1 300 万元，年末净资产总额是 1 320 万元，则：

总资产净利率＝净利润÷平均净资产×100%

＝347÷（1 300＋1 320）/2×100%＝26.49%

该指标反映企业投资者净资产的收益水平，具有很强的综合性，具体分析方法参照“杜邦财务分析体系”。

3.2.3　杜邦财务分析体系

杜邦财务分析体系是由美国杜邦公司的经理创造的，又叫杜邦系统（The Du Pont System）。

杜邦财务分析体系的核心内容是以净资产收益率为起点，层层解剖分析形成净资产收益率的具体因素，进而说明净资产收益率升降的具体原因，以便采取措施，改善经营管理提高经济效益。

1. *净资产收益率的计算与分解原理*

净资产收益率＝净利润÷净资产＝（净利润/总资产）×（总资产/净资产）

＝（净利润/主营业务收入）×（主营业务收入/总资产）×（总资产/净资产）

公式中（净利润/主营业务收入）就是销售净利润率，（主营业务收入/总资产）就是总资产周转率，（总资产/净资产）叫做权益乘数。因此：

净资产收益率＝销售净利润率×总资产周转率×权益乘数

权益乘数是资产净值率的倒数，也可以换算为：

权益乘数＝总资产÷净资产＝总资产÷（总资产－负债总额）

＝1÷（1－资产负债率）

（2）杜邦系统的应用

【例 3-13】 以××大酒店有限责任公司 2009 年、2010 年两年的有关数据为依据（见表 3-1、表 3-2），分析净资产收益率变动的具体原因。

年初负债总额为 941 万元，年末负债总额为 973 万元，年初总资产 2 241 万元，年末总资产 2 293 万元，则：

资产负债率＝[（941＋973）÷2]/ [（2 241＋2 293）÷2]×100%

＝957÷2 267×100%＝42.21%

权益乘数＝1÷（1－42.21%）＝1.73

净资产收益率＝销售净利润率×总资产周转率×权益乘数

＝9.13%×1.68×1.73＝26.53%

净资产收益率的分解详见图 3-1。

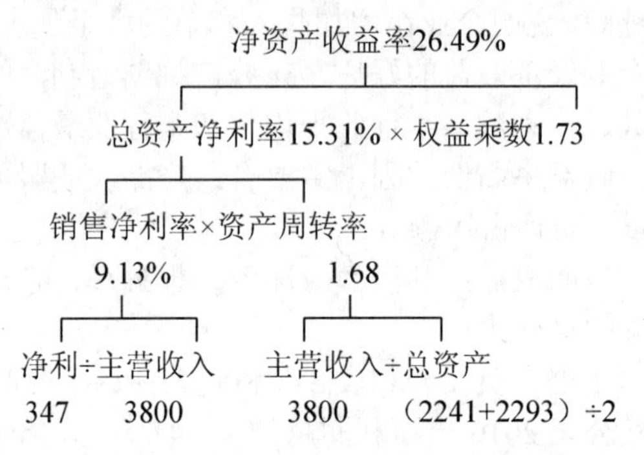

图 3-1　××大酒店有限责任公司杜邦系统

其中，净利润等于主营业务收入扣除主营业务成本、主营业务税金及附加、管理费用、财务费用、营业费用等加上其他业务利润和营业外收支净额，总资产由流动资产和长期资产构成，流动资产由货币资金、应收款、存货和其他流动资产构成。

从杜邦财务分析体系中可以看出，决定企业净资产收益率高低的因素有三个：销售净利率、资产周转率和权益乘数，这样可以把综合指标净资产收益率升降的原因具体化。

权益乘数主要受资产负债率的影响，负债比例越大，权益乘数就高，说明企业经营者有举债经营的开拓精神，能给企业带来较多的杠杆利益，同时企业也将承受较高的风险。

销售净利率高低的因素分析，可以从销售额和销售成本两方面展开，资产周转率是反映运用资产可以产生收入能力的一项指标，对资产周转率的分析，需要对影响资产周转的各因素进行分析，除了对资产的各构成部分从占用比重上是否合理进行分析外，还可通过对应收账款周转率、存货周转率和流动资产周转率等有关资产使用效率的分析，判断影响资产周转的主要问题。

3.3　本章观念总结

本章主要介绍了财务报表分析的目的和具体的财务比率计算方法和分析方法。财务比率主要有流动比率、负债比率、资产管理比率和盈利能力比率。杜邦财务分析体系是一种综合性的财务指标分解方法。任何财务报表分析方法关键不在于指标的计算，而在于对指标的理解和运用。财务报表分析的结果只能发现问题和原因，不提供解决问题的方案。

3.4　本章习题

一、思考题

1．什么叫资产负债表？它由哪些要素构成？

2．什么叫利润表？它由哪些要素构成？

3．什么叫财务报表分析？其目的有哪些？

4．主要财务比率有哪些？

5．简述流动比率的分析方法。

6．简述负债比率的分析方法。

7．简述资产管理比率的分析方法。

8．简述盈利能力比率的分析方法。

9．简述杜邦分析体系。

二、单项选择题

1．在财务报表分析中，投资人是指（　　）。

A．社会公众　　B．金融机构

C．优先股东　　D．普通股东

2．流动资产和流动负债的比值被称为（　　）。

A．流动比率　　B．速动比率

C．营运比率　　D．资产负债比率

3．下列各项中，（　　）不是影响固定资产净值升降的直接因素。

A．固定资产净残值　　B．固定资产折旧方法

C．折旧年限的变动　　D．固定资产减值准备的计提

4．资产负债表的附表是（　　）。

A．利润分配表　　B．分部报表

C．财务报表附注　　D．应交增值税明细表

5．我国会计规范体系的最高层次是（　　）。

A．企业会计制度　　B．企业会计准则

C．会计法　　D．会计基础工作规范

6．某公司去年实现利润 800 万元，预计今年产销量能增长 6%，如果经营杠杆系数为 2.5，则今年可望实现营业利润额（　　）万元。

A．848　　B．920　　C．1 000　　D．1 200

7．成龙公司 2000 年的主营业务收入为 60 111 万元，其年初资产总额为 6 810 万元，年末资产总额为 8 600 万元，该公司总资产周转率及周转天数分别为（　　）。

A．8.83 次，40.77 天　　B．6.99 次，51.5 天

C．8.83 次，51.5 天　　D．7.8 次，46.15 天

8．计算应收账款周转率时应使用的收入指标是（　　）。
A．主营业务收入　　B．赊销净额
C．销售收入　　D．营业利润

9．正常情况下，如果同期银行存款利率为4%，那么市盈率应为（　　）。
A．20　　B．25　　C．40　　D．50

10．当销售利润率一定时，投资报酬率的高低直接取决于（　　）。
A．销售收入的多少　　B．营业利润的高低
C．投资收益的大小　　D．资产周转率的快慢

三、多项选择题

1．影响毛利变动的内部因素包括（　　）。
A．开拓市场的意识和能力　　B．成本管理水平
C．产品构成决策　　D．企业战略要求
E．以上都包括

2．现代成本管理方法一般有（　　）。
A．即时制管理　B．全面成本管理　C．JIT 管理
D．作业基础成本管理　　E．全面质量成本管理

3．单一产品毛利的变动（　　）因素的影响。
A．销售单价　B．变动成本　C．单位成本
D．销量　E．固定成本

4．影响营业利润率的因素主要包括两项，即（　　）。
A．其他业务利润　　B．资产减值准备
C．财务费用　D．主营业务收入　E．营业利润

5．分析长期资本收益率指标所适用的长期资本额是指（　　）。
A．长期负债　B．长期股票投资　C．长期债券投资
D．所有者权益　E．长期资产

6．作为财务报表分析主体的政府机构，包括（　　）。
A．税务部门　　B．国有企业的管理部门
C．证券管理机构　　D．会计监管机构
E．社会保障部门

7．从杜邦财务分析体系可知，提高净资产收益率的途径在于（　　）。
A．加强负债管理，降低负债比例　　B．加强成本管理，降低成本费用
C．加强销售管理，提高销售利润率　　D．加强资产管理，提高资产周转率

8．在财务报表附注中应披露的会计政策有（　　）。
A．坏账的数额　　B．收入确认的原则
C．所得税的处理方法　　D．存货的计价方法

9．在对企业进行业绩评价时，下列属于评价企业获利能力的基本指标是（　　）。
A．净资产收益率　　B．总资产报酬率
C．营业净利率　　D．成本费用利润率

10．某酒店当年的经营利润很多，却不能偿还到期债务，为查清具体原因，应检查的财务比率有（　　）。

A．流动比率　　B．速动比率
C．应收账款周转率　　D．资产负债率

四、计算分析题

1．某酒店客房的本年实际收入与预算收入的比较数据如下：

实际销售收入：（8万间夜×500元/间夜）4 000万元；

预算销售收入：（9万间夜×480元/间夜）4 320万元；

差异：320万元（不利）；

要求：分别用定基分解法、连环替代法分解差异。

2．某旅行社有限公司2010年实现净利润500 000元，当年提取的固定资产折旧120 000元，摊销无形资产30 000元，处理固定资产收益90 000元，出售短期投资损失30 000元，当年发生利息支出10 000元。有关资产年末比年初变动情况为：应收账款减少150 000元，坏账准备减少450元，存货减少100 000元，待摊费用增加10 000元，应付账款增加314 000元，无形资产减值准备3 000元。

要求：计算该年度经营活动产生的净现金流量。

3．某酒店连续三年的资产负债表中相关资产项目的数额如下表所示

（金额单位：万元）

项　目	2008年年末	2009年年末	2010年年末
流动资产	2 200	2 680	2 680
其中：应收账款	944	1 028	1 140
存货	1 060	928	1 070
固定资产	3 800	3 340	3 500
资产总额	8 800	8 060	8 920

已知2010年主营业务收入额为10 465万元，比2009年增长了15%，其主营业务成本为8 176万元，比2009年增长了12%。试计算并分析：

（1）该酒店2009年和2010年的应收账款周转率、存货周转率、流动资产周转率、固定资产周转率、总资产周转率。

（2）对该酒店的资产运用效率进行评价。

（参考答案）

一、思考题

（略）

二、单项选择题

1．D　2．A　3．A　4．D　5．C　6．B　7．D　8．B　9．B　10．D

三、多项选择题

1. ABCDE 2. ACDE 3. ACD 4. DE 5. AD 6. ABCDE 7. BCD 8. BCD 9. AB 10. ABC

四、计算分析题

1. 答：

总差异＝4000－4320＝－320

① 定基分解法：

数量变动影响金额＝实际价格×实际销量－实际价格×预算数量

＝实际价格×数量差异＝500×（8－9）＝－500（万元）

价格变动影响金额＝实际价格×实际销量－预算价格×实际销量

＝价格差异×实际数量＝（500－480）×8＝160（万元）

数量与价格变动总差异＝－500＋160＝－340（万元）

混合差异＝－340－（－320）＝－20（万元）

② 连环替代法：

数量变动影响金额＝预算价格×实际销量－预算价格×预算销量

＝预算价格×数量差异＝480×（8－9）＝－480（万元）

价格变动影响金额＝实际价格×实际数量－预算价格×实际数量

＝价格差异×实际数量＝（500－480）×8＝160（万元）

数量变动金额＋价格变动金额＝－480＋160＝－320（万元）

2. 答：

净现金流量＝500 000＋120 000＋30 000－90 000＋30 000＋10 000＋150 000－450＋100 000－10 000＋314 000＋3 000＝1 156 550（元）

3. 答：

项　目	2009 年	2010 年
应收账款周转率	9 100÷[（1 028＋944）÷2]=9.23	10 465÷[（1 140＋1 028）÷2]=9.65
存货周转率（成本基础）	7 300÷[（928＋1 060）÷2]=7.34	8 176÷[（1 070＋928）÷2]＝8.18
存货周转率（收入基础）	9 100÷[（928＋1 060）÷2]=9.64	10 465÷[（1 070＋928）÷2]＝10.48
流动资产周转率	9 100÷[（2 680＋2 200 ÷2]=3.73	10 465÷[（2 680＋2 680）÷2]＝3.91
固定资产周转率	9 100÷[（3 340＋3 800）÷2]=2.55	10 465÷[（3 500＋3 340）÷2]＝3.06
总资产周转率	9 100÷[（8 060＋8 800）÷2]=1.08	10 465÷[（8 920＋8 060）÷2]＝1.23

旅游企业筹资管理

本章导读

本章将学习认识旅游企业筹资渠道、方式，以及资本成本和资本结构。

4.1 旅游企业筹资概述

4.1.1 筹资概念

旅游企业的财务活动是以筹集企业必需的资金为前提的，企业的生存与发展离不开资金的筹措。筹资是企业根据其生产经营、对外投资及调整资本结构的需要，通过筹资渠道和资金市场，并运用筹资方式，经济有效地筹集企业所需的资金。

筹集资金的目标是以较低的筹资成本和较小的筹资风险，获取较多的资金。筹资的基本目的是为了自身的正常生产经营与发展，一方面满足其生产经营需要，另一方面满足其资本结构调整的需要。

4.1.2 筹资渠道和方式

企业筹集的资金可按不同方式进行不同的分类，这里只介绍两种最主要的方式。

（1）按资金使用期限的长短分为短期资金和长期资金

短期资金指供一年以内使用的资金。短期资金主要投资于现金、应收账款、存货等，一般在短期内可收回。短期资金常采用商业信用、银行流动资金借款等方式来筹集。

长期资金是指供一年以上使用的资金。长期资金主要投资于新产品的开发和推广、生产规模的扩大、厂房和设备的更新，一般需几年或几十年才能收回。长期资金通常采用吸收投资、发行股票、发行债券、长期借款、融资租赁、留存收益等方式来筹集。

（2）按资金的来源渠道分为所有者权益资金和负债资金

权益资金：企业通过发行股票、吸收投资、内部积累等方式筹集的资金都属于企业的所有者权益，所有者权益不用还本，因而称为企业的自有资金、主权资金或权益资金。自有资金不用还本，因此筹集自有资金没有财务风险。但自有资金要求的回报率高，资本成本高。

负债资金：企业通过发行债券、银行借款、融资租赁等方式筹集的资金属于企业的负债，到期要归还本金和利息，因而又称之为企业的借入资金或负债资金。企业采用借入的方式筹集资金，一般承担较大的财务风险，但相对而言付出的资金成本小。

1. 筹资渠道

筹资渠道是指筹集资金来源的方向与通道，体现资金来源与供应量。我国企业目前筹资渠道主要有以下几种。

国家财政资金：国家对企业的直接投资是国有企业最主要的资金来源渠道，特别是国有独资企业，其资本全部由国家投资形成，从产权关系上看，产权归国家所有。

银行信贷资金：银行对企业的各种贷款是我国各类企业最为主要的资金来源。我国提供贷款的银行主要有两个：商业银行和政策性银行。商业银行以盈利为目的，为企业提供各种商业贷款；政策性银行为特定企业提供政策性贷款。

非银行金融机构资金：非银行金融机构主要指信托投资公司、保险公司、租赁公司、证券公司以及企业集团所属的财务公司。他们所提供的金融服务，既包括信贷资金的投放，也包括物资的融通，还包括为企业承销证券。

其他企业资金：其他企业资金是指企业生产经营过程中产生的部分闲置的资金，可以互相投资，也可以通过购销业务形成信用关系形成其他企业资金，这也是企业资金的重要来源。

居民个人资金：居民个人资金指“游离”于银行及非银行金融机构之外的个人资金，可用于对企业进行投资，形成民间资金来源。

企业自留资金：指企业通过计提折旧、提取公积金和未分配利润等形式形成的资金，这些资金的重要特征之一是企业无须通过一定的方式去筹集，它们是企业内部自动生成或转移的资金。

2. 筹资方式

筹资方式是指企业筹集资金所采用的具体方式。目前我国企业的筹资方式主要有：吸收直接投资、发行股票、利用留存收益、商业信用、发行债券、融资租赁和银行借款。

企业筹资管理的重要内容是针对客观存在的筹资渠道，选择合理的筹资方式进行筹资，有效的筹资组合可以降低筹资成本，提高筹资效率。

筹资渠道与筹资方式存在一定的对应关系，一定的筹资方式只使用于某一特定的筹资渠道，具体的对应关系见表 4-1。

表 4-1　筹资渠道与筹资方式的一般对应关系

方式 渠道	直接投资	股票	留存收益	银行借款	发行债券	商业信用	融资租赁
国家财政资金	√	√					
银行信贷资金				√			
非银行金融机构	√	√		√	√		√
其他企业资金	√	√			√	√	√
居民个人资金	√	√			√		
企业自留资金	√		√				
外商资金	√	√			√		√

4.1.3　筹资原则

1. 筹资须考虑的因素

（1）经济性因素：筹资成本、筹资风险、投资项目及其收益能力、资本结构及其弹性。

（2）非经济性因素：筹资的顺利程度、资金使用的约束程度、筹资的社会效应、筹资对企业控制权的影响、筹资时机。

2. 筹资原则

旅游企业筹集资金的原则可概括为下面几句话：

规模适度，成本节约；
结构合理，方式经济；
时机得当，筹措及时；
依法筹资，来源合理。

4.1.4　筹资规模的确定

旅游企业应根据法定注册资本的最低要求和企业实际投资规模确定合理的筹资规模。筹资具有层次性的特点，即先确定筹资总规模，然后确定自有资本规模，再确定对外筹资规模。筹资规模与资产占用具有对应性，即为购置长期稳定占用资产，应确定不变资金规模，为购置波动性资产则应确定变动资金规模。筹资还具有时间性的特点，在经营旺季或经济繁荣时期可能需要筹集较大规模的资金，而在经营淡季或经济萧条时期则可能需要压缩筹资规模。

确定筹资规模的方法有销售百分比法、线性回归法、实际预算法等。

4.2　资本金的筹集与管理

4.2.1　资本金的构成

资本金是指企业在工商行政管理部门登记的注册资金，即创办企业的本钱。所谓注册资金是指企业设立时由投资者认缴的，经工商行政管理部门核准登记的资金总额。因此通常所讲的资本金就是指注册资金，它是企业开展正常生产经营活动的必要前提条件。《中华人民共和国企业法人登记管理条例》规定，企业法人必须有符合国家规定的与其生产经营和服务规模相适应的资金数额，能够独立承担民事责任。因此资本金还是有限公司对公司承担的法律责任。

资本金按投资主体可分为国家资本金、法人资本金、个人资本金及外商资本金等。国家资本金是指有权代表国家投资的部门或者机构以国有资产投入企业形成的资本金，法人资本金是指其他法人单位包括企业法人和社会团体法人以其可支配的资产投入企业形成的资本金，个人资本金为社会个人或本企业内部职工以个人合法财产投入企业形成的资本金，外商资本金是指外国投资者以及港澳台投资者投入企业形成的资本金。

4.2.2 资本金的筹集与管理

根据国家法律、法规的规定，可以采取国家投资、各方集资和发行股票等方式筹集资本金。

企业筹集资本金的具体形式可以是现金、实物资产、无形资产等。但无论采取什么形式筹集资本金，都必须符合国家法律法规的规定，比如企业不得吸收投资者已设立担保物权资产的出资，企业吸收的无形资产投资一般不得超过注册资本总额的20%等。

企业资本金可以一次筹集或分次筹集。一次筹集的，应当在营业执照签发之日起6个月内筹足；分次筹集的，首次筹集的资金不得低于投资者认缴出资的15%，并在营业执照签发之日起3个月内缴清，最后一次出资应当在营业执照签发之日起3年内缴清。

投资者出资后，企业应当聘请中国注册会计师进行验资，出具验资报告，并据以向投资者开具出资证明书。

筹集到位的资本金可供企业长期使用，不需偿还，自由支配。在企业持续经营期间，投资者对其投入企业的资本金除国家另有规定外，一般只能依法转让，不得以任何形式抽回投资。中外合作经营企业的外方投资者按合同约定先行收回投资的，必须按照法律规定或合同约定承担企业的债务责任，在缴纳所得税前收回投资的，还须报经当地主管财政机关批准。

企业投资者对企业净资产按其出资比例或合同、协议规定享有所有权，并分享利润和分担亏损等风险。投资者对企业净资产的所有权就是所有者权益，包括资本金、资本公积金、盈余公积金及未分配利润等。

随着我国企业股份制改革进程的不断推进，越来越多的企业采用发行股票的形式筹集资本金，下面着重讨论普通股的筹集与管理。

1. 普通股及其种类

普通股是指股份有限公司发行的无特别权利的股份，也是最基本的标准的股份，通常情况下股份公司只发行普通股。

普通股股票的持有者即为普通股股东，依照我国《公司法》的规定，普通股股东享有以下权利：

出席或委托代理人出席股东大会，并依公司章程规定行使表决权；股份转让权；股利分配请求权；对公司账目和股东大会决议的审查和对公司事务的质询权；分配公司剩余资产的权利；公司章程规定的其他权利。

同时普通股股东也基于其资格，对公司负有相应义务。我国《公司法》中规定了股东具有遵守公司章程、缴纳股款、对公司负有有限责任、不得退股等义务。

普通股按不同的分类方式可分为：

（1）普通股按是否记名可分为记名股票和不记名股票。我国《公司法》规定，对发起人、国家授权的投资机构和法人发行的股票应当为记名股票。

（2）普通股按是否标明票面金额可分为有面值股票和无面值股票。目前我国《公司法》不承认无面值的股票，明确规定了股票应记载股票的面额，并且发行价格不得低于票面金额。

（3）普通股按投资主体可分为国家股、法人股、社会公众股等。

（4）普通股按发行对象和上市地点的不同可分为A股（以人民币标明面额并以人民币认购和交易的股票）、B股、H股和N股（B股、H股和N股都是以人民币标明面额，并以外币认购和交易的股票，只是交易地点不同）。其中B股在沪深交易所流通，H股在香港证券交易所流通，N股在纽约证券交易所流通。

2. 普通股筹资的优缺点

与其他筹资方式相比，普通股筹集资本具有以下优点。

（1）发行普通股筹集资本具有永久性，无到期日，不需归还。这对保证公司对资本的最低需要、维持公司长期稳定发展极为有益。

（2）发行普通股筹资没有固定的股利负担，股利的支付与否和支付多少，视公司有无盈利和经营需要而定，经营波动给公司带来的财务负担相对较小。由于普通股筹资没有固定的到期还本付息的压力，所以筹资风险较小。

（3）发行普通股筹集的资本是公司最基本的资金来源，它反映了公司的实力，可作为其他方式筹资的基础，尤其可为债权人提供保障，增强公司的举债能力。

（4）由于普通股的预期收益较高并可一定程度地抵消通货膨胀的影响（通常在通货膨胀期间，不动产升值时普通股也随之升值），因此普通股筹资容易吸收资金。

但是，运用普通股筹集资本也有如下缺点。

（1）普通股的资本成本较高。首先，从投资者的角度讲，投资于普通股风险较高，相应地要求有较高的投资报酬率。其次，对于筹资公司来讲，普通股股利从税后利润中支付，不像债券利息那样作为费用从税前支付，因而不具抵税作用。此外，普通股的发行费用一般也高于其他证券。

（2）以普通股筹资会增加新股东，这可能会分散公司的控制权。此外，新股东分享公司未发行新股前积累的盈余，会降低普通股的每股净收益，从而可能引发股价的下跌。

4.3 资金成本的内涵

4.3.1 资金成本的概念

资金成本是指企业为筹集和使用资金而付出的代价。从理论上讲，企业筹集和使用任何资金，不论是短期的还是长期的，都必须付出代价。

资金成本包括资金筹集费和资金占用费两部分。资金筹集费是指在资金筹集过程中支付的各项费用，如印刷费、发行手续费、律师费、评估费、广告费、公证费等；资金占用费是指占用资金支付的费用，如借款利息、股票股利、债券利息等。因为资金筹集费通常在筹集资金时一次性发生，在计算资金成本时可作为筹资总额的扣除。

资金成本可有多种计量形式，在比较各种筹资方式时，使用个别资金成本，主要有长期借款成本、债券成本、留存收益成本、普通股成本；在进行资本结构决策时，使用加权平均资金成本；在进行追加筹资决策时，则使用边际资金成本。

资金成本是财务管理中的重要概念之一，它是企业投资者和债权人对投入企业的资金所要求的收益率，同时，资金成本还是投资项目的机会成本。资金成本广泛应用于财务管理的许多方面，对企业筹资来说，资金成本是选择资金来源、确定筹资方案的重要依据，企业力求选择资金成本最低的筹资方式；对于企业投资来说，资金成本是评价投资项目优劣、决定投资取舍的重要标准。资金成本还可用来衡量企业经营成果的尺度，即经营利润率应高于资金成本，否则表明企业业绩欠佳。

4.3.2 决定资金成本高低的因素

在市场经济条件下，影响企业资金成本高低的因素有很多，其中主要有：总体经济环境、证券市场条件、企业内部的经营和融资状况、项目融资规模等。

总体经济环境变化的影响，体现在无风险报酬率上，如果货币需求量增加，而供给却没有同步增加，则投资者便会提高其投资的期望收益率，筹资企业的资金成本就会上升，反之则会降低其要求的投资收益率，使筹资企业的资金成本降下来。如果预期通货膨胀水平上升，货币购买力下降，投资者也会提出更高的收益率来补偿预期的投资损失，导致企业资本成本上升。

证券市场条件影响证券投资的风险，包括市场流动性和价格波动幅度。如果某种证券的市场流动性不好，投资者想买卖该证券相对困难，变现风险较大，则会要求较高的收益率，从而使筹资企业的资金成本上升；或者虽然有对某种证券的需求，但由于其价格波动较大，投资风险加大，投资者要求的收益率也会提高。

企业内部的经营和融资状况，指的是经营风险和财务风险的大小。风险是企业投资决策的结果，表现在资产收益率的变动上；而财务风险是企业筹资决策的结果，表现在普通股收益率的变动上。如果企业的经营风险和财务风险加大，投资者便会有较高的收益率要求，使得筹资企业的资金成本上升。

融资规模较大的企业，一般资金成本就比较高。比如企业发行股票或债券的金额很大，资金筹集费和资金占用费都会上升，同时发行规模增大还会降低其发行价格，由此也会增加企业的资金成本。

4.4 资金成本的估计

4.4.1 个别资金成本的估计

个别资金成本是指使用各种长期资金所需要付出的代价，具体又可分为长期借款成本、债券成本、普通股成本和留存收益成本。前两种称为债务资金成本，后两种称为权益资金成本。

1. 长期借款成本

长期借款成本由借款利息费用和筹资费用两部分组成，同时，由于借款利息计入所得税前的成本费用，可以起到抵税作用，因此实际利息费用应抵减相应少交的所得税金额。

一次还本按年付息的借款成本为：

$$K_L=I（1-T）/L（1-F）=R（1-T）/（1-F）$$

公式中 K_L 为长期借款成本，I 为长期借款年利息，T 为所得税税率，L 为长期借款筹资额（即借款本金），R 为长期借款年利率，F 为长期借款的筹资费用率。

【例 4-1】 某旅行社取得 5 年期长期借款 500 万元，年利率 8%，每年付息一次，到期一次还本，筹资费率为 2‰，企业所得税率为 33%，计算该长期借款的成本。

解：

$$K_L = 500 \times 8\% \times (1-33\%) / 500(1-2‰)$$
$$= 8\% \times (1-33\%) / (1-2‰) = 5.37\%$$

2. 债券成本

债券成本由债券利息和筹资费用组成。债券利息费用也允许税前抵扣，筹资费用一般比长期借款的筹资费用高。

一次还本分年付息时，债券资金成本的计算公式为：

$$K_B = I_B(1-T) / B(1-F_B)$$

上式中，K_B 为债券资金成本，I_B 为债券年利息，T 为所得税率，B 为债券筹资额，F_B 为债券筹资费率。当债券票面利率等于市场实际利率同时按年付息时，债券为按面值发行，筹资额为债券票面总额，当债券票面利率小于市场实际利率时为折价发行，实际筹资额小于面值，当债券票面利率大于市场实际利率时为溢价发行，实际筹资额大于面值。

【例 4-2】 某大酒店股份有限公司等价发行 5 年期总面值为 1 000 万元的债券，票面利率为 8%，发行费率为 3%，公司所得税率为 33%。计算债券资金成本。

解： $K_B = 1\,000 \times 8\% \times (1-33\%) / 1\,000 \times (1-3\%) = 5.53\%$

【例 4-3】 如果上例中发行价格为 1200 万元（即溢价发行），其他条件不变，则：

解： $K_B = 1\,000 \times 8\% \times (1-33\%) / 1\,200 \times (1-3\%) = 4.6\%$

【例 4-4】 如果上例中发行价格为 900 万元（即折价发行），其他条件不变，则：

解： $K_B = 1\,000 \times 8\% \times (1-33\%) / 900 \times (1-3\%) = 6.14\%$

3. 留存收益成本

留存收益成本也叫保留盈余成本，是旅游企业在缴纳所得税后形成的投资者权益。投资者将这部分未分配的税后利润留存于企业内部，本质上相当于对企业的追加投资。假如留下来的利润用于再投资所取得的收益率低于投资者自己进行另一项风险相似的投资的收益率，则企业不应该保留这部分利润。

留存收益成本的估算，一般有股利增长模型法、资本资产定价模型法和风险溢价法三种。

（1）股利增长模型法。它是依据股票投资的收益率不断提高的一般规律来计算留存收益成本的，假定股利以固定的长增长率递增，则留存收益成本可用以下公式计算：

$$K_S = \frac{D_1}{P_0} + G$$

公式中，K_S 为留存收益成本，D_1 为预期一年后的股利，P_0 为目前普通股市场价格，G 为普通股股利年增长率。

【例 4-5】 某一旅游类上市公司目前的每股市价为 8 元，估计年增长率为 10%，本年每股发放股利 0.5 元，请计算该项公司留存收益成本。

解：
$$K_S=\frac{D_1}{P_0}+G=\frac{0.5\times(1+10\%)}{8}+10\%=16.88\%$$

（2）资本资产定价模型法。它的主要理论依据是，某一企业的股票风险用β系数表示，该企业留存收益成本受无风险报酬率、β系数和平均风险股票的必要报酬三个因素的影响。用公式表示如下：

$$K_S=R_F+\beta(R_M-R_F)$$

公式中R_F为无风险报酬率，R_M为平均风险的股票必要报酬率，β为该企业的风险系统。

【例 4-6】 2010 年市场无风险报酬率为 5%，平均风险股票的必要报酬率为 12%，某旅游类上市公司的普通股β值为 1.3，计算其留存收益的成本。

解：
$$K_S=R_F+\beta(R_M-R_F)=5\%+1.3\times(12\%-5\%)=14.1\%$$

（3）风险溢价法。其理论依据是“风险越大，要求的投资报酬率也越高”，所有者对企业的投资风险要比债券投资者的风险大，因而会在债券投资者要求的利息率的基础上再要求一定的风险溢价。因此，留存收益成本也可用下列公式计算：

$$K_S=K_B+RP_C$$

公式中，为债务成本，为所有者比债权人承担更大风险所要求的风险溢价。债务成本（包括长期借款成本、债券成本）的计算是比较容易的，而风险溢价就比较难以确定。一般可凭经验估计，通常一个企业的普通股风险溢价对其自己发行的债券来说大约在 3%～5%之间，平均值在 4%左右。

【例 4-7】 对于债券成本为 8%的旅游企业来说，其留存收益成本为：

解：
$$K_S=K_B+RP_C=8\%+4\%=12\%$$

4. 普通股成本

普通股成本是指旅游企业新发行的普通股，普通股成本可以按照前述留存收益成本计算中的股利增长模型的思路进行计算，由于发行新股需要一定的筹集费用，因此实际筹资额应扣减相应的筹资费用。

$$K_{nc}=\frac{D_1}{P_0(1-F_C)}+G$$

公式中，K_{nc}为普通股成本，F_C为普通股筹资费率。

【例 4-8】 某旅游类上市公司发行新股，市场价格为每股 12 元，估计年增长率为 10%，本年已发放股利每股 0.8 元，筹资率为市价的 6%，计算该普通股成本。

解：
$$K_{nc}=\frac{D_1}{P_0(1-F_C)}+G=\frac{0.8\times(1+10\%)}{12\times(1-6\%)}+10\%=17.8\%$$

4.4.2 加权平均资金成本的估计

在现实生活中，企业筹资不可能只采用某种单一的方式，企业的筹资总额取决于企业投资项目对资金的总需求，而能否仅以某一筹资方式筹足所需资金，还得取决于当时的经济环境、法律环境和金融市场环境。为了足额筹集到所需资金，企业通常需要通过多种方式。为了判断全部资金成本的高低，就需要计算加权平均资金成本，即以各种资金占全部资金的比重为权数，计算各种资金成本的平均数。计算公式如下：

$$K_W=\sum_{j=1}^{n}K_jW_j$$

公式中：K_W为加权平均资金成本，K_j为第 j 种个别资金成本，W_j为第 j 种资金占全部资金的比重。

【例 4-9】 某旅游企业账面反映的长期资金总额为 8 000 万元，其中长期借款 5 000 万元，应付债券 1 500 万元，普通股本 3 000 万元，留存收益 500 万元；资金成本分别为 5.8%、6.5%、12%、10.26%。请计算企业的加权平均资金成本。

解：
$$K_W=5.8\%\times\frac{5\,000}{8\,000}+6.5\%\times\frac{1\,500}{8\,000}+12\%\times\frac{3\,000}{8\,000}+10.26\%\times\frac{500}{8\,000}$$
$$=9.99\%$$

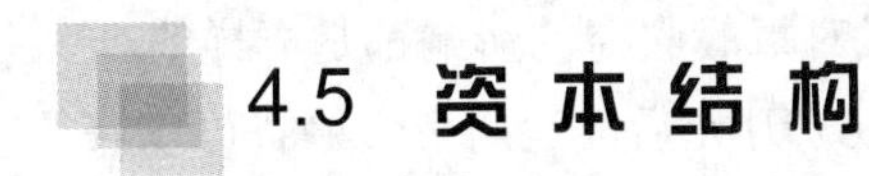

4.5 资本结构

4.5.1 资本结构的含义

资本结构是旅游企业各种长期资金来源的构成和比例关系。通常企业的资本结构由长期债务资本和权益资本构成。资本结构也就是长期债务资本占多少比例，权益资金占多少比例。短期资金的需求量和筹集，变化比较大，而且在全部资金总量中所占的比重不稳定，因此不列入资本结构的管理范围，而将其作为营运资金管理。

4.5.2 资本结构的管理

1. 融资的每股收益分析

判断企业的资本结构是否合理，可通过分析每股收益的变化来衡量。能提高每股收益的资本结构是合理的，而不能提高每股收益甚至降低每股收益的资本结构当然是不合理的。可以运用融资的每股收益分析的方法，根据每股收益的无差别点，即每股收益不受融资方式影响的销售水平，分析判断在什么样的销售水平下适于采用何种资本结构。公式如下：

$$每股收益=\frac{税前利润\times(1-所得税率)}{普通股股数}$$

公式中：税前利润＝销售额－变动成本－固定成本－债务利息。

在每股收益无差别点上，无论是采用负债融资还是采用权益融资，每股收益都是相等的。

【例 4-10】 某旅游类上市公司原有资本 7 000 万元，其中债务资本 3 000 万元（每年负担利息费用 180 万元），普通股资本 4 000 万元（发行 4 000 万股，每股 1 元）。由于该公司欲扩大经营范围，需追加筹资 2 000 万元，有如下两个方案可供选择：一是全部发行普通股，增发 2 000 万股，每股 1 元；二是全部筹集长期借款，债务成本为 7%，增加利息费用 140 万元。

该公司的变动成本率为 40%，固定成本为 2 200 万元，所得税税率为 30%。请计算该公司的每股收益无差别点销售额。

解：设每股收益无差别点销售额为 S，则：

$$\frac{(S-0.4S-2\,200-180)\times(1-30\%)}{4\,000+2\,000}=\frac{(S-0.4S-2\,200-180-140)\times(1-30\%)}{4\,000}$$

得：S＝4 666.67（万元）

该公司的销售额达到 4 666.67 万元时的每股收益为：

$$\frac{(4\,666.67-4\,666.67\times40\%-2\,200-180)\times70\%}{4\,000+2\,000}＝0.07（元）$$

或：

$$\frac{(4\,666.67-4\,666.67\times40\%-2\,200-180-140)\times70\%}{4\,000}＝0.07（元）$$

以上计算结果表明，当该公司的销售额达到 4 666.67 万元时，新筹资额 2 000 万元采用长期借款方式和发行新股方式对每股收益的影响都是一样的。

当该公司销售额超过 4 666.67 万元后，运用负债筹资可以获得较高的每股收益；当销售额低于 4 666.67 万元后，运用权益筹资或获得较高的每股收益。

2. 最佳资本结构

以每股收益的高低作为选择筹资方式的标准，其缺陷在于没有考虑相应的风险。我们知道，财务管理的目标是追求企业价值的最大化，而只有在风险不变的情况下，每股收益的增长才会导致企业价值的提升，实际上经常是随着每股收益的增长，风险也相应加大。如果每股收益的增长不足以补偿风险增加所需的报酬，则即使每股收益增加了，也不一定会引起股票价格的上升。因此，企业的最佳资本结构应当是可以使企业的总价值最高，而不一定是每股收益最大的资本结构。同时，在企业总价值最大的资本结构下，企业的资本成本也是最低的。

为了简化计算过程，假设某上市类旅游企业的资金来源主要是股票和债券，则其总的市场价值等于股票的总市价加上债券的总市价。即：

企业总价值＝股票总市价＋债券总市价

为了简化计算，假设债券的市价等于其面值，而股票的市场价值可以比照永续年金的计算方法确定：

$$股票市场价值＝\frac{(息前税前利润-债务利息)\times(1-所得税税率)}{权益资金成本}$$

而前已述及，权益资金成本可采用资产定价模型计算确定：

权益资金成本＝无风险报酬率＋贝他系数×（平均风险股票必要报酬率－无风险报酬率）

【例 4-11】 某旅游类上市公司每年息税前利润为 1 000 万元，全部资金均由普通股资本组成，股票价值 8 000 万元，所得税率 30%。该公司根据财务总监的建议，认为目前的资本结构不够合理，欲采用发行债券购回部分股票的办法予以调整。经市场调查，目前的债券利率和权益资金成本见表 4-2。

表 4-2　不同筹资金额下的债务成本与权益资金成本

债券价值（百万元）	税前债务成本	股票 β 值	无风险报酬率	平均风险股票必要报酬率	权益资金成本
0	–	1.1	5%	9%	9.4%
10	6%	1.2	5%	9%	9.8%
20	6%	1.3	5%	9%	10.2%
30	7%	1.4	5%	9%	10.6%
40	8%	1.8	5%	9%	12.2%
50	9%	2.1	5%	9%	13.4%

根据表 4-2，计算筹借不同金额的债务时公司的价值和加权平均资金成本。如表 4-3 所示。

表 4-3　加权平均资金成本计算

债券价值（百万元）	股票市场价值（百万元）	公司价值（百万元）	税前债务成本	权益资金成本	加权平均资金成本
0	74.4681	74.4681	–	9.4%	9.4%
10	67.1429	77.1429	6%	9.8%	9.07%
20	60.3922	80.3922	6%	10.2%	8.7%
30	52.1698	82.1698	7%	10.6%	8.52%
40	39.0164	79.0164	8%	12.2%	8.85%
50	28.7313	78.7313	9%	13.4%	8.89%

解：① 没有债务资金时，

股票价值＝$\dfrac{(1\,000-0)\times(1-30\%)}{9.4\%}$＝7 446.81（万元）

公司总价值＝股票价值＝7 446.81（万元）

② 债务为 1 000 万元时，

股票价值＝$\dfrac{(1\,000-1\,000\times6\%)\times(1-30\%)}{9.8\%}$＝6 714.29（万元）

公司总价值＝1 000＋6 714.29＝7 714.29（万元）

加权平均资金成本＝$6\%\times(1-30\%)\times\dfrac{1000}{7\,714.29}+9.8\%\times\dfrac{6\,714.29}{7\,714.29}$＝0.54%＋8.53%＝9.07%

③ 债务为 2 000 万元时，

股票价值＝$\dfrac{(1\,000-2\,000\times6\%)\times(1-30\%)}{10.2\%}$＝6 039.22（万元）

公司总价值＝2 000＋6 039.22＝8 039.22（万元）

加权平均资金成本＝$6\%\times(1-30\%)\times\dfrac{2\,000}{8\,039.22}+10.2\%\times\dfrac{6\,039.22}{8\,039.22}$＝1.04%＋7.66%＝8.7%

④ 债务为 3 000 万元时，

股票价值$=\dfrac{(1\,000-3\,000\times7\%)\times(1-30\%)}{10.6\%}=5\,216.98$（万元）

公司总价值$=3\,000+5\,216.98=8\,216.98$（万元）

加权平均资金成本$=7\%\times(1-30\%)\times\dfrac{3\,000}{8\,216.98}+10.6\%\times\dfrac{5\,216.98}{8\,216.98}=1.79\%+6.73\%=8.52\%$

⑤ 债务为 4 000 万元时，

股票价值$=\dfrac{(1\,000-4\,000\times8\%)\times(1-30\%)}{12.2\%}=3\,901.64$（万元）

公司总价值$=4\,000+3\,901.64=7\,901.64$（万元）

加权平均资金成本$=8\%\times(1-30\%)\times\dfrac{4\,000}{7\,901.64}+12.2\%\times\dfrac{3\,901.64}{7\,901.64}=2.83\%+6.02\%=8.85\%$

⑥ 债务为 5 000 万元时，

股票价值$=\dfrac{(1\,000-5\,000\times9\%)\times(1-30\%)}{13.4\%}=2\,873.13$（万元）

公司总价值$=5\,000+2\,873.13=7\,873.13$（万元）

加权平均资金成本$=9\%\times(1-30\%)\times\dfrac{5\,000}{7\,873.13}+13.4\%\times\dfrac{2\,873.13}{7\,873.13}=4\%+4.89\%=8.89\%$

以上计算结果表明，在没有债务资金的前提下，公司的总价值就是其原有股票的市场价值，当公司用债务资金部分地替换权益资金时，一开始公司总价值上升，加权平均资金成本下降；在债务资金达到3 000 万元时，公司总价值最高，加权平均资金成本最低；当债务资金超过 3 000 万元后，公司总价值开始下降，加权平均资金成本又回升。因此，债务资金为 3 000 万元时的资本结构是该公司的最佳资金结构。

4.6 经营杠杆与财务杠杆

4.6.1 经营杠杆系数

在某一固定成本比重的作用下，销售量变动对利润产生的作用，被称为经营杠杆，经营杠杆用来衡量经营风险的大小。

经营杠杆的作用大小一般用经营杠杆系数来表示，它是企业息税前利润变动率与销售量变动率之间的比率。计算公式如下：

$$DOL=\frac{\Delta EBIT}{EBIT}\div\frac{\Delta Q}{Q}$$

公式中，DOL 为经营杠杆系数，$\triangle EBIT$ 为息税前利润变动额，$EBIT$ 为变动前的息税前利润，$\triangle Q$ 为销售变动量，Q 为变动前销量。

假设企业的成本－销量－利润保持线性关系，可变成本在销售收入中所占的比例不变，固定成本也保持稳定，经营杠杆系数便可通过销售额和成本来表示。公式如下：

$$DOL_S = 边际贡献/息税前利润 = (S-VC)/(S-VC-F)$$

式中 DOL_S 为销售额为 S 时的经营杠杆系数，S 为销售额，VC 为变动成本总额，F 固定成本总额。

【例 4-12】 某五星级大酒店餐饮年固定成本为 300 万元，变动成本率为 48%，当餐饮销售额分别为 5 000 万元、3 000 万元、2 000 万元时，经营杠杆系数分别是多少？

$$DOL_1 = \frac{5\,000 \times (1-48\%)}{5\,000 \times (1-48\%)-300} = 1.13$$

$$DOL_2 = \frac{3\,000 \times (1-48\%)}{3\,000 \times (1-48\%)-300} = 1.25$$

$$DOL_3 = \frac{2\,000 \times (1-48\%)}{2\,000 \times (1-48\%)-300} = 1.41$$

以上经营杠杆系数的计算结果表明：

在一定的固定成本水平下，经营杠杆系数说明了销售额增长（降低）所引起利润增长（降低）的幅度。比如 DOL_1 说明在销售额为 5 000 万元时，销售额的增加（降低）会引起利润 1.13 倍的增长（降低）；DOL_3 说明在销售额为 2 000 万元时，销售额增长（降低）会引起利润 1.41 倍的增长（降低）。在一定的固定成本水平下，销售额越大，经营杠杆系数越小，经营风险也就越小，反之，销售额越小，经营杠杆系数越小，经营风险就越大。经营杠杆系数越大，说明利润变动的不稳定性越大。

企业通常可采取以下措施以求降低经营风险：一是努力增加销售额；二是在保证产品（服务）质量的前提下不断降低单位变动成本，努力降低固定资产成本水平。但这些措施往往会受到多种条件的制约。

4.6.2　财务杠杆系数

财务杠杆是企业在制定资本结构决策时对债务筹资的利用。因而财务杠杆又可称为融资杠杆、资本杠杆或者负债经营。这种定义强调财务杠杆是对负债的一种利用。

也可以这样理解：财务杠杆是指在筹资中适当举债，调整资本结构给企业带来额外收益。如果负债经营使得企业每股利润上升，便称为正财务杠杆；如果使得企业每股利润下降，通常称为负财务杠杆。

与经营杠杆作用的表示方式类似，财务杠杆作用的大小通常用财务杠杆系数来表示。财务杠杆系数越大，说明财务杠杆作用越大，财务风险也越大；财务杠杆系数越小，说明财务杠杆作用越小，财务风险也就越小。其计算公式为：

$$DFL = \frac{\Delta EPS}{EPS} \div \frac{\Delta EBIT}{EBIT} = \frac{EBIT}{EBIT-I}$$

即每股收益变动率与息税前利润变动率之间的比值，也可推算为息税前利润与税前利润的比值。

公式中，DFL 为财务杠杆系数，$\triangle EPS$ 为每股收益变动额，EPS 为变动前每股收益，I 为债务利息。

【例 4-13】 甲、乙、丙为三家经营业务相同的高星级酒店有限公司，其详情见表 4-4。

表 4-4　三家公司财务杠杆系数和杠杆收益对比

单位：万元

项目 \ 公司	甲	乙	丙
普通股股本	5 000	3 000	1 000
发行在外的股份数	5 000	3 000	1 000
债务总额（利率 6%）	0	2 000	4 000
资本总额	5 000	5 000	5 000
息税前利润	3 000	3 000	3 000
债务利息	0	120	240
税前利润	3 000	2 880	2 760
所得税（税率 30%）	900	864	828
税后利润	2 100	2 016	1 932
财务杠杆系数	1	1.042	1.087
每股收益	0.42	0.672	1.932
息税前利润增加额	3 000	3 000	3 000
债务利息	0	120	240
税前利润	6 000	5 880	5 760
所得税（税率 30%）	1 800	1 764	1 728
税后利润	4 200	4 116	4 032
每股收益	0.84	1.372	4.032

表 4-4 中的计算结果表明：财务杠杆系数是息税前利润增长所引起的每股收益的增长幅度。比如，甲公司的息税前利润增长 1 倍时，其每股收益也增长 1 倍[（0.84−0.42）/0.42]；乙公司息税前利润增长 1 倍时，其每股收益增长 1.042 倍[（1.372−0.672）/0.672]；丙公司息税利润增长 1 倍，其每股收益增长 1.087 倍[（4.032−1.932）/1.932]。在资本总额、息税前利润相同的情况下，负债比率越高，财务杠杆系数越大，财务风险越大，但预期的每股收益也越高。比如，甲公司无负债，100%是权益资金；乙公司有负债 2 000 万元，占总资本的 40%；丙公司负债 4 000 万元，占总资本的 90%。三家公司的财务杠杆系数依次递增，分别为 1、1.042、1.087，说明财务风险丙公司最大，乙公司次之，甲公司无财务风险，而丙公司的每股收益最大。

企业的负债比例是可以控制的，旅游企业可以通过合理安排资本结构，适度负债，使企业获得的财务杠杆利益能全面抵消财务风险增大所带来的不利影响。

财务杠杆可以给企业带来额外的收益，也可能造成额外损失，这就是构成财务风险的重要因素。财务杠杆利益并没有增加整个社会的财富，是既定财富在投资人和债权人之间的分配；财务风险也没有增加整个社会的风险，是经营风险向债权人的转移。财务杠杆利益和财务风险是企业资本结构决策的重要考虑因素，资本结构决策需要在杠杆利益与其相关的风险之间进行合理的权衡。任何只顾获取财务杠杆利益，无视财务风险而不恰当地使用财务杠杆的做法都是企业财务决策的重大失误，最终将损害投资人的利益。

4.6.3　总杠杆系数

前已述及，经营杠杆通过扩大销售影响息税前利润，而财务杠杆通过扩大息税前利润影响收益。如果两种杠杆共同起作用，那么销售稍有变动就会使收益产生更大的变动，通常把这两杠杆的连锁作用称为总杠杆作用。

总杠杆作用的程度，可用总杠杆系数（*DTL*）表示，它是经营杠杆系数与财务杠杆系数的乘积。计算公式是：

$$DTL=DOL\cdot DFL=\frac{\text{销售收入}-\text{变动成本}}{\text{销售收入}-\text{变动成本}-\text{固定成本}-\text{债务利息}}$$

即总杠杆系数可以通过边际贡献除以税前利息求得。

【例 4-14】 某大酒店股份有限公司的经营杠杆系数为 1.2，财务杠杆系数为 1.8，求该酒店的总杠杆系数。

解：

$$DTL=DOL\cdot DFL=1.2\times1.8=2.16$$

总杠杆作用主要表现在以下几个方面：

一是能够估计出销售变动对每股收益造成的影响，例 4-14 中，该酒店销售每增长（或减少）1 倍，则收益就会增长（或减少）2.16 倍。

二是反映了经营杠杆与财务杠杆之间的相互关系，即为了达到某一总杠杆系数，经营杠杆和财务杠杆可以有多种不同的组合。一般来说，经营杠杆系数大的公司可以在较低的程度上使用财务杠杆，反之，经营杠杆系数小的公司则可以使用较大程度的财务杠杆。

4.7　本章观念总结

企业财务活动是以筹集企业必需的资金为前提的，企业的生存与发展离不开资金的筹措。本章从筹资的基本理论入手，进而向同学们介绍每一位财务管理人员都应该了解的筹资的确定问题，并重点介绍了两种最主要的筹资模式：股权资本筹集和债务筹资。

介绍筹资所涉及的财务政策问题，包括筹资所形成的资本成本、筹资风险，以及如何寻找最佳的资本结构。

4.8　本 章 习 题

一、思考题

1．简述旅游企业的资金筹集渠道和方式。
2．权益资金与债务资金的特点有哪些？
3．什么是普通股？普通股筹资的优缺点有哪些？
4．什么是资本成本？具体有哪些计算方法？
5．什么叫资本结构？如何确定最佳资本结构？
6．什么叫经营杠杆、财务杠杆和总杠杆？如何合理运用杠杆原理？

二、单项选择题

1. 根据财务管理理论，按照资金来源渠道不同，可将筹资分为（　　）。

A．权益筹资与负债筹资　　B．直接筹资与间接筹资

C．短期筹资与长期筹资　　D．内源筹资与外源筹资

2. 在不考虑筹资限制的前提下，下列筹资方式中个别资金成本最高的是（　　）。

A．发行普通股　　B．发行公司债券

C．长期借款　　D．留存收益

3. 某企业按年利率5.8%向银行借款1000万元，银行要求保留15%的补偿性余额，则这项借款的实际利率约为（　　）。

A．6.4%　　B．6.8%　　C．5.8%　　D．7.4%

4. 与短期借款融资相比，短期融资券筹资的特点是（　　）。

A．筹资风险比较小　　B．筹资条件比较严格

C．筹资弹性比较大　　D．筹资条件比较宽松

5. 如果企业的资金来源全部为自有资金，且没有优先股存在，则企业财务杠杆系数为（　　）。

A．等于0　　B．小于1　　C．等于1　　D．大于1

6. 某酒店某年财务杠杆系数为2.5，息税前利润（*EBIT*）的计划增长率为10%，假定其他因素不变，则该年普通股每股收益（*EPS*）的增长率为（　　）。

A．4%　　B．20%　　C．25%　　D．5%

7. 假定某旅行社的权益资金与负债资金的比例为60∶40，据此可以断定该企业（　　）。

A．经营风险大于财务风险　　B．经营风险小于财务风险

C．只存在经营风险　　D．同时存在经营风险和财务风险

8. 最佳资金结构是指企业在一定时期最适宜且符合以下条件的（　　）。

A．企业目标资本结构　　B．企业利润最大的资本结构

C．风险最低的目标资本结构　　D．同时存在经营风险和财务风险

9. 经营杠杆系数（*DOL*）、财务杠杆系数（*DFL*）和复合杠杆系数（*DTL*）之间的关系是（　　）。

A．$DTL=DOL/DFL$　　B．$DTL=DOL+DFL$

C．$DTL=DOL-DFL$　　D．$DTL=DOL\cdot DFL$

10. 下列各项中，不影响经营杠杆系数的是（　　）。

A．固定成本　　B．产品销售数量

C．产品销售价格　　D．利息费用

三、多项选择题

1. 相对权益资金的筹资方式而言，长期借款筹资的缺点主要有（　　）。

A．筹资成本较高　　B．筹资速度较慢

C．财务风险较大　　D．筹资数额有限

2．下列各项中，属于商业信用条件的是（　　　）。

A．商业票据　　　B．延期付款但无现金折扣

C．预收账款　　　D．延期付款但提早付款可享受现金折扣

3．下列属于来源于国家财政资金渠道的资金（　　　）。

A．国家财政直接拨款　　　B．国家给予的“税前还贷”优惠形成的资金

C．国家减免各种税款形成的资金　　　D．国家政策性银行提供的政策性贷款

4．保留盈余的资本成本，正确的说法是（　　　）。

A．它的成本计算不考虑筹资费用

B．在企业实务中一般不予考虑

C．它相当于股东投资于某种股票所要求的必要收益率

D．它不存在成本问题

5．吸收直接投资的优点包括（　　　）。

A．有利于壮大企业经营实力　　　B．有利于降低企业财务风险

C．有利于降低资金成本　　　D．有利于加强对公司的控制

6．在短期借款的利息计算和偿还方法中，企业实际负担利率高于名义利率的有（　　　）。

A．贴现法付息　　　B．贷款期内定期等额偿还贷款

C．利随本清法付息　　　D．到期一次偿还贷款

7．在边际贡献大于固定成本的前提下，下列措施有利于降低公司复合风险的有（　　　）。

A．提高资产负债率　　　B．增加销量

C．提高单价　　　D．节约固定成本支出

8．影响公司边际贡献大小的因素有（　　　）。

A．单位变动成本　　　B．销量

C．销售单价　　　D．固定成本

9．下列筹资活动会加大财务杠杆作用的是（　　　）。

A．增发公司债券　　　B．增发普通股

C．利用留存收益　　　D．增加银行借款

四、判断题

1．资金成本是投资人对投入资金所要求的最低收益率，也可作为判断投资项目是否可行的取舍标准。（　　）

2．筹资渠道解决的是资金的来源问题，筹资方式解决的是通过何种方式取得资金的问题，它们之间不存在对应关系。（　　）

3．留存收益是公司利润所形成的，因此它没有资金成本。（　　）

4．资金成本计算的正确与否，是影响筹资决策的主要因素，但不影响投资决策。（　　）

5．补偿性余额的约束有助于降低银行贷款风险，但同时也减少了公司实际可动用的借款额，提高了借款的实际利率。（　　）

6．某公司按年利率10%向银行借款，银行要求按借款额的15%作为补偿性余额，则该借款的实际利率为 25%。（　　）

7．我国短期融资券的发行人为金融机构，发行对象为社会公众，发行利率由发行人根据国家相关法规，在一定范围内自主决定。（ ）

8．经营杠杆系数趋近于无穷大时，说明销售额处于盈亏临界水平，公司利润为零。（ ）

9．经营杠杆给企业带来的风险是指由于存在固定成本，使得业务量的较小变动导致息税前利润更大变动的风险。（ ）

10．公司最优资本结构是指在一定条件下使公司自有资金成本最低的资金结构。（ ）

五、计算题

1．某旅游酒店2010年销售收入为2亿元，销售净利率为15%，净利润的60%分配给投资者。2010年12月31日的资产负债表（简表）如下：

资产负债表（简表）

××酒店有限公司　　2010年12月31日　　单位：万元

资产	期末余额	权益	期末余额
货币资金	1 000	应付账款	1 000
应收账款净额	3 000	应付票据	2 000
存货	6 000	长期借款	9 000
固定资产净值	7 000	实收资本	4 000
无形资产	1 000	留存收益	2 000
资产合计	18 000	权益合计	18 000

该酒店计划2011年销售收入比上年增长20%，为实现这一目标，公司需新增厨房设备一套，价值280万元。据历年财务数据分析，公司流动资产与流动负债随销售额同比率增减。公司如需对外筹资，可按面值发行票面年利率为6%、期限为5年、每年年末付息的公司债券解决。假定该公司2011年的销售净利率和利润分配政策与上年保持一致，公司债券的发行费用可忽略不计，适用的企业所得税税率为25%。

要求：（1）计算2011年公司需增加的营运资金；（2）预测2011年需要对外筹集的资金量；（3）计算发行债券的资金成本。

2．某旅行社拟采购一批旅游商品，价值22 000元，供应商规定的付款条件是：（1）立即付款，支付21 340元；（2）第20天付款，支付21 560元；（3）第40天付款，支付21 780元；（4）第60天付款，支付全额。每年按360天计算。

要求：（1）在银行短期贷款利率为15%时，放弃现金折扣的成本，并确定对该旅行社最有利的付款日期和金额；（2）假设目前有一项短期投资，报酬率为25%，确定对该旅行社最有利的付款日期和金额。

（参考答案）

一、思考题

（略）

二、单项选择题

1. A　2. A　3. B　4. B　5. C　6. C　7. D　8. D　9. D　10. D

三、多项选择题

1. CD　2. BCD　3. ABC　4. ABC　5. AB　6. CD　7. BCD　8. ABC　9. AD

四、判断题

1. 对　2. 错　3. 错　4. 错　5. 对　6. 错　7. 错　8. 对　9. 对　10. 错

五、计算题

1. （1）计算 2011 年公司需增加的营运资金

流动资产占销售收入的百分比＝（1 000＋3 000＋6 000）/20 000×100%＝50%

流动负债占销售收入的百分比＝（1 000＋2 000）/20 000×100%＝15%

增加的销售收入＝20 000×20%＝4 000（万元）

增加的营运资金＝4 000×50%－4 000×15%＝1 400（万元）

（2）预测 2011 年需要对外筹集资金量

增加的留存收益＝20 000×（1＋20%）×15%×（1－60%）＝1 440（万元）

对外筹集资金量＝280＋1 400－1 440＝240（万元）

（3）计算发行债券的资金成本

债券的资金成本＝6%×（1－25%）＝4.5%

2. （1）立即付款折扣率＝（22 000－21 340）/22 000＝3%

第 20 天付款折扣率＝（22 000－21 560）/22 000＝2%

第 40 天付款折扣率＝（22 000－21 780）/22 000＝1%

付款条件可以写为 3/0，2/20，1/40，N/60

放弃（立即付款）折扣的资金成本＝3%/（1－3%）×360/（60－0）＝18.56%

放弃（第 20 天付款）折扣的资金成本＝2%/（1－2%）×360/（60－20）＝18.37%

放弃（第 40 天付款）折扣的资金成本＝1%/（1－1%）×360/（60－40）＝18.18%

因为放弃折扣的资金成本均大于银行短期贷款利率，所以应选择享受折扣收益最大的方案，即立即付款 21 340 元。

（2）因为短期投资的收益率达到 25%，比放弃折扣的代价都要高，所以应放弃现金折扣去追求更高的收益，即选择第 60 天付款全额。

证券评价

本章将学习认识旅游企业如何正确评价市场中的证券投资机会，掌握股票投资和债券投资的风险和收益评价方法，以便作出正确的证券投资决策。

5.1 风险与投资的基本关系

5.1.1 基本概念

1. 风险

一般来讲，风险是指在一定条件下和一定时间内某一行动发生的不确定性，具有客观性，其大小随时间延续而变化。从财务管理的角度而言，风险就是企业在各项财务活动中由于各种难以预料或无法控制的因素作用，使企业的实际收益与预计收益发生背离，从而存在不确定的结果可能性。风险具有两面性，风险本身未必只能带来超出预计的损失，风险同样可以带来超出预期的收益。

2. 风险报酬

任何投资者宁愿要肯定的某一报酬率，而不愿意要不肯定的同一报酬率，这种现象称为风险反感。在风险反感普遍存在的情况下，诱使投资者进行风险投资的，是超过时间价值的那部分额外报酬，即风险报酬。风险报酬有两种表示方法：绝对数和相对数，即可以用风险报酬和风险报酬率表示。

风险报酬，是指投资者因冒风险进行投资而获得的超过时间价值的那部分额外的报酬。风险报酬率，是指投资者因冒风险进行投资而获得的超过时间价值的那部分额外的报酬率。如果不考虑通货膨胀的话，投资者进行风险投资所要求或期望的投资报酬率就是资金的时间价值与风险报酬率之和，即：期望投资报酬率＝资金时间价值（或无风险报酬率）＋风险报酬率。例如，资金时间价值为10%，某项投资期望报酬率为15%，那么该项投资的风险报酬率就是5%。

5.1.2　风险的分类

从个别理财主体的角度看，风险分为市场风险和企业特别风险两类。市场风险是指那些影响所有企业的风险，如战争、自然灾害、经济衰退、通货膨胀等。这类风险涉及所有企业，不能通过多角化投资来分散，因此，又称不可分散风险或系统风险。企业特别风险是发生于个别企业的特有事项造成的风险，如罢工、诉讼失败、失去销售市场等。这类事件是随机发生的，也称可分散风险或非系统风险，可以通过多角度投资来分散。从企业本身来看，按风险形成的原因可将企业特有风险进一步分为经营风险和财务风险两大类。

(1) 经营风险。经营风险是指生产经营方面的原因给企业盈利带来的不确定性。例如，由于原材料供应地的政治经济情况变动，运输路线改变，原材料价格变动，新材料、新设备的出现等因素给供应方面带来的影响；由于产品生产方向不对，生产组织不合理等因素给生产方面带来的风险；由于销售失策，产品广告推销不力及货款回收不及时给销售方面带来的风险。这些均属于经营风险。

(2) 财务风险。财务风险又称筹资风险，是指由于举债给企业财务带来的不确定性。财务风险是企业利用财务杠杆引起的风险。对一个没有负债，全部由自有资金经营的企业，只有经营风险而没有财务风险。企业负债经营会引起两方面的结果：①企业运用全部资产创造息税前利润，当息税前资金利润率高于借入资金的利息率时，使用借入资金给企业带来的收益大于为借入资金支付的利息，使用借入资金提高了自有资金利润率；②当企业经营后产生的税息前利润率低于负债利息率，使用借入资金获得的利润还不够支付利息，就要用自有资金获得的一部分利润来支付利息，使用借入资金就会降低自有资金利润率。

另外，企业举债经营，全部资金中除一部分自有资金外还有一部分借入资金，借入资金需还本付息，一旦无力偿还到期债务，企业就会陷入财务困境甚至破产。

保持合理的资金结构，维持适当的债务水平是风险管理的关键，既要充分利用举债经营这一手段获取财务杠杆收益，提高自有资金盈利能力，同时要防止过度举债而引起的财务风险的增大。从根本上来说，财务风险是由经营风险造成的。

5.1.3　风险衡量

风险客观存在，广泛地影响着企业的财务和经营活动，因此正视风险，将风险程度予以量化是财务管理的一项重要工作。风险与概率直接相关，并由此同期望值、标准离差、标准离差率等发生联系，因此对风险进行衡量时要考虑这几个指标值。风险衡量的步骤如下所示。

1. 确定概率分布

风险是一种可能性，具有可能性的事件我们称它为随机事件。随机事件是否发生可以用概率来表示。风险的概率分布用下面例子说明。

【例 5-1】某旅游企业甲产品投产后预计收益情况与市场销售有关可用表 5-1 描述各种可能的收益概率分布。(单位：百万元)

表 5-1

市场情况	年收益 X_i	概率 p_i
销量很好	5	0.1
销量较好	4	0.2
销量一般	3	0.4
销量较差	2	0.2
销量很差	1	0.1

概率分布有连续概率分布和不连续概率分布两种。不连续概率分布的特点是概率分布在各个特定的点上。连续概率分布的特点是概率分布在一个连续的图形上。

2. 期望值

根据平均数的计算原理，可以得到期望值的计算公式为：

$$\overline{E}=\sum_{i=1}^{n}X_iP_i$$

上式中，X_i 表示各年的年收益，P_i 表示各年的概率。

以例 5-1 的数据为依据计算甲产品的收益期望值：

$$\overline{E}=\sum_{i=1}^{n}X_iP_i=5\times0.1+4\times0.2+3\times0.4+2\times0.2+1\times0.1=3$$

即甲产品的期望收益为 3。为了衡量甲产品取得期望收益的风险，还要考虑各个标志值（年收益）距离平均数的离散程度，在统计上通常用标准离差指标来衡量。

3. 离散程度

（1）方差：方差是用来表示随机变量与期望值之间的离散程度的一个数值。其计算公式为：

$$\sigma^2=\sum(X_i-\overline{E})^2p_i$$

（2）标准离差：标准离差是反映概率分布中各种可能结果对期望值的偏差程度，它是一个绝对数指标，通常以符号 σ 表示，其计算公式为：

$$\sigma=\sum_{i=1}^{n}(X_i-\overline{E})^2\cdot P_i$$

以上面例子数据为依据计算标准离差：

$$\sigma=\sqrt{(5-3)^2\times0.1+(4-3)^2\times0.2+(3-3)^2\times0.4+(2-3)^2\times0.2+(1-3)^2\times0.1}$$
$$=1.095$$

在期望值相同的情况下，标准离差越大，说明各个标志值距离期望值的离散度越大，取得期望值的风险也越大。

（3）标准离差率：标准离差率是标准离差同期望值之比，通常用符号 q 表示，其计算公式是：

$$q=\sigma/\overline{E}$$

标准离差率是一个相对指标，它以相对数反映决策方案的风险程度。适用于期望值不同的决策方案的决策。期望值不同的情况下，标准离差率越大；风险越大，标准离差率越小，风险越小。以例 5-1 中某旅游企业的例子中数据为依据计算甲产品的预计年收益的标准离差率：

$$q_{甲}=\sigma/_{甲}=1.095/3=0.365$$

若投资乙产品，$\overline{E}=3.5$，$\sigma=0.945$，则

$$q_{乙}=\sigma/=0.945/3.5=0.27$$

可见乙产品的标准离差率小于甲产品的标准离差率，投资乙产品的风险较小。

综上可知，对于多方案的择优，决策者的行动准则应是选择低风险、高收益的方案，即选择标准离差最低、期望收益最高的方案。但究竟选择何种方案，还要看投资人对风险的态度。喜欢冒风险的人，可能要求的风险报酬也低，或倾向于高风险高收益的项目。而对风险偏于保守的人，则倾向于低风险低收益的项目。

5.2　认识投资组合

5.2.1　投资组合的风险与报酬

投资组合理论认为，若干种资产组成的投资组合，其收益是这些证券个别收益的加权平均数，但是其风险不是这些证券的加权平均风险，投资组合能降低风险。

两种或两种以上资产的组合，其预期报酬率可以直接表示为：

$$R=\sum_{n=1}^{m}r_n w_n$$

上式中 r_n 为第 n 种资产的预期报酬率，w_n 为第 n 种资产在全部投资额中的比重，m 为组合中的资产种类数。

投资组合的标准差，并不是个别投资标准差的简单加权平均数。投资组合的风险不仅取决于组合内的各资产的风险，还取决于各个资产之间的关系。假设某旅游企业的投资组合由 A、B 两种资产组成，并各占 50%。如果 A 和 B 完全负相关，则投资组合的风险被全部抵消，如果 A 和 B 完全正相关，组合的风险不减少也不扩大。而实际上，各种资产之间不可能完全正相关，也不可能完全负相关，所以不同的资产的投资组合可以降低风险，但又不能完全消除风险，一般来说，资产的种类越多，风险就越小。

5.2.2　系统风险和特殊风险

在投资组合中，个别资产的风险，有些可以被分散掉，有些则不能被分散。无法分散掉的是系统风险，可以分散掉的叫非系统风险。

1. 系统风险

系统风险是指那些影响所有公司的因素引起的风险，如战争、经济衰退、通货膨胀、调高利率等发生意外的、非预期的变动，对许多资产都会有影响，受它影响的资产非常多。比如处于同一经济系统之中的股票，它们的价格变动有趋同性，多数股票的报酬率在一定程度上属于正相关。经济繁荣时，多数投票的价格都上涨；经济衰退时，多数股票的价格下跌。尽管各种股票涨跌的幅度有所区别，但是多数股票的价格变动方向是一致的。因此，

不管投资多样化程度有多高，甚至购买市场中的全部股票也不可能消除全部风险。

由于系统风险是影响整个资本市场的风险，所以也称为“市场风险”，由于系统风险没有有效的方法消除，所以也称为“不可分散风险”。

2. 非系统风险

非系统风险是指发生于个别公司的特有事件造成的风险。比如，接到大批订购单、胜诉或败诉、失去重大合同、新产品开发未成功等，这类事件是非预期的、随机发生的，它只影响一个或少数公司，不会对整个市场产生太大影响。这种风险可以通过多样化投资来分散，即发生于一家公司的不利事件可以被其他公司的有利事件所抵消。

由于非系统风险是个别公司或个别资产所特有的，因此也叫做“特殊风险”或“可分散风险”。

正因为非系统风险可以通过投资分散化予以消除，因此一个充分的投资组合几乎没有非系统风险。

5.2.3 资本资产定价模型

前已述及，单一证券的系统风险可由这种证券的 β 系数来度量，而且其风险与收益之间的关系可用以下公式表示：

$$K_S=R_F+\beta(R_M-R_F)$$

式中，K_S 表示资本资产价格，R_F 无风险报酬率，β 表示单一证券的系统风险，R_M 投资者期望报酬率。

上式中 (R_M-R_F) 是投资者为补偿承担超过非风险收益的平均风险而要求的额外收益。即风险价格。

建立资本资产定价模型的基本假设有：

（1）所有投资者均追求单期财富的期望效用最大化，并以各备选组合的期望收益和标准差为基础进行组合选择；

（2）所有投资者均可采用无风险利率无限制地借入或贷出资金；

（3）所有投资者拥有同样的预期；

（4）所有的资产均可被完全细分，拥有充分的流动性并且没有交易成本；

（5）没有税金；

（6）所有投资者的买卖行为都不会对股票价格产生影响；

（7）所有资产的数量是给定的和固定不变的。

5.3 认识股票

5.3.1 股票的相关概念

股票是股份有限公司发给股东的所有权凭证，是股东据以取得股利的一种有价证券。某公司股票的持有者就是该公司的股东，对该公司财产有要求权。我国目前公司发行的股票都是不可赎回的、记名的、有面值的普通股票。

股票价格主要受预期每股股利和当时的市场利率决定的，即股利的资本化价值决定了股票价格，另外还受整个经济环境变化和投资者心理等复杂因素的影响。股票本身并不具有价值，仅是一种凭证，它之所以有价格，是因为它能给持有者带来未来收益。股票市场上的价格分为开盘价、收盘价、最高价、最低价等，投资者在进行股票估价时主要使用收盘价。

股利是公司对股东投资的回报，它是公司税后利润对股东的转移。

5.3.2　股票的价值（股利折现模式）

股票的价值是指股票期望提供的所有未来收益的现值。

1. 股票评价的基本模式

股票带给股东的现金流入包括两部分：股利收入和出售时的资本利得。股票的内存价值由未来各年的股利收入的现值和将来出售股票时售价的现值所构成。如果股东永远持有股票，则只获取每年一定数额的股利，是一个永续年金的流入，其每年股利收入的现值就是股票的价值：

$$V=\frac{D_1}{(1+R_S)^1}+\frac{D_2}{(1+R_S)^2}+\cdots+\frac{D_n}{(1+R_S)^n}$$

R_S为折现率，折现率的主要作用是把所有未来不同时间的现金流入折算为现在的价值。折算现值的比率应当是投资者所要求的收益率。

D_n为某年股利额，股利的多少取决于公司实现的可供分配的利润和股利支付率两个因素。股票评价的基本模式要求无限期地预计历年的股利，但实际上是不可能做到的，因此应用的模型都是各种简化办法，比如每年相等的股利额或固定股利增长率等。

2. 零成长股票的价值

假设未来每期股利不变，其支付股利的过程是一个永续年金的问题，则股票价值为：

$$P_0=D/R_S$$

【例 5-2】 某旅游类上市公司每年的每股股利为 0.8 元，最低报酬率为 9%，则该股票的价值是多少？

$$P_0=0.8\div 9\%=8.89$$

也就是说，该股票每年可以为股东带来每股 0.8 元的收益，在市场利率为 9%的条件下，它相当于 8.89 元资本的收益，所以它的价值是 8.89 元。当然，市场上的股价不一定就是 8.89 元，这还要看股东对风险的态度，市场价格高于或低于 8.89 元都是可能的。如果股票市场上该股票的价格为 8 元，每年股利 0.8 元，则其预期报酬率为 10%（0.8÷8×100%）。

可见，市场价格低于股票价值时，预期收益率将超过最低报酬率。

3. 固定成长股票的价值

对于不断发展的公司来说，每年的股利为持续地增长，虽然各公司的成长率有所不同，但就整个平均增长率应等于国民生产总值的成长率，或者说是真实的国民生产总值增长率加通货膨胀率。

假设某旅游类上市公司当年的股利为 D_0，股利年增长率为 g，则 t 年的股利为：

$$D_t = D_0 \times (1+g)^t$$

固定成长股票的股价计算公式如下：

$$P = \sum_{t=1}^{\infty} \frac{D_0 \cdot (1+g)^t}{(1+R_s)^t}$$

当 g 为常数，并且 $R_s > g$ 时，上式可简化为：

$$P = \frac{D_0 \cdot (1+g)}{R_s - g} = \frac{D_1}{R_s - g}$$

【例 5-3】 某旅游类上市公司要求的报酬率为 12%，年增长率 5%，D_0 为 0.8 元，计算该公司股票的内在价值。

解：

$$D_1 = 0.8 \times (1+5\%) = 0.84\text{（元）}$$

$$P = 0.84 \div (12\% - 5\%) = 12\text{（元）}$$

4. 非固定成长股票的价值

在现实生活中，有的公司股利是不固定的。比如说，在一段时间里高速成长，在另一段时间里正常固定增长或固定不变。在这种情况下，就要分段计算，才能确定股票的价值。

【例 5-4】 某旅游企业持有 Z 股份公司的股票，该企业投资要求的最低报酬率为 10%，预计 Z 公司未来 3 年的每年股利将增长 15%，三年后转为正常增长率 5%，Z 公司最近支付的股利为 2 元。计算 Z 公司股票的内在价值。

解： 先计算前三年非正常增长期的股利现值：

年份	股利（D_t）	现值系数（10%）	现值（PVD_t）
1	2×（1+20%）=2.4	0.9091	2.182
2	2.4×（1+20%）=2.88	0.8264	2.380
3	2.88×（1+20%）=3.456	0.7513	2.596
合计			7.158

然后计算第三年年底（第四年年初）的该股票的内在价值：

$$P_3 = \frac{D_4}{R_s - g} = \frac{3.456 \times (1+5\%)}{10\% - 5\%} = 72.58\text{（元）}$$

其现值 $PVP_3 = 72.58 \times (P/S, 10\%, 3) = 72.58 \times 0.7513 = 54.53$（元）

最后计算该股票目前的总价值：

$$P_0 = 7.158 + 54.53 = 61.69\text{（元）}$$

5.3.3 股票的收益率

前面我们已经讨论了股票内在价值的计算方法，通过股票的内在价值，我们可以对比其市场价格，以判断市场是高估还是低估了该股票的价值。接下来我们假设股票价格是公平的市场价格，证券市场处于均衡状态；在任一时点证券价格都能完全反映有关该公司的任何可获得的公开信息，并且证券价格对新信息能迅速做出反应。在此假设条件下，股票的期望收益率等于其必要的收益率。

根据固定增长股利模型，已知：

$$P_0=D_1/(R-g)$$

对上式进行移项整理得：

$$R=D_1/P_0+g$$

即股票的总报酬率可分为两部分：第一部分是 D_1/P_0，叫做股利收益率，它是根据预期现金股利除以当前股价计算的；第二部分是 g，即股利增长率。由于股利的增长速度也就是股价的增长速度，因此 g 可以解释为股价增长率或资本利得增长率，它可以根据公司的可持续增长率估计。P_0 是股票市场形成的价格。只要能预计出下一期的股利，就可以估计出股东的预期报酬率，在有效市场中它就是与该股票风险相适应的必要报酬率。

【例 5-5】 某旅游类上市公司的股票价格为 15 元，预计下期的股利为 0.8 元，该股利将以 8%的速度持续增长。计算该股票的预期报酬率。

$$R=0.8/15+8\%=13.33\%$$

如果以 13.33%作为必要报酬率，则一年后的股价为：

$$P_1=D_1\times(1+g)/(R-g)=0.8\times(1+8\%)/(13.33\%-8\%)=16.2（元）$$

即如果投资者以 16.2 元购买该股票，年末将收到 0.8 元的股利，并且得到 1.2 元的资本利得。

总报酬率＝股利收益率＋资本利得收益率＝0.8/15＋1.2/15＝13.33%

5.4 认识债券

5.4.1 债券的概念和特点

债券特指公司债券，是指由符合债券发行条件的公司向债权人发行的、在约定的时间支付一定比例的利息，并在到期时偿还本金的一种有价证券。具有如下特点：

（1）债券为要式证券，必须具备一定的形式。比如我国《公司法》规定，公司发行的公司债券必须在债券上注明公司名称、债券面值、票面利率、偿还期限等事项，并由公司法定代表签名并加盖公司公章。

（2）债券代表资金使用权的有偿让与。在约定的期限内发行人必须按规定的利率偿付债券利息，不能无偿使用债券资金。

（3）债券为有限的信用凭证。债券发行人必须按事先商定的期限如期偿还本金，不得延期偿还。

（4）债券为可转让的流通证券，债券具有流动性，可以在证券市场上买卖、转让和贴现。

（5）债券发行在法律上有较大的限制，只有信誉良好的企业才能获准发行债券。

5.4.2 债券的分类

债券的种类比较多，可以有以下几种分类。

（1）按是否记名可分为记名债券和不记名债券。

（2）按有无担保可分为信用债券和担保债券。

（3）按投资者收益不同可分为固定利率债券、浮动利率债券、可转换债券、参加公司债券和附加新股认购权债券等。

（4）按发行目的不同可分为购买财产债券、合并债券、资金调剂债券和改组债券等。购买财产债券是指债券发行的目的是筹集购买财产所需的资金，并以所购财产作为担保；合并债券是指债券发行的目的是为了用筹资金收回原来发行的债券以便简化和节省利息支出；资金调剂债券是指债券发行的目的是筹集资金用于偿还各项已经到期的债务；改组债券是指债券发行的目的是在征得债权人同意的前提下以较低利率改组债券换回原来发行较高利率的债券，以减轻公司利息负担，挽救公司，避免破产危机。

（5）按利息支付方式可分为附息债券和贴现债券。附息债券是指在债券上附有各期息票的中长期债券，息票到期时从债券上剪下来据以领取到期的利息。贴现债券是按低于债券面额的价格发行，到期时按债券面值兑付，不再另付利息的债券。票面金额与发行价格的差额即为利息。

（6）按期限长短可分为短期债券、中期债券和长期债券。

（7）按是否上市可分为上市债券和非市债券等。

5.4.3 债券的发行

1. 公司发行债券的方式

发行债券是公司筹集资金的重要渠道，所筹集的资金只能用于生产经营活动，而不能用于弥补亏损和非生产经营性的支出。公司债券的具体发售方式可分为直接销售和间接销售。直接销售是指发行公司直接向投资者销售债券，私募发行一般采用直接销售形式。间接销售是发行债券公司委托经营机构代为销售，支付一定的手续费，公募发行的债券一般采用间接销售方式。

间接销售又分为代销、余额包销和全额包销三种方式。

（1）代销。发行者和承销者签订协议，由承销者代为向社会销售债券。承销者按规定的发行条件尽力推销，如果在约定期限内未能按照原定发行数额全部销售出去，债券剩余部分可退还给发行者，承销者不承担发行风险。采用代销方式发行债券，手续费一般较低。

（2）余额包销。承销者按照规定的发行数额和发行条件，代为向社会推销债券，在约定期限内推销债券。如果有剩余，须由承销者负责认购。采用这种方式销售债券，承销者承担部分发行风险，能够保证发行者筹资计划的实现，但承销费用高于代销费用。

（3）全额包销。首先由承销者按照约定条件将债券全部承购下来，并且立即向发行者支付全部债券价款，然后再由承销者向投资者分次推销。采用全额包销方式销售债券，承销者承担了全部发行风险，可以保证发行者及时筹集到所需要的资金，因而包销费用比余额包销费用高。

这几种销售方式中，承销商承担的风险不同，手续费率就不同，导致的筹集资金的速度也不一样。发行公司应根据本公司所需资金的缓急、公司信誉高低、权衡手续费多少等因素确定具体的发售方式。

2. 发行公司债券的条件

公司发行债券，必须经国务院证券管理部门批准。我国《公司法》明确规定只有两类公司才能发行公司债券：一类是股份有限公司，另一类是国有独资公司和两个以上国有企业或其他两个以上的国有投资主体投资的有限责任公司。具体的条件如下：

（1）股份有限公司净资产不低于人民币 3 000 万元，有限责任公司净资产不低于 6 000 万元；

（2）公司累计债券总额不超过净资产总额的 40%；

（3）最近 3 年的平均可分配利润足以支付公司债券一年的利息；

（4）筹集的资金投向符合国家产业政策；

（5）债券的利息率不得超过国务院限定的利息率水平；

（6）国务院规定的其他条件。

此外，《公司法》还规定，如果公司前一次发行的债券尚未募足，或者对已发行的债券或其他债务有违约或者延期支付本息的事实，且仍处于持续状态之中，则不得再次发行债券。

3. 发行公司债券的程序

发行公司债券应当按法定程序办理，其法定程序包括：

（1）董事会制订发行方案，由股东大会做出决议；

（2）向国务院证券管理部门报请批准；

（3）公告公司债券募集办法；

（4）确定债券发行的数额和发行的期限；

（5）确定债券的利率和发行价格。

5.4.4　债券投资的认购方式

债券投资既可以在发行市场（也称一级市场）上进行认购，也可以在证券交易市场（也称二级市场）上进行买卖。在一级市场上认购债券的方式主要有：

（1）按面值认购。就是指认购价格与债券面值相等。当债券的票面利率与市场实际利率相等并按年付息时，债券的发行价格就等于其面值。投资者可按面值乘以票面利率计算取得利息，到期时按面值收回本金。

（2）按溢价认购。就是指认购价格高于债券面值。当债券票面利率高于市场实际利率时，债券的发行价格就会超过其面值。投资者仍按债券面值乘以债券票面利率计算取得利息，到期按面值收回本金。实际投资收益为收取的利息扣除溢价款之后的差额。

（3）按折价认购。就是指认购价格低于债券面值。当债券票面利率低于市场实际利率时，债券的发行价格就会低于其面值。投资者仍按债券面值乘以债券票面利率计算取得利息，到期按面值收回本金。实际的投资收益为收取的利息加上折价款之后的差额。

5.4.5　债券的评价模式

1. 债券的价格（价值）

债券价格取决于债券利息的多少，而债券利息的多少取决于票面利率的高低，这直接影响着债券投资收益的高低。前已述及，如果债券票面利率高于市场实际利率，则债券的价格会高于其面值，也叫升水；若债券的票面利率小于市场实际利率，则债券的价格会低于其面值，也称贴水。当债券票面利率等于市场实际利率并按年付息一次时，债券的价格与其面值相等。

债券价格(价值)由两部分构成：一是到期面值部分的现值，二是各期利息的现值。折现率为购买债券时的实际市场利率。计算公式如下：

$$P=M\times(P/S,\ i,\ n)+I\times(P/A,\ i,\ n)$$

其中 P 为债券未来现金流入的现值（即债券价值），M 为面值，I 为每期利息额，i 为折现率，n 为期数。

【例 5-6】 某旅游度假酒店 2010 年 5 月 1 日欲购买某上市公司新发行的面值为 1 000 元的债券，其票面利率为 8%，每年的 5 月 1 日付息一次，并于三年后的 4 月 30 日到期。当时市场利率为 6%，债券的市价为 1 100 元，问购买该债券是否合算？

$$P=M\times(P/S,\ i,\ n)+I\times(P/A,\ i,\ n)$$

$$P=1\,000\times(P/S,\ 6\%,\ 3)+80\times(P/A,\ 6\%,\ 3)$$

$$=1\,000\times0.8396+80\times2.6730$$

$$=839.6+213.84=1\,053.44\text{（元）}$$

由于该债券的市价 1 100 元高于其现值，即使不考虑其他风险，按市价购买该债券是不合算的，因此不应该投资该上市公司债券。

2. 债券的收益评价

债券的投资收益一般就是指债券的利息收入，但溢价购入的债券，其投资收益为利息收入减去溢价额，而折价购入的债券，其投资收益为利息收入加上折价额。

债券的到期收益率是指购进债券后一直持有该债券至到期日可获得的收益率，它是购买债券后未来现金流入的现值等于债券买入价格的贴现率。可按以下公式测算债券到期收益率：

$$P=M\times(P/S,\ i,\ n)+I\times(P/A,\ i,\ n)$$

其中 P 为债券未来现金流入的现值（即债券价值），M 为面值，I 为每期利息额，i 为折现率，n 为期数。

【例 5-7】 某旅行社 2010 年 1 月 1 日购入一张面额 10 000 元的公司债券，其票面利率为 7%，每年 1 月 1 日计算并支付利息一次，并于 2009 年 12 月 31 日到期，分别按面值、溢价、折价购入，测算该债券的到期收益率：

① 按 10 000 元购入，按 7%折现率测算：

$$P=I\times(P/A,\ 7\%,\ 5)+M\times(p/s,\ 7\%,\ 5)$$

$$=700\times4.1002+10\,000\times0.713=10\,000\text{（元）}$$

可见，按面值购入并按年付息的债券，其到期收益率与票面利率一致。

② 按 12 000 元购入，按 3%折现率测算：

$$P=I\times(P/A,\ 3\%,\ 5)+M\times(p/s,\ 3\%,\ 5)$$

$$=700\times4.5797+10\,000\times0.8626=11\,831.79\text{（元）}$$

按 2%折现率测算：

$$P=I\times(P/A,\ 4\%,\ 5)+M\times(p/s,\ 4\%,\ 5)$$

$$=700\times4.7135+10\,000\times0.9057=12\,356.45\text{（元）}$$

采用内插法求解到期收益率：

$$i=2\%+(3\%-2\%)\times(12\,356.45-12\,000)/(12\,356.45-11\,831.79)=2.68\%$$

可见，按溢价购入的债券，其到期收益率小于债券票面利率。

③ 若按 9 000 元购入，按 9%折现率测算：

$$P=I\times（P/A，9\%，5）+M\times（p/s，9\%，5）$$
$$=700\times3.8897+10\,000\times0.6499=9\,221.79（元）$$

按 10%折现率测算：

$$P=I\times（P/A，10\%，5）+M\times（p/s，10\%，5）$$
$$=700\times3.7908+10\,000\times0.6209=8\,862.56（元）$$

采用内插法求解到期收益率：

$$i=9\%+（10\%-9\%）\times（9\,221.79-9\,000）/（9\,221.79-8\,862.56）=9.62\%$$

可见，按折价购入的债券，其到期收益率大于债券票面利率。

上述测算结果还可以用以下简化的公式进行计算：

$$i=\frac{I+(M-P)\div n}{(M+P)\div 2}$$

$i_1=700\div10\,000=7\%$

$i_2=[700+（10\,000-12\,000）/5]\div（10\,000+12\,000）/2=2.73\%$

$i_3=[700+（10\,000-9\,000）/5]\div（10\,000+9\,000）/2=9.47\%$

5.5　本章观念总结

本章主要介绍了掌握债券价值的计算、债券到期收益率的计算、债券投资的五种风险的含义及避险的方式、股票价值的评价、市盈率、证券组合的定性分析和定量分析方法。

5.6　本 章 习 题

一、思考题

1．什么是风险？如何对风险进行分类？

2．如何确定股票的价值？

3．发行公司债券的条件有哪些？债券投资的认购方式有哪几种？

二、单项选择题

1．相对于公募债券而言，私募债券的主要缺点是（　　）。

A．发行费用较高　　B．流通性较差

C．限制条件较多　　D．发行时间较长

2．通常认为，企业进行长期债券投资的主要目的在于（　　）。

A．控制被投资企业　　B．调剂现金余额

C．获得稳定收益　　D．增强资产流动性

3．某旅游类上市公司发行可转换债券，每张面值为 500 元，转换比率为 20，则该可转换债券的转换价格为（　　）。

A．20　　B．25　　C．30　　D．50

4．证券按其收益的决定因素不同可分为（　　）。

A．所有权证券和债权证券　　B．原生证券和衍生证券

C．公募证券和私募证券　　D．凭证证券和有价证券

5．企业进行短期债券投资的主要目的是（　　）。

A．获得对被投资企业的控制权　　B．调节现金余缺获取适当收益

C．增加资产流动性　　D．获得稳定收益

6．相对于股票投资而言，下列项目中能够揭示债券投资特点的是（　　）。

A．无法事先预知投资收益水平　　B．投资收益率比较高

C．投资收益率的稳定性比较强　　D．投资风险较大

7．某公司发行认股权证筹资，规定每张认股权证可按 45 元认购 10 股普通股票，若公司当前的普通股市价为 7 元，则公司发行的每张认股权证的价值为（　　）。

A．2.5　　B．25　　C．15　　D．45

8．下列不属于股票投资技术分析方法的有（　　）。

A．K 线分析法　　B．形态分析法

C．宏观分析法　　D．波浪分析法

9．基金的价值取决于（　　）。

A．基金净资产能给投资者带来的未来现金

B．基金净资产账面价值

C．基金净资产现有市场价值

D．基金净资产给投资者带来的未来现金现值

10．可转换债券持有人是否行使转换权，主要看转换时普通股市价是否（　　）。

A．高于转换价值　　B．低于转换价值

C．高于转换价格　　D．低于转换价格

三、多项选择题

1．下列表述正确的有（　　　）。

A．购买看涨期权可以获得在期权合约有效期内根据合约所确定的履约价格买进一种特定商品或证券的权利

B．购买看涨期权可以获得在期权合约有效期内根据合约所确定的履约价格卖出一种特定商品或证券的权利

C．购买看跌期权可以获得在期权合约有效期内根据合约所确定的履约价格买进一种特定商品或证券的权利

D．购买看跌期权可以获得在期权合约有效期内根据合约所确定的履约价格卖出一种特定商品或证券的权利

2．下列属于金融期货的有（　　　）。

A．利率期货　　B．股指期货

C．原油期货　　D．铜期货

3．股票投资的缺点是（　　　）。

A．投资风险小　　B．求偿权居后

C．价格不稳定　　D．投资收益稳定

4．投资基金的优点是（　　）。

A．具有专家理财优势　　B．能完全规避投资风险

C．能获得很高的投资收益　　D．具有资金规模优势

5．与股票投资相比，债券投资的优点是（　　）。

A．投资收益率高　　B．购买力风险低

C．本金安全性好　　D．收益稳定性好

6．股票投资的技术分析方法有（　　）。

A．形态分析法　　B．K线分析法

C．指标分析法　　D．波浪分析法

7．证券投资相对于实物投资的区别主要是（　　）。

A．交易成本很高　　B．流动性好

C．投资风险较大　　D．价值不稳定

8．企业进行股票投资的主要目的是（　　）。

A．获得股利收入及股票买卖价差　　B．取得对被投资企业的控股权

C．获取稳定收益　　D．调节现金余额

四、判断题

1．可转换债券的赎回条款具有强制转换作用，有利于促使投资者将手中的债券转换为股票。（　）

2．股票期货属于商品期货，股指期货属于金融期货。（　）

3. 套利策略是指利用供需之间的暂时不平衡，或由于市场对各种证券的反应存在时滞，所导致的在不同的市场之间或不同的证券之间出现暂时的价格差异，从中获取无风险的或几乎无风险的收益。（　）

4．投资基金的收益率是通过基金净资产的价值变化来衡量的。（　）

5．相对于实物资产的交易，证券买卖的交易快速、简捷，且成本较低。（　）

6．基金价值与股票价值一样都是指能够给投资者带来的未来现金流量的现值。（　）

7．债权性证券与所有权证券相比，由于在企业破产时债权性证券的清偿权先于所有权证券，所以其承担的风险小于所有权证券承担的风险。（　）

8．评价基金业绩最基本和最直观的指标是基金的单位净值。（　）

9．在通货膨胀期间，一般来说，变动收益证券（如股票）的购买力风险会高于固定收益证券（如债券）。（　）

10．技术分析只关心市场上证券价格的波动和如何获得证券投资的短期收益，很少涉及证券市场以外的因素。（　）

五、计算题

1．甲公司2010年税后利润为2 000万元，发行在外的普通股份数为1 000万股，资本支出1 000万元，折旧和摊销900万元，2010年比2009年营业流动资产增加400万元。按照经济预期，长期增长率为5%，该公司目前的负债比例为20%，预计将来继续保持这一比例，经估计该公司的股权成本为10%。

要求：（1）计算该公司的每股价值；（2）若目前该公司股价为35元，请判断投资者

是否值得投资。

2．某基金公司的相关资料如下：

资料一：2009 年 1 月 1 日基金总资产（市场公允价）为 27 000 万元，负债总规模（公允价）为 5 000 万元，基金份数为 20 000 万元份。在基金交易中该基金公司收取首次认购费和赎回费，分别为基金净值的 2%和 1%；

资料二：2009 年 12 月 31 日，按收盘价计算的资产总额为 39 000 万元，负债总额为 3 000 万元，基金售出总数为 30 000 万元份。

资料三：假定 2009 年某投资者持有该基金 20 000 份，到 2007 年 12 月 31 日持有该基金份数不变，预计此时基金单位净值为 1.25 元。

要求：（1）根据资料一计算 2009 年 1 月 1 日该基金的下列指标：①基金净资产价值总额；②基金单位净值；③基金认购价；④基金赎回价。

（2）根据资料二计算 2009 年 12 月 31 日基金单位净值。

（3）根据资料三计算 2010 年该投资者的预计基金收益率。

（参考答案）

一、思考题

（略）

二、单项选择题

1．B　2．C　3．B　4．A　5．B　6．C　7．B　8．C　9．C　10．C

三、多项选择题

1．AD　2．AB　3．BC　4．AD　5．CD　6．ABCD　7．BCD　8．AB

四、判断题

1．对　2．错　3．对　4．对　5．对　6．错　7．对　8．对　9．错　10．对

五、计算题

1.（1）2010 年净投资＝总投资-折旧摊销＝（资本支出＋营业流动资产增加）－折旧摊销

＝1 000＋400－900＝500（万元）

股权自由现金流量＝净利润－股权净投资＝净利润－净投资（1－负债率）

＝2 000－500（1－20%）＝1 600（万元）

每股自由现金流量＝1 600/1 000＝1.6（元/股）

每股价值＝1.6（1＋5%）/（10%－5%）＝33.6（元/股）

（2）由于目前该公司的股价为 35 元高于其内在价值，所以投资者暂时不宜投资。

2．（1）① 2009 年 1 月 1 日该基金净资产价值总额＝27 000－5 000＝22 000（万元）

② 2009 年 1 月 1 日该基金单位净值＝22 000/20 000＝1.1（元）

③ 基金认购价＝1.1×（1＋2%）＝1.122（元）

④ 基金赎回价＝1.1×（1－1%）＝1.089（元）

（2）根据资料二，2009 年 12 月 31 日基金单位净值＝（39 000－3 000）/30 000＝1.2（元）

（3）根据资料三，2010 年该投资者的预计基金收益率＝（1.25－1.2）/1.2＝4.17%

旅游企业营运资金管理

营运资金为企业正常经营过程中必需的周转资金，它的多少直接影响企业的经营活动和效果。正确的营运资金策略可以有效降低营运成本、提高企业经济效益。营运资金中的流动资产主要包括现金、应收款项、存货等，本章将重点讨论流动资产的管理。

6.1 旅游企业营运资金的概念

1. 旅游企业营运资金的概念与构成

营运资金是指流动资产扣除流动负债后的余额，营运资金的管理包括流动资产的管理和流动负债的管理。企业营运资金越大，风险越小，但收益率也越低；相反，营运资金越小，风险越大，但收益率也越高。因此，对营运资金的管理显得尤为重要。

营运资金中的流动资产是指在一年内或超过一年的营业周期内变现的资产，包括货币资金、短期投资、应收或预付账款、存货等；营运资金中的流动负债是指在一年内或超过一年的一个营业周期内偿还的债务，包括短期借款、应付及预收款项等。

2. 旅游企业营运资金的特点

（1）营运资金的周转具有短期性，一般在一年以内，而且流动性很大；

（2）营运资金的实物形态具有很强的变现性，如短期投资、应收账款等极易变现；

（3）营运资金的数额随着企业经营业务的变化而变化；

（4）营运资金的来源具有灵活多样性，具体有短期借款、商业信用、应交税金、应付工资、应付股利等。

6.2 旅游企业现金管理

现金，是可以立即投入流通的交换媒介，一般被称为非收益性资产，其最大特点是普遍的可接受性。尽管企业必须以现金支付工资、购买原料与固定资产、支付所得税等，但现金本身并不能给企业带来盈利。现金管理的目的是在现金的流动性（安全性）与盈利性之间做出合理决策，以获取最大的长期收益。

6.2.1 持有现金的动机

1. 一般性动机

（1）交易性动机：满足企业日常业务支付的需要，如用于购买存货、支付工资、交纳税金、支付股利等。

（2）预防性动机：应付意外事件对现金的需求。它主要取决于企业对现金流量的预见能力和企业的负债能力。

（3）投机性动机：以满足其特殊机会的需要，以取得收益。

旅游企业缺乏必要的现金将无法应付日常业务开支，置存过量的现金又会因资金不能投入周转而无法取得收益而遭受损失。

2. 特殊动机

（1）企业持有充足的现金可较易获取交易中的现金折扣，从而获取较大的经济利益。

（2）企业持有充足的现金可提高与维持企业的信用等级（对企业信用等级评价时，现金多少是一个非常重要的因素）。

（3）企业持有充足的现金，可以有效地提高企业在竞争中的灵活性。

6.2.2 现金持有量确定

1. 存货模式

存货模式是指存货批量模型，可用于确定目标现金持有量，它能够使现金管理的机会成本与固定转换成本之和保持最低的现金持有量，即为最佳现金持有量。

设 T_c 为现金管理总成本，T 为一个周期内现金总需求量，F 为每次转换有价证券的固定成本，Q 为最佳现金持有量，K 为资金成本率，则：现金管理总成本＝持有机会成本＋固定性转换成本，即：

$$T_c=(Q/2)\times K+(T/Q)\times F$$

最佳现金持有量的计算公式为：

$$Q=\sqrt{2TF/K}$$

【例 6-1】 某旅游企业现金收支情况良好，预计全年现金总需求量为 300 万元，现金和有价证券的转换成本为每次 500 元，资金成本率为 5%，则：

$$最佳现金持有量\ Q=\sqrt{2\times 3\ 000\ 000\times 500\div 5\%}=244\ 949（元）$$

$$最低现金管理总成本\ T_c=\sqrt{2\times 3\ 000\ 000\times 500\times 5\%}=12\ 247（元）$$

验证：

$$转换成本=T/Q\times F=3\ 000\ 000\div 244\ 949\times 500=6\ 123.72（元）$$

$$机会成本=Q/2\times K=244\ 949\div 2\times 5\%=6\ 123.72（元）$$

$$有价证券转换次数=T/Q=3\ 000\ 000/244\ 949=12.25（次）$$

$$有价证券转换间隔期=360/12.25=29.39（天）$$

2. 成本模式

成本模式是通过分析持有现金的成本（包括机会成本、管理成本、短缺成本），确定其持有成本最低时的现金持有量。

机会成本是指企业因占用现金而失去的投资机会，是持有现金而付出的隐性代价，现金持有量越大，机会成本就越大。

管理成本是指企业持有现金而发生的相关费用，比如出纳员工资、安全措施费用等。现金管理费用在一定范围内属于固定费用，一般与现金持有量无明显的比例关系。

短缺成本是企业现金不足时，不能应付经营业务开支需要而蒙受的信用损失，短缺成本与现金持有量成反比。

机会成本、管理成本和短缺成本三项之和最小的现金持有量就是最佳现金持有量。最佳现金持有量的计算，可以首先计算出各种方案的机会成本、管理成本、短缺成本，再通过比较分析找出其中总成本最低的最佳现金持有量。

【例 6-2】 某五星级酒店有四种现金持有方案，经测算有关数据如表 6-1 所示。

表 6-1

单位：万元

项目＼方案	A	B	C	D
现金持有量	500	600	700	800
机会成本	15	20	25	30
管理成本	5	5	5	5
短缺成本	15	8	1	0
总成本	35	33	31	35

对比上述四个方案可知，其中 C 方案的总成本为最低，说明企业现金持有量为 700 万元时，现金持有总成本最低，因此 700 万元是企业最佳现金持有量。

6.2.3　现金日常管理与控制

1. 制度性管理

（1）内部控制制度

现金内部控制主要应遵循“钱账分管”的原则，即管钱不管账，管账不管钱，出纳人员不得兼管稽核、收入费用债权债务账目的登记、会计档案等工作。

（2）现金管理制度

规定了现金的使用范围：主要是企业对个人的各项支付，包括支付给职工的工资、津贴和奖金，支付给个人的劳务报酬，支付的各种劳保福利费用以及规定支付给个人的其他支出，支付差的差旅费，向个人收购农副产品和其他物资的价款，结算起点（2 000 元）以下的零星支出等。

规定了企业库存现金限额，即允许企业保留现金的最高数额，一般按企业日常零星开支 3～5 天的需要额核定。

规定企业不得从当天现金收入中直接开支企业的相关费用，当天现金收入应当及时送存开户银行。

规定不得以白条抵充库存现金，不准假造用途套取现金。

不得保留账外公款，不得公款私存，不得出租出借账户，不得签发空头支票和远期支票，不得套取银行信用等。

2. 日常管理策略

（1）力争现金收支同步：即指企业尽量使它的现金流入与现金流出发生的时间趋于一致，这样就可以使其所持有的经营性现金余额降到最低水平。

（2）合理使用现金浮游量：是指企业开出支票，收款人收到支票并存入银行，到银行将款项划出企业账户，中间需要一段时间，按结算常规这笔现金仍有一段时间保留在企业的账户内，可由企业暂时使用。不过在使用现金浮游量时一定要控制使用时间，不然会发生透支。

企业能否享受现金浮游量主要取决于以下两个因素：

① 企业收到客户支票后，将其加速转换为现金的能力。

② 企业开出支票后延期付款的能力。

（3）加速收款时间：是指企业采取各种措施，缩短应收账款的时间，及时收回账款。如合理确定信用政策、正确分析客户的信用情况、及时组织催收账款等。

缩短赊账时间：如将信用条件“1/10，*n*/40”改为“1/10，*n*/30”。具体做法有集中银行系统、锁箱系统、尽快处理巨额款项（如特别催收、提前邮寄账单、账单特殊递送）。

（4）控制付款。如推迟付款，在不影响企业信誉的条件下尽可能地推迟货款的支付期，充分利用供货方提供的信誉优惠，甚至可放弃供货方提供的现金折扣优惠，在信用期的最后一天付款；还可以利用汇票付款、利用支票支付工资；适度透支制度，信誉好的企业，银行允许一定限额的透支，以弥补其资金的暂时短缺。

6.3 旅游企业应收账款管理

应收账款是流动资产管理的一个重要内容。旅游企业通过赊销、委托代销和分期收款等商业信用的形式，利用应收账款可以扩大销售、减少存货，从而增加销售利润，但是也会相应增加应收账款成本。它包括：机会成本、管理成本和坏账成本。

应收账款管理的目标，就是在充分发挥应收账款有利于促销增效积极作用的同时，努力控制和降低应收账款的成本。而制定正确合理的应收账款政策，是实现这一目标的首要条件。

6.3.1　应收账款持有成本

（1）机会成本。企业资金如果不占用在应收账款，就可用于其他投资，如有价证券，从而取得一定的收益，这种因投资于应收账款而放弃其他投资相应减少的收益，就是应收账款的机会成本。

（2）管理成本。应收账款的管理成本主要包括：调查顾客信用状况的费用；收集各种信息的费用；应收账款的核算费用；应收账款的收账费用；其他管理费用。

（3）坏账损失成本。因种种原因而无法收回的应收账款，就是坏账损失成本，它一般与应收账款的数额成正比。

6.3.2　应收账款信用政策

应收账款政策又称信用政策，主要包括以下三方面的内容。

1. 信用标准

信用标准是指公司同意向客户提供商业信用而要求的最低条件。如果客户的信用状况和财务能力达不到这一最低标准，则公司不予赊销。信用标准一般用预计的坏账损失率来衡量。公司如果采用严格的信用标准，会不利于销售规模的扩大，但有利于降低应收账款成本；如果采用宽松的信用标准，则结果会反之。

【例 6-3】 某公司原先的信用标准是对预计坏账损失率在 10‰以下的客户同意赊销。现有两种改变原先信用标准的方案可供选择（见表 6-2），假如销售利润率为 18%，有价证券投资收益率即应收账款的机会成本为 12%，则这两个方案的分析如表 6-2 所示。由此可见，采用方案 B 显然要比方案 A 好。

表 6-2

项　　目	严格信用标准的 A 方案	放宽信用标准的 B 方案
信用标准（预计坏账损失率）	5‰	15‰
信用标准改变对销售收入的影响	-10 000 元	＋15 000 元
应收账款平均收款期	60 天	75 天
应收账款坏账率	7.5‰	12.5‰
销售利润的增减额	-10 000 元×18%＝-1 800 元	＋15 000 元×18%＝＋2700 元
应收账款机会成本的增减额	-10 000 元×12%÷360 天×60 天＝-200 元	-15 000 元×12%÷360 天×75 天＝＋375 元
应收账款管理成本的增减额	-100	150
对利润的综合影响	-1 800-（-200-100-75）＝-1 425 元	2 700-（375＋150＋1 875）＝300

2. 信用条件

信用条件是指公司要求客户支付赊销款项的有关条件，包括信用期限、现金折扣期限和现金折扣率。信用期限是公司对客户规定的最长付款时间。现金折扣是公司为了鼓励客户提前付款而同意给予的折价优惠。如合同条款中注明的“2/10，1/20，*n*/30”即表示客户若能提前在10天内付款，可享受2%的折扣；若提前在20天内付款，也可享受1%的折扣；超过20天则不享受折扣，并必须在30天内付清全部货款。这时的30天就是信用期限，10天与20天则是现金折扣期限，2%与1%是与之相应的现金折扣率。公司如果采用宽松的信用期限，会有利于扩大销售，但同时也会增加应收账款成本。而结合采用优惠的现金折扣政策，则会因加速应收账款的回收而降低应收账款成本，但同时又会因增加现金折扣成本而影响公司利润。

3. 收账政策

收账政策是指当客户违反信用条件时，公司所采取的催收款项的策略与方式。收账政策可分为积极的收账政策和消极的收账政策。

公司如果采用积极严厉的收账政策，会降低应收账款的机会成本与坏账成本，但会增加收账费用的支出，同时因频繁催讨施压，又会使今后部分客户流失而影响销售与利润；如果采用消极宽松的收账政策，则结果会反之。因此公司应该在成本与收益等方面权衡利弊以采取适宜的收账政策。

6.3.3 应收账款信用政策的内容

旅游企业应当根据客户履行偿债义务的可能性、偿债能力财务实力和财务状况、能否提供足够的抵押以及可能影响付款能力的经济环境确定对客户的信用期和现金折扣。

1. 信用期

信用期一般是由旅游企业从客户购买旅游产品到付款之间的时间，就是旅游企业给客户的付款时间。例如，某地接旅行社允许组团社在选择旅游线路并发团后60天内付款，则信用期为60天。信用期过短不足以吸引组团社，在竞争中使营业额下降；信用期过长，对增加营业收入固然有利，但只顾及营业额增长而盲目放宽信用期，所得的收益有时会被增长的费用抵消，甚至造成利润减少。因此，旅游产品销售方必须慎重确定恰当的信用期。

信用期的确定主要是分析改变现行的信用期对收入和成本的影响。延长信用期会使营业额增加，产生有利影响；与此同时，应收账款占用成本、收账费用和坏账损失会相应增加，从而产生不利影响。当前者大于后者时，可以延长信用期，否则不宜延长。

2. 现金折扣政策

旅游企业为了扩大市场占有率，吸引更多的客源从而获得更多的边际利润，允许购买方在一定的条件下先消费和付款。但这种赊销经常是无担保的，当客户无力偿付欠款时，旅游企业虽然有权索取账款，但因为没有担保物，使旅游企业承担了较大的风险。因此，旅游企业在允许客户欠款时，可以做出在一定期限内付款则给予相应现金折扣的优惠，并规定赊账的最长期限，以鼓励客户及时付款，同时给不同的客户规定不同的赊欠最高限额等，以减少可能发生的坏账损失。

折扣的表示常采用如 5/10、2/20、1/30、*N*/40 这样一些符号形式，表示 10 天内付款给予 5%的现金折扣；如果超过 10 天但能在 20 天内付款，还可以给予 2%的折扣；若超过 20 天尚能在 30 天内付款，则只能给予 1%的现金折扣；如果超过 30 天则无任何优惠，而且最长赊欠时间为 40 天。

6.3.4　应收账款信用政策的变动分析

应收账款信用政策的变动分析主要采取增量分析法（边际收益分析法），即：

（1）计算增量边际贡献。

（2）计算应收账款投资成本（机会成本）。

投资成本＝日赊销额×平均收账期×变动成本率×资本成本率

（3）计算收账管理费用与坏账损失。

（4）确定增量利润。

【例 6-4】 海南某旅行社长期从事“海南七日游”的接团工作，现在采用 30 天按发票金额付款（即不给折扣），拟将信用期放宽至 60 天，仍按发票金额付款。该旅行社的最低报酬率要求达到 15%，其他数据见表 6-3。

表 6-3

信用期 项目	30 天	60 天
旅行团人数	200	300
营业额（每人 2 000 元）	400 000	600 000
成本：		
变动成本（每人 1 200 元）	240 000	360 000
固定成本	100 000	100 000
毛利	60 000	140 000
可能发生的收账费用	5 000	15 000
可能发生的坏账损失	2 000	6 000

在分析时先计算放宽信用期后得到的收益，然后计算增加的成本，最后根据两者比较的结果做出判断。

① 收益增加＝增加的游客人数×单位边际贡献＝（300－200）×（2 000－1 200）＝80 000（元）

② 应收账款占用资金的应计利息增加

应收账款应计利息＝应收账款占用资金×资金成本

应收账款占用资金＝应收账款平均余额×变动成本率

应收账款平均余额＝日营业额×应收账款回收天数

30 天信用期应计利息＝（400 000/360）×30×（240 000/400 000）×15%＝3 000（元）

60 天信用期应计利息＝（600 000/360）×60×（360 000/600 000）×15%＝9 000（元）

应计利息增加＝9 000－3 000＝6 000（元）

③ 收账费用和坏账损失

收账费用增加＝15 000－5 000＝10 000（元）

坏账损失增加＝8 000－2 000＝6 000（元）

④ 改变信用政策的税前损益＝收益增加－成本费用增加

＝80 000－（6 000＋10 000＋6 000）＝58 000（元）

由于放宽信用期后能取得增量利润，因此该旅行社应当采用60天的信用期。

6.4 旅游企业存货管理

6.4.1 存货管理的目标

存货是指旅游企业在经营过程中为销售或者耗用而储备的物资，比如酒店餐饮部门为制作各种菜肴所储备的原材料、商场用来出售的各式商品、日常使用的各种家具、用具等低值易耗品等。

如果旅游企业在经营过程能即时购入原材料或商品，即能按需购入各种物资，就不需要存货，但在实际上，旅游企业总有储存各种物资的需要，并因此占用或多或少的资金，这种存货的需要出自以下原因：

首先保证生产或销售的经营需要。实际上企业很少能做到随时购入生产经营所需要的各种物资，即使是市场供应量充足的物资也是如此。这不仅因为常有某种物料的市场断档，还因为企业距供货点较远而需要必要的途中运输及可能出现的运输故障。一旦生产经营所需物料短缺，就会导致生产经营活动的被迫停顿，从而给企业带来损失。为了避免或减少出现停工待料、停业待货等现象，企业必需储备存货。

其次是出自价格的考虑。零购物资的价格往往较高，而整批购买在价格上常有优惠。但是过多的存货要占用较多的资金，并且会增加包括仓储费用、保险费用、维护费用、管理人员工资在内的各项支出。存货占用资金是有代价的，占用过多会使利息支出增加并导致利润的损失；各项开支的增加更直接使成本上升。财务部门期望存货占用资金少；采购部门期望大批量采购，以降低采购成本；生产部门希望保持较高存货，进行均衡生产；销售部门期望有大量成品存货，以满足市场需求。

存货管理就是要努力进行平衡，要尽力在各种存货成本与存货效益之间作出权衡，达到两者的最佳结合，这就是存货管理的目标。

6.4.2 存货管理的相关成本

1. 进货成本

进货成本，即为取得某种存货而发生的经济利益的流出，包括进价成本与进货费用两部分，通常用TC_a来表示。

（1）进价成本：是指存货本身的价值，经常用数量与单价的乘积来确定。每年的存货需要量用D表示，单价用P表示，进价成本为DP。在存货基本模型中（不考虑数量折扣），属于决策的无关成本。

（2）进货费用：为取得货物而发生的各种费用，如采购部门的办公费、差旅费、邮费、电话通信费用等支出。按与订货次数的关系分为变动成本与固定成本，变动成本是指与订货次数有关的费用，如差旅费、邮资、电话通信费用等，这些变动成本为决策的相关成本；固定成本是指与订货次数无关的费用，如常设采购机构的各项基本开支等。固定采购成本用 F_1 表示，每次采购成本用 K 表示，每年采购次数等于年存货需要量 D 与每次进货数量 Q 之商，进货总成本为 $F_1+K\cdot D/Q$。

进货总成本＝进价成本＋进货费用

$$TC_a=DP+F_1+K\cdot D/Q$$

2. 储存成本

储存成本是指为保持存货丧失或流出的经济利益，包括占用存货资金应计的利息（若企业用自有的现金购买存货，便失去了现金存放银行或投资于证券本应取得的利息，即“放弃利息”；若企业用借款购买存货，便要支付利息费用，即“付出利息”）、仓库费用、保险费用、存货破损和变质损失等，通常用 TC_C 来表示。储存成本按与储存量的关系可分为变动储存成本与固定储存成本。变动储存成本与存货储存数量的多少相关，如存货资金的利息、存货破损和变质损失、存货的保险费用等，单位变动储存成本用 K_C 表示，变动储存成本为决策的相关成本；固定储存成本与存货数量多少无关，如仓库折旧、租金、仓库职工的固定月工资等，通常用 F_2 表示。

储存成本＝固定储存成本＋变动储存成本

$$TC_C=F_2+K_C\times Q/2$$

3. 缺货成本

缺货成本是指存货不足给企业造成的损失，包括材料供应中断造成的停工损失，商品库存缺货导致的拖欠发货损失和丧失销售机会的损失（还有商誉损失），紧急采购而发生的额外购入成本（紧急采购的开支会大于正常采购的开支）。缺货成本大多属于机会成本，用 TC_S 表示。在不允许缺货条件下，缺货成本为不相关成本。

如果以 TC 来表示储备存货的总成本，它的计算公式如下：

$$TC=DP+F_1+K\cdot D/Q+F_2+K_C\cdot Q/2+TC_S$$

旅游企业存货的最优化，就是使上式 TC 值最小。

6.4.3　经济订购批量基本模型

存货决策涉及四项内容：决定进货项目、选择供应单位、决定进货时间和决定进货批量。决定进货项目和选择供应单位是生产销售部门和采购部门的职责。财务部门要做的是决定进货时间和进货批量（分别用 T 和 Q 表示）。根据存货管理的目标，需要通过确定合理的每次进货批量和进货时间，使存货的总成本最低，这个每次的采购量称为经济订货量或经济批量。有了经济批量就可以很容易地找出最适宜的进货时间。

1. 基本假设

（1）及时补充存货；

（2）集中到货；

（3）不允许缺货，无缺货成本，即 TC_S 为零；
（4）需求已知；
（5）单价不变；
（6）现金充裕；
（7）货源充足。

2. 基本模型

在以上基本假设后，存货总成本可以简化为：

$$TC=DP+F_1+K\cdot D/Q+F_2+K_C\cdot Q/2$$

当 D、P、F_1、K、F_2、K_C 为常数时，TC 的大小取决于 Q。为了求出 TC 的极小值，对其进行求导运算，可得出下列公式：

$$Q^*=\sqrt{\frac{2KD}{K_c}}$$

这就是经济订货量基本模型，求出的每次订货批量，可使 TC 达到最小值。

每年最佳订货次数：

$$N^*=\frac{D}{Q^*}=\sqrt{\frac{DK_c}{2K}}$$

与批量有关的存货总成本公式：

$$\begin{aligned}TC(Q^*)&=\text{进货变动成本}+\text{储存变动成本}\\&=(D\div\sqrt{\frac{2KD}{K_c}})\times K+(\sqrt{\frac{2KD}{K_c}})\div 2\times K_C\\&=\sqrt{2KDK_C}\end{aligned}$$

最佳订货周期公式：

$$t^*=\frac{360}{N^*}$$

经济订货量占用资金：

$$I^*=\frac{Q^*}{2}\times U$$

【例 6-5】 某旅游度假大酒店餐饮部每年耗用某种原料 6 400 公斤，该原料单位成本 80 元，单位储存成本 4 元，一次订货成本 50 元。则：

$$Q^*=\sqrt{\frac{2KD}{K_c}}=\sqrt{\frac{2\times 6\,400\times 50}{4}}=400\text{（公斤）}$$

$$N^*=\frac{D}{Q^*}=6\,400\div 400=16\text{（次）}$$

$$TC(Q^*)=\sqrt{2KDK_C}=\sqrt{2\times 50\times 6\,400\times 4}=1\,600\text{（元）}$$

$$t^*=\frac{360}{N^*}=360\div 16=22.5\text{（天）}$$

$$I^*=\frac{Q^*}{2}\times U=400\div 2\times 80=16\,000\text{（元）}$$

6.4.4　订货点

1. 影响订货点的因素

订货点就是企业一项存货再次订购时所应保持的存货量。确定订货点应考虑的三要素：订购时间、日均需要量、安全存量。

2. 订货点的确定

（1）基本模型

订货点＝日均需要量×订货时间＋安全存量

（2）订货时间确定，需要量稳定

订货点＝日均需要量×订货时间

（3）订货时间确定，需要量不稳定

安全存量＝（预计日最高需要量－日均用量）×订货时间

（4）订货时间与需要量均不稳定

安全存量＝延误天数×日均需要量＋（延误天数＋订货时间）×（日最高用量－日均需要量）

3. 缺货条件下安全存量的确定

建立安全储备，固然可以使企业避免缺货或供应中断造成的损失，但存货平均储备量加大却会使储备成本升高。研究安全储备的目的，就是要找出合理的保险储备量，使缺货或供应中断损失和储备成本之和最小。方法上可先计算出各不同保险储备的总成本，然后再对总成本进行比较，选定其中最低的。

相关总成本＝缺货成本＋保险储备成本

＝缺货数量×单位缺货成本×全年订货次数＋安全存量×单位存货成本

现实中，缺货数量具有概率性，其概率可根据历史经验估计得出；保险储备量可估计或按其他方法选择而定。

【例 6-6】 假定某存货的年需要量 3 600 件，单位储存变动成本 2 元，单位缺货成本 4 元，交货时间 10 天；已经计算出经济订货量 300 件，每年订货次数 12 次。交货期内的存货需要量及其概率分布见表 6-4。

表 6-4

需用量	70	80	90	100	110	120	130
概率	0.01	0.04	0.2	0.5	0.2	0.04	0.01

先计算不同安全储备的总成本。

（1）不设置安全储备量

即按 100 件为再订货点。此种情况下，当需求量为 100 件或其以下时，不会发生缺货，其概率为 0.75（0.01＋0.04＋0.20＋0.50）；当需求量为 110 件时，缺货 10 件（110-100），其概率为 0.20；当需求量为 120 件时，缺货 20 件（120-100），其概率 0.04；当需求量为 130 件时，缺货 30 件（130-100），其概率为 0.01。因此：

缺货量＝（110-100）×0.2＋（120-100）×0.04＋（130-100）×0.01
＝3.1（件）

相关总成本＝4×3.1×12＋0×2＝148.8（元）

（2）安全储备量为 10 件

即以 110 件为再订货点。此种情况下，当需求量为 110 件或其以下时，不会发生缺货，其概率为 0.95（0.01＋0.04＋0.20＋0.50＋0.20）；当需求量为 120 件时，缺货 10 件（120－110），其概率为 0.04；当需求量为 130 件时，缺货 20 件（130－110），其概率为 0.01。

因此：

缺货量＝（120－110）×0.04＋（130－110）×0.01＝0.6（件）

相关总成本＝4×0.6×12＋10×2＝48.8（元）

（3）保险储备量为 20 件

同样运用以上方法，可计算缺货量与相关总成本如下：

缺货量＝（130－120）×0.01＝0.1（件）

相关总成本＝4×0.1×12＋20×2＝44.8（元）

（4）保险储备量为 30 件

即以 130 件为再订货点。此种情况下可满足最大需求，不会发生缺货，因此：

相关总成本＝4×0×12＋30×2＝60（元）

然后，比较上述不同保险储备量的总成本，以其低者为最佳。

结论：当安全存量为 20 件时总成本最低，即再订货点为 120 件时最佳。

6.4.5 存货的 ABC 控制法

企业的存货品种繁多，收发频繁。为了在管理上分清主次，区别对待，抓住重点，以达到事半功倍的效果，可以采用 ABC 控制法。就是将各种存货按全年需要额（需要量乘以单位成本，即存货占用资金）的大小划分为 A、B、C 三类，以区分主次，在此基础上，对不同类别的存货采用不同的方法进行计划和控制的一种方法。一般将品种数占全部品种 15%而资金占用额占全部存货总额的 70%左右的存货划分为 A 类；将资金占用额和品种数各占 20%的存货划分为 B 类；将品种数占 65%左右和资金占用额占 10%以下的存货划分为 C 类。

【例 6-7】 某旅游企业各种存货分类如表 6-5。

表 6-5

资金单位：万元

类别	品种数	品种结构	资金占用额	资金占用额比重
A	145	14.5%	56.32	70.4%
B	215	21.5%	16	20%
C	640	64%	7.68	9.6%
合计	1 000	100%	80	100%

为了针对上述三类存货进行有效的管理，应当对 A 类存货进行重点控制，严格把关，控制好 A 类存货，也就等于控制了存货的大部分，因此可以首先计算出 A 类存货的经济订货量和订货点，千方百计地减少每次订货量，适当增加全年的订货次数，使日常存货量达

到最优水平；其次要应用永续盘存卡片，及时登记每次订购、入库、发出和结余的数量，当实际库存达到订货点时，需立即发出请购信号，通知采购部门进行采购。同时还要经常对存货的动态进行严格监督，以便及时发现问题并采取措施加以解决。对于 B 类存货的控制，也要事先为每个品种计算经济订货量和订货点，平时也要进行永续盘存记录，但相对于 A 类存货而言，不必经常监督盘查，只要定期进行检查即可。对于 C 类存货，由于它们品种繁多价值不大，可以酌情增大每次订货量，适当减少订货次数，即使存货数量较大，也不会对存货总的资金占用额产生较大影响，定期进行盘存即可。

6.5 本章观念总结

本章主要介绍了营运资金管理的实务问题，主要包括现金的管理、应收账款管理和存货的管理。现金管理的重点在于确定最佳现金持有量，即持有现金的机会成本、管理成本和短缺成本之和最低时的持有量；应收账款管理的重点是制定恰当的信用政策和有效的收账政策，在扩大收益的同时努力降低收账费用和坏账损失；存货管理的目标在于尽力在各种存货成本与存货效益之间作出权衡，达到两者的最佳结合。

6.6 本章习题

一、思考题

1．什么叫营运资金？具体包括哪些内容？有哪些特点？
2．现金管理的具体内容是什么？
3．什么叫最佳现金持有量？有哪些计算模型？
4．什么叫应收账款？产生应收账款的原因是什么？
5．信用政策的具体内容有哪些？
6．持有应收账款的成本包括哪些内容？
7．什么叫存货？企业保留存货的目的是什么？
8．什么叫存货经济批量？什么叫 ABC 控制法？

二、单项选择题

1．持有现金的动机中，属于应付未来现金流入和流出随机波动的动机是（　　）。
　A．预防动机　　　　B．交易动机
　C．长期投资动机　　D．投机动机
2．由信用期限、折扣期限及现金折扣三个要素构成的付款要求是（　　）。
　A．资信程度　　　　B．信用条件
　C．信用标准　　　　D．收账方针
3．存货 ABC 分类控制法中对存货划分的最基本分类标准是（　　）。
　A．品种数量标准　　B．重量标准

C．金额标准　　D．金额与数量标准

4．某五星级酒店测算，若采用银行业务集中法，增设收账中心，可使酒店的应收账款余额由目前的 4 000 万元降低到 3 000 万元，每年增加相关费用 35 万元，该酒店的综合资金成本率为 5%，则该酒店（　　）。

A．应采用邮政信箱法顾问　　B．不应采用银行业务集中法

C．难以确定　　D．应采用银行业务集中法

5．基本经济进货批量模型所依据的假设不包括（　　）。

A．允许缺货　　B．存货需求稳定均衡

C．进货进价不变　　D．全年进货总量可以准确预测

6．某酒店餐饮部预计年度赊销收入净额为 3 600 万元，应收账款收账期为 40 天，变动成本率为 45%，资金成本率为 8%，则应收账款的机会成本是（　　）万元。

A．10　　B．18　　C．7.2　　D．36

7．已知某种存货的全年需求量为 72 000 件，该存货的再订货点为 2 000 个，每年按 360 天计算，则存货的订货在途时间为（　　）。

A．18　　B．12　　C．10　　D．30

8．已知某种存货的年需要量为 3 600 个，订货在途时间为 20 天，则该存货的再订货点为（　　）个。

A．10　　B．360　　C．18　　D．200

9．持有过量现金可能导致的不利后果是（　　）。

A．资产流动性下降　　B．收益水平下降

C．财务风险加大　　D．偿债能力下降

10．下列各项与存货有关的成本费用中，不影响经济进货批量的是（　　）。

A．采购员的差旅费　　B．常设采购机构的基本开支

C．存货资金占用费　　D．存货保险费

三、多项选择题

1．在基本模型假设前提下确定经济订货量时，下列表述正确的有（　　　）。

A．使年相关储存成本与年相关进货费用之和的总成本为最低时的采购批量叫经济订货量

B．每次进货批量的变动，相关进货费用与相关储存成本呈反向变化

C．相关储存成本的高低与每次进货批量成正比

D．相关订货成本的高低与每次进货批量成反比

2．下列属于存货变动储存成本的有（　　　）。

A．紧急额外采购增加的成本　　B．存货占用资金的应计利息

C．存货破损变质损失　　D．存货保险费用

3．对客户进行资信评估应当考虑的因素是（　　　）。

A．信用品质　　B．资本和抵押品

C．偿付能力　　D．经济状况

4．营运资金周转是营运资金从现金投入经营开始到最终转化为现金为止的过程。下列会使营业周转期缩短的情形有（　　）。

A．缩短预收账款周转期　　B．缩短存货周转期
C．缩短应付账款周转期　　D．缩短应收账款周转期

5．赊销在酒店经营中所发挥的作用是（　　）。

A．促进销售　　B．增加现金
C．减少借款　　D．降低存货

6．下列各项中属于现金持有成本的是（　　）。

A．现金被盗损失　　B．现金管理人员工资
C．现金安全措施费用　　D．现金的再投资收益

7．为了提高现金的使用效率，旅游企业应该（　　）。

A．加速收款并尽可能推迟付款　　B．尽可能使用汇票付款
C．使用现金浮游量　　D．用现金支付工资

8．提供比较优惠的信用条件，可增加销售量，但也会付出一定代价，主要有（　　）。

A．坏账损失　　B．现金折扣成本
C．收账费用　　D．应收款占用的机会成本

9．在应收账款信用政策中确定现金折扣政策的目的在于（　　）。

A．扩大销售量　　B．吸引顾客为享受优惠而提前付款
C．缩短平均收账期　　D．降低税收负担

10．确定再订货点要考虑的因素是（　　）。

A．经济订货批量　　B．单位储存成本
C．每天存货需求量　　D．存货订货在途时间

11．缺货成本指由于不能及时满足生产经营需要而给企业带来的损失，包括（　　）。

A．临时紧急采购发生的超额费用　　B．停工待料损失
C．信誉或商誉损失　　D．延期交货的违约金

12．下列有关及时生产的存货系统表达正确的有（　　）。

A．只有在使用之前才从供应商处进货，最大限度降低原材料库存
B．只有在出现需求或接到订单时才开始生产，避免产品库存
C．要求企业在生产经营的需要与材料物资的供应之间实现同步
D．其目的是将企业存货降低到极小值，甚至达到零库存

四、判断题

1．企业营运资金余额越大，说明企业风险越小，收益率越低。（　　）

2．企业之所以持有一定数量的现金，主要是出于长期投资的动机。（　　）

3．在确定应收账款机会成本时，应收账款的平均余额是根据平均每日赊销额与平均收账天数的乘积确定的，这里平均收账天数一般按各客户赊账额占总赊账额的比重为权数的所有客户收账天数的加权平均数。（　　）

4．保险储备的存在虽然可以减少缺货成本，但增加了储存成本。最佳的存货政策就是在这些成本之间进行权衡，选择使总成本最低的再订货点和保险储备量。（　　）

5．在存货的ABC分类管理法下，应该重点管理的是品种数量少但金额较大的存货。（ ）

6．银行业务集中法能加速现金回收，但只有当分散收账收益净额为负数时，企业采用此法才有利。（ ）

7．企业现金持有量过多会降低企业的收益水平。（ ）

8．进行正常的短期投资活动所需要的现金是投机动机所需的现金。（ ）

9．在年存货需求量确定的情况下，经济订货批量越大，进货间隔时间就越短。（ ）

10．如果存货市场供应不充足，即使满足其他的基本假设，经济订货批量模型也不可用。（ ）

五、计算题

1．某酒店全年需购入十头鲍1 200公斤，每批进货费用400元，每公斤鲍鱼年储存成本6元，该等级鲍鱼每公斤进价2 000元。供应商规定：每批购买量不足600公斤，按标准价格计算，每批购买量超过600公斤时价格优惠1%。

要求：（1）计算该酒店进货批量多少时最有利？（2）计算最佳进货次数；（3）计算进货最佳间隔期；（4）计算该酒店鲍鱼的经济进货批量的平均占用资金。

2．某酒店2010年度销售收入净额为45 000万元，现销与赊销比例为4∶1，应收账款平均收账天数为60天，变动成本率为50%，酒店的资金成本率为8%。一年按360天计算。

要求：（1）计算2010年度赊销额；（2）计算2010年度应收账款的平均余额；（3）计算2010年度维持赊销业务所需要的资金额；（4）计算2010年应收账款的机会成本额；（5）若2010年应收账款要控制在800万元，在其他因素不变的前提下，应收账款平均收账天数应调整为多少天？

3．某旅游企业预计全年耗用B原料8 000公斤，单位进价为30元，单位储存成本为5元，平均每次进货费用为50元，假设该原材料不存在缺货情况，计算：

（1）B原料的经济进货批量；

（2）与经济批量相关的总成本；

（3）经济进货批量下的平均占用资金；

（4）年度最佳进货批次；

（5）最佳进货周期。

（参考答案）

一、思考题

（略）

二、单项选择题

1．A　2．B　3．C　4．D　5．A　6．B　7．C　8．D　9．B　10．B

三、多项选择题

1．ABCD　2．BCD　3．ABCD　4．BD　5．AD　6．BCD　7．ABC　8．ABCD　9．ABC　10．CD　11．ABCD　12．ABCD

四、判断题

1．对　2．错　3．对　4．对　5．对 6．错　7．对　8．对　9．错　10．对

五、计算题

1.（1）不享受价格折扣的经济进货批量 $Q^*=\sqrt{\frac{2\times 400\times 1\,200}{6}}$ =400（公斤）

鲍鱼全年总成本＝1 200×2 000＋1 200/400×400＋400/2×6＝2 402 400（元）

享受价格折扣的全年总成本＝1 200 × 2 000 × 99% ＋ 1 200/600 × 400 ＋ 600/2 × 6 ＝ 2 378 600（元）

通过计算比较，进货批量 600 公斤的总成本低于进货批量 400 公斤的总成本，因此该酒店应该选择 600 公斤的进货批量才是有利的。

（2）最佳进货次数＝1 200/600＝2（次）

（3）最佳进货间隔期＝360/2＝180（天）

（4）平均占用资金＝（600/2）×2 000×99%＝59 4000（元）

2.（1）现销与赊销比例为 4∶1，所以赊销额＝现销额/4，即现销额＋现销额/4＝45 000 万元，即现销额＝4 500×4/5＝36 000（万元），则赊销额为 9 000 万元。

（2）应收账款的平均余额＝9 000/360×60＝1 500（万元）

（3）维持赊销业务需要的资金额＝1 500×50%＝750（万元）

（4）应收账款的机会成本＝750×10%＝75（万元）

（5）应收账款的平均余额＝9 000/360×平均收账天数＝800（万元），平均收账天数＝32（天）

3.（1）B 材料的经济进货批量 $Q^*=\sqrt{\frac{2KD}{K_c}}=\sqrt{\frac{2\times 8\,000\times 50}{5}}$ =400（公斤）

（2）与经济批量相关的总成本 TC（Q*）$=\sqrt{2KDK_C}=\sqrt{2\times 50\times 8\,000\times 5}$ =2 000（元）

（3）经济进货批量下的平均占用资金 $I^*=\frac{Q^*}{2}\times U$=400÷2×30=6 000（元）

（4）年度最佳进货批次 $N^*=\frac{D}{Q^*}$=8 000÷400=20（次）

（5）最佳进货周期 $t^*=\frac{360}{N^*}$=360÷20=18（天）

第 7 章

旅游企业项目投资管理

投资有多种分类标志，有特定的工作程序，并且应遵循一定的投资决策原则。投资决策分析中最重要的分析方法是现金流量分析法，因此本章重点学习项目投资现金流量的构成，具体项目投资决策评价指标的计算及其运用。

7.1 旅游企业投资管理概述

7.1.1 投资及其种类

投资是指特定经济主体为了在未来可预见的时期内获得收益或使资金增值，在一定时间向一定领域的标的物投放足够数额的资金或实物等货币等价物的经济行为。

从旅游企业角度看，投资就是旅游企业为获取收益而向一定对象投放资金的经济行为。如购建酒店大楼、对酒店餐厅和客房进行更新改造、建设景区、旅行社购建办公大楼、利用闲置资金购买股票债券等有价证券等。投资可按不同标志进行分类。

（1）按照投资行为的介入程度，分为直接投资与间接投资。

直接投资是指由投资人直接介入的投资行为，即将货币资金直接投入投资项目，形成实物资产或者购买现有资产。其特点是：投资行为可以直接将投资者与投资对象联系在一起。

间接投资是指投资者以其资本购买公债、公司债券、金融债券或公司股票等，以期获取一定收益的投资，也称为证券投资。

（2）按照投入的领域不同，分为生产性投资和非生产性投资。

生产性投资，是指将资金投入生产、建设等物质生产领域中，并能够形成生产能力或可以产出生产资料的一种投资，又称为生产资料投资。这种投资的最终成果是各种生产性资产，包括固定资产投资、无形资产投资、其他资产投资和流动资产投资，其中前三项属于垫支资本投资，流动资产投资属于周转资本投资。

非生产性投资是指将资金投入非物质生产领域中，不能形成生产能力，但能形成社会消费或服务能力，满足人民的物质文化生活需要的一种投资，这种投资的最终成果是形成各种非生产性资产。旅游企业的景区投资、酒店的娱乐设施投资、客房投资、餐厅投资、旅行社线路规划投资等均属于此类投资。

(3) 按照投资的方向不同，分为对内投资和对外投资。

从旅游企业的角度来年看，对内投资就是项目投资，是指旅游企业将资金投放于为取得经营用的固定资产、无形资产、其他资产和垫支流动资金而形成的一种投资。

对外投资是指旅游企业为购买国家和其他企业发行的有价证券或其他金融产品（包括期货与期权、信托产品、保险产品），或以货币资金、实物资产、无形资产向其他企业（如联营企业、子公司等）注入资金的行为。

(4) 按照投资的内容不同，分为固定资产投资、无形资产投资、其他资产投资、流动资产投资、房地产投资、有价证券投资、期货与期权投资、信托投资、保险投资等多种形式。

7.1.2 投资的程序

旅游企业投资的程序与一般企业没有本质区别，主要包括以下几个步骤：

(1) 提出投资领域和投资对象。这需要在把握良好投资机会的情况下，根据企业的长远发展战略、中长期投资计划和投资环境的变化来确定。

(2) 评价投资方案的财务可行性。在分析和评价特定投资方案经济、技术可行性的基础上，需要进一步评价其是否具备财务可行性。

(3) 投资方案的比较和选择。在财务可行性评价的基础上，对可供选择的多个投资方案进行比较和选择。

(4) 投资方案的执行。即具体实施投资行为。

(5) 投资方案的再评价。在投资方案的执行过程中，应注意原来作出的投资决策是否合理、是否正确。一旦出现新的情况和问题，应随时根据变化的情况作出新的评价和调整。

7.1.3 投资决策应遵循的原则

旅游企业进行投资决策时应遵循以下原则：

(1) 综合性原则；

(2) 可操作性原则；

(3) 相关性和准确性原则；

(4) 实事求是原则；

(5) 科学性原则。

7.2 旅游企业项目投资的现金流量分析

7.2.1 项目投资及其特点

1. 项目投资的定义

项目投资是一种以特定建设项目为对象，直接与新建项目或更新改造项目有关的长期投资行为。

2. 项目投资的特点

与其他形式的投资相比，项目投资具有投资内容独特（每个项目都至少涉及一项固定资产投资）、资产数额多、影响时间长（至少一年或一个营业周期以上）、发生频率低、变现能力差和投资风险大的特点。比如兴建酒店大楼、建设某一景区等都具有这些特点。

3. 项目计算期的构成

项目计算期，是指投资项目从投资建设开始到最终清理结束整个过程的全部时间，包括建设期和运营期。其中建设期是指项目资金正式投入开始到项目建成投入使用为止所需要的时间，建设期的第一年初称为建设起点，建设期的最后一年末称为投入经营日。在实践中，通常应参照项目建设的合理工期或项目的建设进度计划是否合理确定建设期。项目计算期的最后一年年末称为终结点，假定项目最终报废或清理均发生在终结点。从投入经营日到终结点之间的时间间隔称为运营期，运营期又包括试营期和正常运营期。运营期一般应根据项目主要制备的经济使用寿命期来确定。

项目计算期＝建设期＋运营期

【例 7-1】 某五星级酒店拟购建一组中央空调系统，预计使用寿命为 5 年。要求按以下两种情况分别确定该项目的计算期。

（1）在建设起点投资并投入运营；（2）建设期为 1 年。

解： ① 项目计算期＝0＋5＝5（年）

② 项目计算期＝1＋5＝6（年）

4. 项目投资的内容

从项目投资的角度看，原始投资（或称初始投资）等于企业为使该项目完全达到预定可使用状态、开展正常经营而投入的全部现实资金，包括建设投资和流动资金投资两项内容。

（1）建设投资

建设投资是指在建设期内按一定经营规模和建设进行的投资，包括固定资产投资（如酒店的餐厅、客房、健身房、网球场、游泳池等）以及无形资产和其他资产投资三项内容。

固定资产投资是指项目用于购置或安装固定资产应当投入的资金。

固定资产原值＝固定资产投资＋建设期资本化借款利息

无形资产投资是指项目用于取得无形资产应当投入的资金。

其他资产投资是指建设投资中除固定资产和无形资产以外的投资，包括开办费等。

（2）流动资金投资

流动资金投资是指项目投入运营前后分次或一次投放于流动资产项目的投资增加额，又称垫支流动资金或营运资金投入。如酒店营业前购置的大量厨具、餐具、桌椅、客房家具和棉织品等。

项目总投资是反映项目投资总体规模的价值指标，等于原始投资与建设期资本化利息之和。

5. 项目投资资金的投入方式

原始投资的投入方式分为一次投入和分次投入。一次投入方式是指投资行为集中一次发生在项目计算期第一个年度的年初或年末；如果投资行为涉及两个或两个以上年度，或虽然只涉及一个年度但同时在该年度的年初和年末发生，则属于分次投入方式。

【例 7-2】某企业拟新建一个五星级酒店，需要在建设起点一次投入固定资产投资 4 000 万元，建设期 1 年，在建设期末投入无形资产 500 万元，建设期资本化利息为 200 万元全部计入固定资产原值。流动资金投资合计为 170 万元。

根据上述资料可计算该项目有关指标如下：

① 固定资产原值＝4 000＋200＝4 200（万元）

② 建设投资＝4 000＋500＝4 500（万元）

③ 原始投资＝4 500＋170＝4 670（万元）

④ 项目总投资＝4 670＋200＝4 870（万元）

7.2.2　项目投资现金流量分析

1. 现金流量的内容

不同类型的投资项目，其现金流量的具体内容存在一定的差异。

（1）单纯固定资产投资项目的现金流量

单纯固定资产投资项目是指只涉及固定资产投资而不涉及无形资产、其他资产和流动资金投资的建设项目，它以新增经营能力提高经营效率为特征。

现金流入量＝增加的营业收入＋回收固定资产余值

现金流出量＝固定资产投资＋新增经营成本＋增加的各项税费

（2）完整新建投资项目现金流量

完整的新建项目投资，不仅包括建设投资，还包括流动资金投资。

现金流入量＝营业收入＋补贴收入＋回收固定资产余值＋回收流动资金

现金流出量＝项目总投资＋经营成本＋营业税金及附加＋维持运营投资和调整所得税

（3）固定资产更新改造投资项目的现金流量

固定资产更新改造投资项目可分为以恢复固定资产使用效率为目的的更新项目和以改善企业经营条件为目的的改造项目两种类型。

现金流入量＝因使用新固定资产增加的收入＋旧固定资产处置净收入＋新旧固定资产回收余值差额

现金流出量＝购置新固定资产的投资＋因使用新固定资产增加的经营成本＋因使用新固定资产增加的流动资金投资和增加的各项税费（其中因提前报废固定资产所发生的清理净损失而发生的抵减所得税税额用负值表示）

2. 计算投资项目现金流量时应注意的问题和相关假设

在计算现金流量时，为防止多算或漏算有关内容，需要注意：应考虑现金流量的增量，尽量利用现有的会计利润数据，不能考虑沉没成本因素，充分关注机会成本，考虑项目对企业其他部门的影响。

为克服确定现金流量的困难，简化现金流量的计算过程，作以下假设：

（1）投资项目的类型假设

假设投资项目只包括单纯固定资产投资项目、新建完整投资项目和更新改造投资项目三种类型。

（2）财务可行性分析假设

假设投资决策是从企业投资者的立场出发，投资决策者确定现金流量就是为了进行项目财务可行性研究，该项目已经具备技术可行性和国民经济可行性。

（3）项目投资假设

假设在确定项目的现金流量时，站在企业投资者的立场上，考虑全部投资的运动情况，而不具体区分自有资金和借入资金等具体形式的现金流量。即使实际存在借入资金也将其作为自有资金对待（但在计算固定资产原值和总投资时，还需要考虑借款利息因素）。

（4）经营期与折旧年限一致假设

假设项目主要固定资产的折旧年限或使用年限与经营期相同。

（5）时点指标假设

为便于利用货币时间价值的形式，不论现金流量具体内容所涉及的价值指标实际上是时点指标还是时期指标，均假设按照年初或年末的野战指标处理。其中，建设投资在建设期内有关年度的年初或年末发生，流动资金投资则在年初发生；经营期内各年的收入、成本、折旧、摊销、利润、税金等项目的确认均在年末发生；项目最终报废或清理均发生在终结点（但更新改造项目除外）。

（6）确定性因素假设

假定与项目现金流量有关的价格、销量、成本水平、所得税税率等因素均为已知常数。

（7）产销平衡假设

在项目投资决策中，假定运营期同一年的产量等于该年的实际销售量。比如酒店的餐位入座率 100%、客房出租 100%、景区的实际接待规模达到设计规模、旅行社的组团接团规模达到预定规模等。

3. 完整投资项目的现金流量估算

由于项目资金的投入、回收及收益的形成均以现金形式表现，因此在整个项目计算期的各个阶段上，都有可能发生现金流量。必须逐年估算每一时点上的现金流入量和现金流出量。

（1）现金流入量估算

营业收入是运营期最主要的现金流入量，应按项目在经营期内有关产品或服务的各年预计单价和预测销售量进行估算。

补贴收入是与经营期收益有关的政府补贴，可根据按政策退还的各项税费、按销量或服务规模分期计算的定额补贴和其他财政补贴等予以估算。

在终结点上一次回收的流动资金等于各年垫支的流动资金投资额的合计数。回收流动资金和回收固定资产余值统称为回收额。

【例 7-3】 某酒店整体投资项目的流动资金投资总额为 170 万元，终结点固定资产余值为 200 万元。

该投资项目终结点的回收额应为：

170＋200＝370（万元）

（2）现金流出量的估算

① 建设投资的估算。固定资产投资是所有类型的项目投资在建设期必然会发生的现金流出量，应按项目规模和投资计划所确定的各项建设工程费用、设备购置费用、安装工程费用和其他费用来估算。在估算构成固定资产原值的资本化利息时，可根据长期借款本金、建设期年数和借款利率按复利计算，且假定建设期资本化利息只计入固定资产原值。

② 无形资产投资和其他资产投资，应根据需要和可能，逐项按有关资产的评估方法和计价标准进行估算。

③ 流动资金投资的估算。在项目投资决策中，流动资金是指在运营期内长期占用并周转使用的营运资金。

某年流动资金投资额＝本年流动资金需用数－截至上年的流动资金投资额

或＝本年流动资金需用数－上年流动资金需用数

本年流动资金需用数＝该年流动资产投资额－该年流动负债可用数

上式中的流动资产只考虑存货、现实货币资金、应收账款和预付账款等项内容，流动负债只考虑应付账款和预收账款。

由于流动资金属于垫付周转金，因此在理论上，开始经营第一年所需要的流动资金资金应在项目开始经营前安排，即最晚应发生在建设期末。

【例 7-4】 某五星级酒店完整投资项目开始经营第一年预计流动资产总投入为 200 万元，当年流动负债可用 80 万元，假定该项目投资发生在建设期末；经营第二年预计流动资产总投入为 300 万元，当年流动负债可用 130 万元，假定该项投资发生在经营第一年年末。

要求根据上述资料估算以下指标：

（1）每次发生的流动资金投资额；（2）终结点回收的流动资金。

解：

（1）经营第一年的流动资金需用额＝200－80＝120（万元）

第一次流动资金投资额＝120－0＝120（万元）

经营第二年流动资金需用额＝300－130＝170（万元）

第二次投资的流动资金＝170-120＝50（万元）

（2）终结点回收的流动资金＝170（万元）

④ 经营成本的估算。经营成本又称为付现成本，是指在运营期内为满足正常生产经营而动用现实货币资金支付的成本费用。经营成本是所有类型的项目投资在运营期都要发生的主要现金流出量，它与融资方案无关。

某年经营成本＝该年外购的原材料燃料和动力费用＋该年职工薪酬＋该年修理费＋该年其他付现费用

或某年经营成本＝该年不包括财务费用的总成本费用－该折旧额－该年无形资产和开办费摊销额。

【例 7-5】 某酒店完整投资项目开始经营后第 1～5 年，每年预计外购原材料、燃料和动力费为 1 600 万元、职工薪酬 700 万元、其他费用 200 万元、每年折旧 300 万元、无形资产摊销费 100 万元；第 6～10 年，每年不包括财务费用的总成本为 2 950 万元，其中每年预计外购原材料、燃料和动力费用为 1 700 万元，每年折旧为 300 万元，无形资产摊销费为 0 万元。

根据上述资料估算下列指标：

（1）开始经营后各年的经营成本；（2）开始经营后第 1～5 年，每年不包括财务费用的总成本费用。

解：

（1）开始经营第 1～5 年每年的经营成本＝1 600＋700＋200＝2 500（万元）

开始经营第 6～10 年每年的经营成本＝2 950－300－0＝2 650（万元）

（2）开始经营后 1～5 年，每年不包括财务费用的总成本费用＝2 500＋300＋100＝2 900（万元）

⑤ 营业税金及附加的估算。在项目投资决策中，应按在运营期内应交纳的营业税、增值税、消费税、资源税、城市维护建设税和教育费附加进行估算。

【例 7-6】 接例 7-5 该酒店项目开始经营后第 1～5 年，每年预计营业收入为 4 000 万元，第 6～10 年，每年预计的营业收入为 4 200 万元，适用的营业税税率为 5%，建设维护建设税税率为 7%，教育费用附加率为 5%。该酒店不交纳增值税、消费税等。

要求根据以上资料估算下列指标：

（1）开始经营后各年的应交营业税；（2）开始经营后各年的营业税金及附加。

解：

（1）开始经营后 1～5 年的应交营业税＝4 000×5%＝200（万元）

开始经营后 6～10 年的应交营业税＝4 200×5%＝210（万元）

（2）开始经营后 1～5 年的应交营业税金及附加＝200×（1＋7%＋5%）＝224（万元）

开始经营后 6～10 年的应交营业税金及附加＝210×（1＋7%＋5%）＝235.2（万元）

所得税估算。为简化计算，所得税等于息税前利润与适用的企业所得税税率的乘积。

【例 7-7】 根据例 7-5、例 7-6 的资料，该酒店适用的所得税税率为 25%。要求估算：

（1）开始经营后各年的息税前利润；（2）开始经营后各年的所得税额。

解：

开始经营后 1～5 年的息税前利润＝4 000－2 900－224＝876（万元）

开始经营后 6～10 年的息税前利润＝4 200－2 950－235.2＝1 014.8（万元）

开始经营后 1～5 年的所得税＝876×25%＝219（万元）

开始经营后 6～10 年的所得税＝1 064.8×25%＝253.7（万元）

4. 净现金流量的确定

净现金流量又称现金净流量，是指在项目计算期内由每年现金流入量与同年现金流出量之间的差额所形成的序列指标。具有两个特征：第一，无论是在经营期内还是在建设期内都存在现金净流量这个范畴；第二，由于项目计算期不同阶段上的现金流入和现金流出发生的可能性不同，使得各阶段上的现金净流量在数值上表现出不同的特点，如建设期内的现金净流量一般小于或等于零，而经营期内的现金净流量则多为正值。

现金净流量又分为所得税前现金净流量和所得税后现金净流量两种情况，其中所得税前现金净流量不受融资方案和所得税政策变化的影响，是全面反映投资项目方案本身财务获利能力的基础数据。计算时，现金流出量的内容中不包括调整的所得税因素；所得税后现金净流量则将所得税视为现金流出，可用于评价在考虑融资条件下项目投资对企业价值所作的贡献，可以在所得税前现金净流量的基础上直接扣除调整的所得税求得。

某年现金净流量＝该年现金流入量-该年现金流出量

$$NCF_t = CI_t - CO_t \quad (t=0, 1, 2\cdots)$$

现金流量表包括“项目投资现金流量表”、“项目资本金现金流量表”、“投资各方现金流量表”等不同形式。

项目投资现金流量表要详细列示所得税前现金净流量、累计所得税前现金净流量、所得税后现金净流量、累计所得税后现金净流量，并要求根据所得税前后的现金净流量分别计算两套内部收益率、净现值和投资回收期指标。

【例 7-8】 某五星酒店整体项目建设投资估算额如例 7-2 的结果所示，其回收额的估算如例 7-3 的结果所示，其流动资金估算额如例 7-4 的结果所示，其经营成本的估算额如例 7-5 的结果所示，其营业税金及附加的估算额如例 7-6 的结果所示，其调整所得税的估算如例 7-7 的结果所示。据此编制的该项目投资现金流量表如表 7-1 所示。

表 7-1　某星级酒店整体项目投资现金流量表（项目投资）

金额单位：万元

项目计算期	建设期		运营期										合计
（第 t 年）	0	1	2	3	4	5	6	7	8	9	10	11	
1.现金流入	0	0	4000	4000	4000	4000	4000	4200	4200	4200	4200	4570	41370
1.1 营业收入			4000	4000	4000	4000	4000	4200	4200	4200	4200	4200	41000
1.2 补贴收入													
1.3 回收固定资产余值												200	200
1.4 回收流动资金												170	170
2.现金流出	4000	620	2774	2724	2724	2724	2724	2885.2	2885.2	2885.2	2885.2	2885.2	32716
2.1 建设投资	4000	500											4500
2.2 流动资金投资		120	50										170
2.3 经营成本			2500	2500	2500	2500	2500	2650	2650	2650	2650	2650	25750
2.4 营业税金及附加			224	224	224	224	224	235.2	235.2	235.2	235.2	235.2	2296
2.5 维持运营投资													
3.税前净现金流量	-4000	-620	1226	1276	1276	1276	1276	1314.8	1314.8	1314.8	1314.8	1684.8	8654
4.累计税前净现金流量	-4000	-4620	-3394	-2118	-842	434	1710	3024.8	4339.6	5654.4	6969.2	8654	—
5.调整所得税			219	219	219	219	219	253.7	253.7	253.7	253.7	253.7	2363.5
6.所得税后净现金流量	-4000	-620	1007	1057	1057	1057	1057	1061.1	1061.1	1061.1	1061.1	1431.1	6290.5
7.累计税后净现金流量	-4000	-4620	-3613	-2556	-1499	-442	615	1676.1	2737.2	3798.3	4859.4	6290.5	—

净现值（税前）＝4 034.203 万元（行业基准折现率 7%）

净现值（税后）＝2 501.9085 万元（行业基准折现率 7%）

内部收益率（税前）＝18%＋2%×403.13492÷（403.13492＋4.61312）＝19.98%（20%净现值－4.61312，18%净现值 403.13492）

内部收益率（税后）＝15%＋1%×121.35142÷（121.35142＋89.6521）＝15.58%（16%净现值－89.6521，15%净现值 121.35142）

包括建设期的投资回收期（税前）＝4＋842/1276＝4.66（年）

不包括建设期的投资回收期（税前）＝3.66（年）

包括建设期的投资回收期（税后）＝5＋442/1057＝5.42（年）

不包括建设期的投资回收期（税后）＝4.42（年）

7.2.3 项目投资净现金流量的简化计算方法

为了简化净现金流量的计算过程，可以根据项目计算期不同阶段的现金流入量和现金流出量的具体内容，直接计算各阶段净现金流量。

1. 单纯固定资产投资项目

若单纯固定资产投资项目的投资额都在建设期内投入，则建设期净现金流量可按以下简化公式计算：

建设期某年的净现金流量＝－该年发生的固定资产投资额

运营期净现金流量的简化公式为：

运营期某年税前净现金流量＝该年因使用该固定资产新增的息税前利润＋该年因使用该项固定资产新增的折旧＋该年回收的固定资产净残值

运营期某年所得税后净现金流量＝运营期某年税前净现金流量-该年因使用该固定资产新增的所得税

【例 7-9】 某五星级酒店拟购建一健身房，需在建设起点一次投入全部资金 200 万元，按直线法折旧，使用寿命 10 年，期末有 5 万元残值，建设期一年，发生建设期资本化利息 10 万元，预计投入使用后每年可获得息税前利润 20 万元。

要求：采用简化方法计算该项目的所得税前净现金流量。

解：

固定资产原值＝固定资产投资＋建设期资本化利息＝200＋10＝210（万元）

年折旧＝（原值－净残值）÷固定资产使用年限＝（210－5）/10＝20.5（万元）

项目计算期＝建设期＋运营期＝1＋10＝11（年）

建设期某年净现金流量＝－该年发生的固定资产投资

$NCF_0=-200$，$NCF_1=0$

运营期某年所得税前净现金流量＝该年因使用该固定资产新增的息税前利润＋该年因使用该项固定资产新增的折旧＋该年回收的固定资产净残值

$NCF_{2\sim10}=20+20.5=40.5$（万元），$NCF_{11}=20+20.5+5=45.5$（万元）

【例 7-10】 某酒店一项固定资产需要一次投资 800 万元，建设期 1 年，建设期资本化利息为 40 万元，该固定资产使用年限为 10 年，按直线法提取折旧，期满后有残值 20 万元。

投入使用后，可使用运营期第 1～10 年每年增加营业收入 600 万元，每年增加经营成本 350 万元，营业税金及附加增加 34 万元，该酒店适用所得税税率为 25%，无税收优惠。

要求：按简化公式计算该项目的所得税前后的净现金流量。

解：

项目计算期＝1＋10＝11（年），固定资产原值＝800＋40＝840（万元）

年折旧＝（840－20）/10＝82（万元）

经营期第 1～10 年每年不含财务费用的总成本费用增加额＝350＋82＋34＝466（万元）

经营期第 1～10 年每年息税前利润增加额＝600－466＝134（万元）

经营期第 1～10 年每年增加的调整所得税＝134×25%＝33.5（万元）

按简化公式计算的建设期净现金流量：$NCF_0=-800$，$NCF_1=0$

运营期某年所得税前净现金流量：

$NCF_{2\sim10}$＝134＋82＝216（万元），NCF_{11}＝134＋82＋20＝236（万元）

运营期某年所得税后净现金流量：

$NCF_{2\sim10}$＝（134－33.5）＋82＝182.5（万元），NCF_{11}＝（134-33.5）＋82＋20＝202.5（万元）

2. 完整投资项目

假如完整投资项目的全部原始投资都在建设期内投入，那么建设期净现金流量可以按下列简化公式计算：

建设期某年净现金流量（NCF_t）＝－该年原始投资＝$-I_t$（$t=0, 1, 2, \cdots, s, s\geqslant 0$）

式中：$-I_t$ 为第 t 年原始投资额；s 为建设期年数。由此可见，当建设期 s 不为零时，建设期净现金流量的数量特征取决于其投资方式是一次投入还是分次投入。

如果项目在运营期内不追回流动资金投资，则完整投资项目的运营期所得税前净现金流量可按下列简化公式计算：

NCF_t＝该年息税前利润＋该年折旧＋该年摊销＋该年回收额－该年维持运营投资

$=EBIT_t+D_t+M_t+R_t-O_t$（$t=s+1, s+2, \cdots, n$）

上式中，$EBIT_t$ 为第 t 年的息税前利润，D_t 为第 t 年的折旧费用，M_t 为第 t 年的摊销费，R_t 为第 t 年的回收额，O_t 为第 t 年的维持运营投资。

完整投资项目的运营期所得税后净现金流量可按下列简化公式计算：

NCF_t＝该年息税前利润×（1－所得税税率）＋该年折旧＋该年摊销＋该年回收额－该年维持运营投资

$=EBIT_t\times(1-T)+D_t+M_t+R_t-O_t$（$t=s+1, s+2, \cdots, n$）

运营期所得税后净现金流量也称为运营期自由现金流量，是指投资者可以作为偿还借款本金及利息、分配利润、对外投资等财务活动资金来源的净现金流量。

假如不考虑维持运营投资，回收额为零，则运营期所得税后净现金流量又叫经营净现金流量。按有关回收额均发生在终结点上的假设，经营期内回收额不为零时的所得税后净现金流量也叫终结点所得税后净现金流量，因此终结点所得税后净现金流量等于终结点那一年的经营净现金流量与该期回收额之和。

【例 7-11】 某大酒店完整投资项目需要原始投资 5 600 万元，其中固定资产投资 5 000 万元，开办费 100 万元，流动资金投资 500 万元。建设期为 1 年，建设期发生与购建固定资产有关的资本化利息 300 万元。固定资产及开办费在建设期起点投入，流动资金在项目完工时（即第一年年末）投入。该项目寿命期 10 年，固定资产按直线法折旧，期满后有 100 万元净残值，开办费于运营第一年一次摊销完毕，流动资金在终结点一次回收。项目运营后每年可获得息税前利润分别为 550 万元、600 万元、660 万元、700 万元、630 万元、720 万元、800 万元、850 万元、920 万元、1 000 万元。该酒店适用所得税税率为 25%。

要求：采用简化方法计算该项目各年的所得税税前和税后的净现金流量。

解：

（1）该项目所得税税前净现金流量

项目计算期＝1＋10＝11（年）

固定资产原值＝5 000＋300＝5 300（万元）

固定资产年折旧＝（5 300－100）/10＝520（万元）

建设期的净现金流量：NCF_0＝－（5 000＋100）＝－5 100（万元），NCF_1＝－500（万元）

运营期所得税前各年净现金流量：

NCF_2＝550＋520＋100＋0＝1 170（万元）

NCF_3＝600＋520＋0＋0＝1 120（万元）

NCF_4＝660＋520＋0＋0＝1 180（万元）

NCF_5＝700＋520＋0＋0＝1 200（万元）

NCF_6＝630＋520＋0＋0＝1 150（万元）

NCF_7＝720＋520＋0＋0＝1 240（万元）

NCF_8＝800＋520＋0＋0＝1 320（万元）

NCF_9＝850＋520＋0＋0＝1 370（万元）

NCF_{10}＝920＋520＋0＋0＝1 440（万元）

NCF_{11}＝1 000＋520＋0＋（100＋500）＝2 120（万元）

（2）该项目所得税税后净现金流量

项目计算期＝1＋10＝11（年）

固定资产原值＝5 000＋300＝5 300（万元）

固定资产年折旧＝（5 300－100）/10＝520（万元）

建设期的净现金流量：NCF_0＝－（5 000＋100）＝－5 100（万元），NCF_1＝-500（万元）

运营期所得税后各年净现金流量：

NCF_2＝550×（1－25%）＋520＋100＋0＝1 032.5（万元）

NCF_3＝600×（1－25%）＋520＋0＋0＝970（万元）

NCF_4＝660×（1－25%）＋520＋0＋0＝1 015（万元）

NCF_5＝700×（1－25%）＋520＋0＋0＝1 045（万元）

NCF_6＝630×（1－25%）＋520＋0＋0＝992.5（万元）

NCF_7＝720×（1－25%）＋520＋0＋0＝1 060（万元）

NCF_8＝800×（1－25%）＋520＋0＋0＝1 120（万元）

NCF_9＝850×（1－25%）＋520＋0＋0＝1 157.5（万元）

NCF_{10}＝920×（1－25%）＋520＋0＋0＝1 210（万元）

NCF_{11}＝1 000×（1－25%）＋520＋0＋（100＋500）＝1 870（万元）

3. 更新改造投资项目

更新改造期间某年净现金流量=－（该年发生的新固定资产投资-旧固定资产变价净收入）

更新改造期末的净现金流量=因旧固定资产提前报废发生净损失而抵减的所得税税额

假如更新改造期为零，则运营期所得税后净现金流量的简化公式为：

运营期第一年所得税后净现金流量=该年因更新改造而增加的息税前利润×（1-所得税率）＋该年因更新改造而增加的折旧＋因旧固定资产提前报废发生净损失而抵减的所得税额

运营期其他各年所得税后净现金流量=该年因更新改造而增加的息税前利润×（1-所得税率）＋该年因更新改造而增加的折旧＋该年回收新固定资产净残值超过旧固定资产净残值之差额

在计算运营期第一年所得税后净现金流量的公式中，该年“因更新改造而增加的息税前利润”不应当包括“因旧固定资产提前报废发生的净损失”。之所以要单独计算“因旧固定资产提前报废发生净损失而抵减的所得税额”，是因为更新改造不仅会影响更新改造项目本身，还会影响到企业的总体所得税水平，从而形成了“抵税效应”。如果将“因旧固定资产提前报废发生的净损失”计入“因更新改造而增加的息税前利润”，就会歪曲这种效应的计量结果。

因旧固定资产提前报废发生净损失而抵减的所得税额=旧固定资产清理净损失×所得税率

【例7-12】 某酒店打算变卖一套尚可使用5年的厨房旧设备，另购置一套新的厨房设备来替换它。取得新设备的投资额为250 000元，旧设备的折余价值为92 000元，其变价净收入为70 000元，到第5年年末新设备与继续使用旧设备届时的预计净残值相等。新旧设备的替换将在当年内完成（即无更新改造期）。使用新设备可使该酒店在第1年增加营业收入80 000元，增加营业成本35 000元；第2～5年内每年增加营业收入90 000元，增加营业成本40 000元。设备采用直线法计提折旧。适用所得税税率为25%。

要求：采用简化方法计算该更新设备项目在计算期内各年的差量净现金流量。

解：

更新设备比继续使用旧设备增加的投资额=250 000－70 000=180 000（元）

运营期第1～5年每年因更新设备而增加的折旧=180 000/5=36 000（元）

运营第1年不包括财务费用的总成本费用变动额=35 000＋36 000=71 000（元）

运营第2～5年不包括财务费用的总成本费用变动额=40 000＋36 000=76 000（元）

因旧设备提前报废发生的净损失=92 000－70 000=22 000（元）

因旧设备提前报废发生净损失而抵减的所得税额=22 000×25%=5 500（元）

运营期第1年息税前利润的变动额=80 000－71 000=9 000（元）

运营期第2～5年息税前利润的变动额=90 000－76 000=14 000（元）

按简化公式计算的更新期差量净现金流量为：

$\triangle NCF_0$=－（250 000－70 000）=－180 000（元）

$\triangle NCF_1$=9 000×（1－25%）＋36 000＋5 500=48 250（元）

$\triangle NCF_{2\sim5}$=14 000×（1－25%）＋36 000=46 500（元）

7.3 旅游企业项目投资决策评价指标及其计算

7.3.1 投资决策评价指标及其类型

为了衡量与比较投资项目的可行性，便于进行方案决策，需要依据定量的标准和尺度，即投资决策评价指标。投资决策评价指标包括财务指标和非财务指标，财务指标主要包括静态的投资回收期、投资收益率、净现值、净现值率、获利指数、内部收益率等。

投资决策评价指标可分为以下几类：

（1）按是否考虑资金时间价值，可分为静态评价指标和动态评价指标，也称静态指标和动态指标。静态指标计算不考虑资金时间价值，包括投资收益率和静态投资回收期；动态指标计算需要充分考虑和利用资金的时间价值，包括净现值、净现值率、获利指数、内部收益率等。

（2）按指标性质，可分为正指标和反指标。在一定范围越大越好的指标叫正指标，而越小越好的叫反指标，在所有相关指标中，只有静态回收期属于反指标。

（3）按指标在决策中的重要程度，可分为主要指标、次要指标和辅助指标。主要指标包括净现值、内部收益率等，次要指标有静态投资回收期，辅助指标有投资收益率。

7.3.2 静态评价指标的含义、计算及特点

1. 静态投资回收期

静态投资回收期，是指以投资项目经营净现金流量抵偿原始总投资所需要的全部时间。包括两种表现形式：包括建设期的投资回收期和不包括建设期的投资回收期。

确定静态投资回收期指标可分别采用公式法和列表法。

（1）公式法

若某一项目的投资全部集中发生在建设期内，投资后一定期间内每年经营净现金流量相等，且其合计大于或等于原始投资额，则可简化计算出投资回收期：

不包括建设期的回收期＝原始投资额÷每年相等的净现金流量

包括建设期的回收期＝建设期＋不包括建设期的回收期

【例 7-13】 有关净现金流量的资料参见例 7-9 计算结果。

要求：判断是否可采用公式法计算静态回收期，若可以，请计算其结果。

解：依题意，建设期为 1 年，投资后 2～10 年净现金流量相等为 40.5 万元，运营期 9 年，原始投资额为 200 万元。因为经营期前 9 年的净现金流量总额为 364.5 万元，大于原始投资额 200 万元，所以可以采用简化公式计算静态回收期。

不包括建设期的投资回收期＝200÷40.5＝4.94（年）

包括建设期的投资回收期＝1＋4.94＝5.94（年）

简化的公式法必须满足以下提前条件：项目投入使用后的若干年内每年的净现金流量应当相等，而且其累计数必须大于或等于原始投资额。否则就不能采用公式法，只能采用列表法计算回收期。

（2）列表法

这种方法是通过列表计算“累计净现金流量”与原始投资额进行比较，来推算包括建设期的投资回收期，在此基础上推算出不包括建设期的投资回收期。不论项目投资使用后各年的净现金流量是否相等，都可以通过此方法来确定投资回收期，因此，列表法是计算投资回收期的基本方法。

列表法的基本原理是：按照投资回收期的定义，包括建设期的投资回收期 P 满足下列关系式：

$$\sum_{t=0}^{P} NCFt = 0$$

此关系式表示在财务现金流量表的“累计现金流量”一栏中，包括建设期的投资回收期 P 恰好是累计净现金流量为 0 的年限。

【例 7-14】 某酒店拟投资一套中央空调设备，建设期为 1 年，建设期期初投入 300 万元，项目建成后可使用 8 年，运营期前 9 年每年净现金流量为 100 万元，最后一年净现金流量为 120 万元。要求按列表法计算该投资项目的投资回收期。

解：依题意列表，见表 7-2。

表 7-2　某酒店固定资产投资项目现金流量表（项目投资）

金额单位：万元

项目计算期	建设期		经营期								合计
（第 t 年）	0	1	2	3	4	5	6	7	8	9	
…	…	…	…	…	…	…	…	…	…	…	…
净现金流量	−300	0	100	100	100	100	100	100	100	120	520
累计净流量	−300	−300	−200	−100	0	100	200	300	400	520	—

因为第 4 年的累计净现金流量为 0，所以，包括建设期的投资回收期为 4 年，不包括建设期的回收期为 3 年。

如果无法在“累计净现金流量”栏上找到 0，则应当按下列公式计算包括建设期的投资回收期。

包括建设期的回收期＝最后一项为负值的累计净现金流量对应的年数＋（最后一项为负值的累计现金净流量绝对值÷下年净现金流量）

【例 7-15】 依据例 7-9 计算的相关数据，按列表法计算项目投资回收期。

解：依题意列表，见表 7-3。

表 7-3　某酒店固定资产投资项目现金流量表（项目投资）

金额单位：万元

项目计算期	建设期		经营期								合计
（第 t 年）	0	1	2	3	4	5	6	…	10	11	
…	…	…	…	…	…	…	…	…	…	…	…
净现金流量	−200	0	40.5	40.5	40.5	40.5	40.5	…	40.5	45.5	210
累计净流量	−200	−200	−159.5	−119	−78.5	−38	2.5	…	164.5	210	—

因为第5年的累计净现金流量小于0，第6年的累计净现金流量大于0，因此：

包括建设期的投资回收期＝5＋|－38|÷40.5＝5.94（年）

不包括建设期的投资回收期＝5.94－1＝4.94（年）

如果考虑所得税因素，同样可以计算出所得税前后的投资回收期指标（见例7-8的表7-1下方计算结果）

投资回收期指标能够直观地反映原始投总投资额的收回期限，便于理解，计算过程也比较简单，可以直接利用回收期之前的净现金流量信息，但这个指标没有考虑资金的时间价值以及回收期满后继续发生的现金流量，无法正确反映不同投资方式对项目的影响。

一般情况下，只有投资回收期指标小于或等于期望投资回收期的投资项目才具有财务可行性。

2. 投资收益率

投资收益率也叫投资报酬率，是指项目运营期间正常年份的息税前利润或年均息税前利润占项目总投资额的百分比，公式表示如下：

投资收益率＝年息税前利润或年均息税前利润÷项目总投资额×100%

【例7-16】 有关资料见例7-9，要求计算该项目的投资收益率指标。

解：依题意，该项目息税前利润为20万元，项目总投资额为200万元，则：

投资收益率＝20÷200×100%＝10%

投资收益率指标计算过程相当简单，但该指标也没有考虑资金的时间价值因素，不能正确反映建设期长短及不同投资方式和回收期长短对项目的影响，公式中分子与分母计算口径的可比性较差，无法直接利用净现金流量信息。

只有投资收益率指标大于或等于期望投资收益率的投资项目才具有财务可行性。

7.3.3 动态评价指标

1. 净现值

净现值（*NPV*），是指在项目计算期内，按设定的折现率或基准收益率计算的各年净现金流量的现值之和。其理论计算公式表述如下：

$$净现值=\sum_{t=0}^{n}\left(第t年的净现金流量\times第t年的复利现值系数\right)$$

计算净现值指标的方法包括公式或列表法、年金现值法、Excel插入函数法。

（1）公式法或列表法，根据净现值的定义，直接根据理论计算公式来计算某投资项目净现值，或通过现金流量表，根据已知的各年净现金流量，分别乘以各年对应的复利现值系数，从而计算出各年折现的净现金流量，然后加总求得项目净现金流量的总现值。

【例7-17】 有关净现金流量数据见例7-11，该项目的基准折现率为7%，要求用公式法或列表法计算该项目的净现值。

解：依题意，按公式法的计算结果如下：

NPV＝－5 100×1＋（－500）×0.9346＋1 170×0.8734＋1 120×0.8163＋1 180×0.7629

＋1 200×0.713＋1 150×0.6663＋1 240×0.6227＋1 320×0.582＋1 370×0.5439＋1 440×0.5083＋2 120×0.4751＝2 915.596（万元）

采用列表法计算该项目的净现金流量，所列部分现金流量表如表 7-4 所示。

表 7-4 某酒店固定资产投资项目现金流量表（项目投资）

金额单位：万元

项目计算期	建设期		经营期								合计
（第 t 年）	0	1	2	3	4	5	6	…	10	11	
所得税前净现金流量	-5100	-500	1170	1120	1180	1200	1150	…	1440	2120	7 710
7%的复利现值系数	1	0.9346	0.8734	0.8163	0.7629	0.713	0.6663	…	0.5083	0.4751	—
折现的净现金流量	-5100	-467.3	1022	914	900	855.6	766	…	732	1007	2 915

该项目采用公式法与列表法计算的现金流量的净现值相同，为 2 915.596 万元。

（2）年金现值法

该方法是指在特殊条件下，当项目运营后各年的净现金流量相等时，可利用计算年金现值或递延年金现值的方法直接计算出项目的净现值。

当建设期为零，项目运营后的净现金流量（NCF_t）表现为普通年金形式时，项目净现值的公式为：

$$NPV=NCF_0+NCF_{1\text{-}n}\times（P/A，i，n）$$

【例 7-18】 某景区拟建一项临时景观，需投资 20 万元，按直线法折旧，使用寿命 5 年，期末无残值。该项目于当年投入运营，预计运营期间每年可获得息税前利润 4 万元。假定该项目的行业基准折现率为 8%。要求计算该项目的净现值。

解： 依题意，$NCF_0=-20$（万元），$NCF_{1\sim5}=4+20/5=8$（万元）

$$NPV=-20+8\times（P/A，8\%，5）=-20+8\times3.9927=11.9416（万元）$$

当建设期为 0，项目运营后每年经营净现金流量（不含项目报废回收额）相等，但终结点第 n 年有项目报废回收额（X_n）时，可按下面两种方法计算净现值：

① 将 1～（n－1）年每年相等的经营净现金流量视为普通年金，第 n 年净现金流量视为第 n 年终值。即通过计算 1～（n－1）每年相等的经营净现金流量的普通年金现值加上第 n 年净现金流量的现值减去原始投资额（NCF_0），求得项目净现值指标。公式如下：

$$NPV=NCF_0+NCF_{1\sim(n-1)}\times（P/A，i，n-1）+NCF_n\times（P/F，i，n）$$

② 计算 1～n－1 年每年相等的经营净现金流量的普通年金现值，第 n 年发生的项目报废回收额单独计算复利现值。即通过计算 1～n 每年相等的经营净现金流量的普通年金现值加上第 n 年项目报废回收额的复利现值减去原始投资额（NCF_0），求得项目净现值指标。公式如下：

$$NPV=NCF_0+NCF_{1\sim n}\times（P/A，i，n）+X_n\times（P/F，i，n）$$

【例 7-19】 有关资料见例 7-18，假如某景区该项目报废时有 5 万元残值，其实资料不变，要求计算该项目的净现值（所得税前）。

解： 依题意，$NCF_0=-20$（万元），$NCF_{1\text{-}4}=4+（20-5）/5=7$（万元），$NCF_5=7+5$

=12（万元）

$NPV=-20+7\times(P/A,8\%,4)+12\times(P/F,8\%,5)$

$=-20+7\times3.3121+12\times0.6806=11.3519$（万元）

或$=-20+7\times(P/A,8\%,5)+5\times(P/F,8\%,5)$

$=-20+7\times3.9927+5\times0.6806=11.3519$（万元）

当建设期（s）不为0，全部投资额在建设期初一次投入，运营后每年净现金流量为递延年金形式时，项目净现值的计算公式为：

$NPV=NCF_0+NCF_{(s+1)\sim n}\times[(P/A,i,n)-(P/A,i,s)]$

或$=NCF_0+NCF_{(s+1)\sim n}\times(P/A,i,n-s)\times(P/F,i,s)$

【例7-20】 有关资料见例7-18，假定建设期为1年，运营期5年，项目报废后无残值，其他数据不变。要求计算该项目的净现值。

解： 依题意，$NCF_0=-20$（万元），$NCF_1=0$，$NCF_{2\sim6}=8$（万元）

$NPV=-20+8\times[(P/A,8\%,6)-(P/A,8\%,1)]=-20+8\times(4.6229-0.9259)$

$=9.576$（万元）

或$=-20+8\times(P/A,8\%,5)\times(P/F,8\%,1)=-20+8\times3.9927\times0.9259=9.575$（万元）

当建设期（s）不为0，全部投资在建设期内分次投入，运营后每年净现金流量为递延年金形式时，项目净现值的计算公式如下：

$NPV=NCF_0+NCF_1(P/F,i,1)+\cdots+NCF_s(P/F,i,s)+NCF_{(s+1)\sim n}\times$

$[(P/A,i,n)-(P/A,i,s)]$

【例7-21】 有关资料见例7-18，假定建设期为1年，建设资金于年初和年末分别投入15万元和5万元，运营期5年，项目报废后无残值，其他数据不变。要求计算该项目的净现值。

解： 依题意，$NCF_0=-15$（万元），$NCF_1=-5$（万元），$NCF_{2\sim6}=8$（万元）

$NPV=-15+[-5\times(P/F,8\%,1)]+8\times[(P/A,8\%,6)-(P/A,8\%,1)]$

$=-15-4.6295+29.576=9.9465$（万元）

（3）Excel插入函数法

该方法是在微软的Excel系统中，通过插入财务函数“*NPV*”，并根据计算机系统的提示正确地录入已知的基准折现率和电子表格中的净现金流量，从而由电子表格自动计算项目净现值的方法。

Excel系统的设计者将项目建设期内发生的第1次投资定义为第1年年末，即该系统只承认第1～n期的现金净流量，而不承认0～n期的现金净流量，在第1年初现金净流量不等于0时，该系统自动将$NCF_{0\sim n}$按照$NCF_{1\sim n+1}$来处理。因此，在建设期初发生投资的情况下，按插入函数法计算的项目净现值应进行必要的调整。

调整前的净现值为提前一年的现值，应乘以一元现金终值（一年期），即：

调整后的净现值=按插入法求得的净现值×$(F/P,i,1)$

【例7-22】 有关现金流量见例7-11，公式法计算的净现值为2915.596万元（见例7-17），要求采用Excel系统的“*NPV*”函数直接计算净现值。

解： 依题意，本项目在建设期初发生了5100万元的原始投资，按插入函数法求得的调整前净现值为万元2725.09万元（折现率为7%）。

本项目调整后的净现值＝2 725.09×（*F*/*P*，7%，1）＝2 725.09×1.07＝2 915.8463（万元）

本例的计算结果与例 7-17 的计算结果相差 0.2503 万元，为计算机系统保留精度不同而形成的误差，在实务中可以忽略不计。

如果建设起点不发生投资额，则按本方法计算的净现值就是所求的项目净现值，不再需要调整。

在以上介绍的计算项目净现值的各种方法中，公式法的计算过程稍嫌烦琐，列表法较简洁些，年金现值法需要查表计算，在 Excel 系统中插入函数最快捷，但在建设期初有投资额时需要进行调整。

净现值指标的优点是综合考虑了资金的时间价值、项目计算期内的全部净现金流量和投资风险；缺点是无法从动态的角度来直接反映投资项目的实际收益率水平，而且计算过程技术性要求较高。

只有净现值指标大于或等于零的投资项目才具有财务可行性。

2. 净现值率

净现值率（*NPVR*）是指投资项目的净现值占原始投资额现值总和的比率，也可以理解为单位原始投资额的现值所创造的净现值。

净现值率（*NPVR*）＝投资项目净现值/原始投资额的现值之和

【例 7-23】 相关净现值数据见例 7-21，要求计算该项目的净现值率。

解：依题意，该项目净现值 *NPV*＝9.9465（万元）

原始投资额的现金之和＝|−15＋[−5×（*P*/*F*，8%，1）]|＝|−15−4.6295|＝19.6295（万元）

净现值率（*NPVR*）＝9.9465/19.6295≈0.5067

净现值率指标可以从动态角度反映投资项目的资金投入与净产出之间的比例关系，计算过程比较简单，不足之处是无法直接反映投资项目的实际收益率。

只有净现值率指标大于或等于 0 时的投资项目才具有财务可行性。

3. 现值指数

现值指数（*PI*）也称获利指数，是指项目运营后按基准收益率或设定的折现率折算的各年净现金流量的现值合计与原始投资的现值合计之比。计算公式如下：

现值指数（*PI*）＝项目运营后各年净现金流量的现值合计/原始投资的现值合计

或＝1＋净现值率

【例 7-24】 相关净现值数据见例 7-21，要求计算该项目的现值指数，并验证现值指数与净现值率之间的关系。

解：现值指数（*PI*）＝29.576/|（－15－4.6295）|＝1.5067

根据例 7-23，净现值率（*NPVR*）＝9.9465/19.6295≈0.5067

因此，可验证现值指数（*PI*）＝1＋净现值率＝1＋0.5067＝1.5067

现值指数这个指标的优点是可以从动态的角度反映投资项目的资金投入与产出之间的数量关系，但该指标的计算必须在计算出各年现金流量净现值，因此计算过程有较高的技术要求。

只有现值指数大于或等于 1 的投资项目才具有财务可行性。

4. 内含报酬率

内含报酬率（*IRR*），也叫内部收益率，是指项目投资实际可望达到的收益率，实质上，它是能使投资项目的净现值等于零时的折现率，或者是现值指数为 1 时的折现率。*IRR* 应该满足下列等式：

$$\sum_{t=0}^{n}\left[NCF_t\times(P/F,\ IRR,\ t)\right]=0$$

计算内含报酬率指标的方法如下：

（1）普通年金形式下的推算方法

此法是当项目运营后的净现金流量每年相等，表现为普通年金形式，可以直接利用年金现值系数推算项目内含报酬率。使用此方法的前提条件是：项目的全部投资（*I*）都在建设期起点一次投入，建设期为 0，运营期若干年按内含报酬率 *IRR* 折算的年金（*NCF*）现值恰好等于原始投资额，即：

$$NCF\times(P/A,\ IRR,\ n)-I=0$$

上式中，*NCF* 为项目投入运营后的每年相等的净现金流量，（*P*/*A*，*IRR*，*n*）为设定折现率为 *IRR* 的年金现值系数，I 为在建设期初一次投入的原始投资额。依上式可求得

$$(P/A,\ IRR,\ n)=I/NCF$$

根据求得的（*P*/*A*，*IRR*，*n*）数值，查 *n* 年的年金现值系数表，若在 *n* 年系数表上恰好能找到等于该数值的年金现金系数，则该系数所对应的折现率即为所求的内含报酬率。

若在系数表上不能找到精确的对应数值（*P*/*A*，*IRR*，*n*），则需要找出系数表上与该数值临近的大小两个数值，并找出这两个系数对应的折现率，欲求解的内含报酬率介于这两个折现率之间。需要应用内插法求得近似的内含报酬率。

$$(P/A,\ r_a,\ n)>(P/A,\ IRR,\ n)$$

$$(P/A,\ r_b,\ n)<(P/A,\ IRR,\ n)$$

则：

$$IRR=r_a+\frac{(P/A,\ r_a,\ n)-(P/A,\ IRR,\ n)}{(P/A,\ r_a,\ n)-(P/A,\ r_b,\ n)}\times(r_b-r_a)$$

【例 7-25】 某五星级酒店一个中央空调机组一次性投入 557.2 万元，当年完工并投入运营，运营后每年可获得净现金流量为 200 万元，运营期为 8 年。要求计算该项目的内含报酬率。

解：依题意，*I*＝557.2 万元，*NCF*＝200 万元，则：

$$(P/A,\ IRR,\ 8)=557.2/200=2.786$$

查表得：*n* 为 8 的年金现值系数 2.786 对应的折现率恰好是 32%，即（*P*/*A*，32%，8）＝2.786，因此内含报酬率 *IRR*＝32%。

【例 7-26】 续例 7-25，假如运营后每年可获得的净现金流量为 150 万元，其他资料不变，要求计算该项目的内含报酬率。

解：依题意，（*P*/*A*，*IRR*，8）＝557.2/150＝3.7147

年金现值表中 *n*＝8 对应的系数中找不到确切的 3.7147，只有相邻的大小两个数据

3.8372 和 3.4212，对应的折现率为 20%和 24%，则采用内插法计算：

IRR＝20%＋（24%－20%）×（3.8372－3.7147）/（3.8372－3.4212）≈21.18%

（2）非普通年金现值的推算法

在不满足项目一次性投资及运营期现金净流量相等这些条件的情况下，投资项目的内含报酬率需要采用逐次测试逼近的方法推算求得，即设法找到能使投资项目净现值等于 0 的对应折现率。计算步骤如下：

① 先随意设定一个折现率，计算投资项目的净现值，如果大于 0，则应提高折现率再计算投资项目的净现值；

② 继续提高折现率，计算投资项目的净现值，如果小于 0，则应降低折现率再计算投资项目的净现值；

③ 经过多次测试后，投资项目净现值恰好为 0 的对应折现率即为该投资项目的内含报酬率；

④ 如果只能测算到 0 附近的一正一负两个净现值，

$NPV_a>0$，对应的折现率为 R_a，

$NPV_b<0$，对应的折现率为 R_b，

则 $IRR=R_a+(R_b-R_a)\times NPV_a/(NPV_a-NPV_b)$

【例 7-27】 某酒店一项固定资产投资项目的各年现金流量如表 7-5 所示，要求计算该项目的内含报酬率。

解：根据表 7-5 中列示的各年净现金流量，先按 15%折现率计算净现值为 27.31 万元，由于净现值大于 0，应提高折现率到 16%继续计算净现值为 6.88 万元，仍大于 0，因此，应提高折现率到 17%继续计算净现值为-12.65 万元。说明该投资项目的内含报酬率介于 16%和 17%之间。根据内插法计算如下：

内含报酬率 IRR＝16%＋（17%－16%）×（6.88－0）÷（6.88＋12.65）≈16.35%

表 7-5　某酒店固定资产投资项目现金流量表

单位：万元

	A	B	C	D	E	F	G	H	I
1	期间 n	0	1	2	3	4	5	6	合计
2	净现金流量	-500	-100	100	200	300	300	200	500.00
3	复利现值系数 15%	1	0.8696	0.7561	0.6575	0.5718	0.4972	0.4323	
4	净现值 15%	-500	-86.96	75.61	131.5	171.54	149.16	86.46	27.31
5	复利现值系数 16%	1	0.8621	0.7432	0.6407	0.5523	0.4762	0.4104	
6	净现值 16%	-500	-86.21	74.32	128.14	165.69	142.86	82.08	6.88
7	复利现值系数 17%	1	0.8547	0.7305	0.6244	0.5337	0.4561	0.3898	
8	净现值 17%	-500	-85.47	73.05	124.87	160.10	136.83	77.97	（12.65）

在测算投资项目内含报酬率的过程中，通常需要采用内插法求解，其基本原理是假定自变量在较小变动区间内，它与因变量之间存在线性关系，因而可采取近似计算的方法进行处理。即通过相似三角形对应边的比例关系，建立数学模型（如图 7-1 所示）

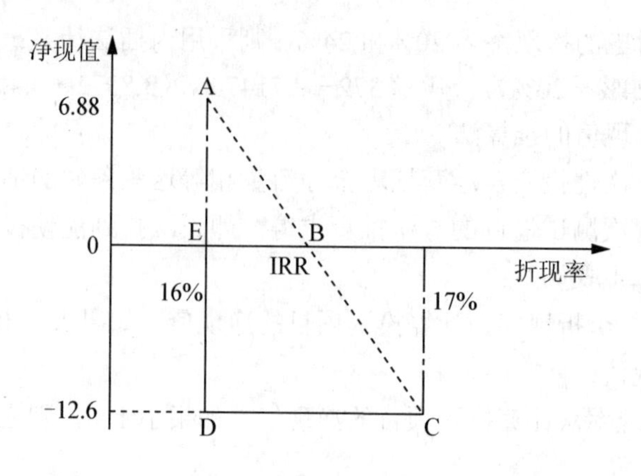

图 7-1　内插法基本原理图

图 7-1 中，三角形 ABE 与三角形 ACD 相似，因此两个三角形的对应边成比例关系：

AE:AD＝BE:CD，AE＝6.88－0，AD＝6.88＋12.65，BE＝*IRR*－16%，CD＝17%－16%

因此得出：（6.88－0）:（6.88＋12.65）＝（*IRR*－16%）:（17%－16%），即：

（*IRR*－16%）＝（17%－16%）×（6.88－0）÷（6.88＋12.65）

IRR＝16%＋（17%－16%）×（6.88－0）÷（6.88＋12.65）≈16.35%

（3）内含报酬率指标计算的插入函数法

该方法是在微软的 Excel 系统中，通过插入财务函数“*IRR*”，并根据计算机系统的提示正确地录入已知的电子表格中的净现金流量，从而由电子表格自动计算项目内含报酬率的方法。

Excel 系统的设计者将项目建设期内发生的第 1 次投资定义为第 1 年年末，即该系统只承认第 1～*n* 期的现金净流量，而不承认 0～*n* 期的现金净流量，在第 1 年初现金净流量不等于 0 时，该系统自动将 $NCF_{0\sim n}$ 按照 $NCF_{1\sim n+1}$ 来处理，应相当于该投资项目无论投资期还是运营期都比原来晚了一年，在这种情况下，按插入函数法求得的项目内含报酬率一定会小于项目的真实内含报酬率，但在项目计算期不短于 2 年的前提下，误差通常会小于 1 个百分点。

与按插入函数法计算净现值不同，由于内含报酬率指标本身计算上的复杂性，即使在建设起点发生投资的情况下，也无法将按插入函数法求得的内含报酬率调整为项目真实的内含报酬率。但这并不会妨碍利用该指标对投资项目的决策评价，因为内含报酬率是一个正指标，如果根据计算数值较低的内含报酬率都可以作出该投资项目具有财务可行性的判断，那么根据计算数值较高的真实内含报酬率也就一定能得出同样的结论。

如果建设起点不发生任何投资，则按插入函数法计算求得的内含报酬率即为投资项目的真实内含报酬率。

【例 7-28】 仍按 7-27 中的项目现金流量为例，要求按插入函数法计算项目的内含报酬率，并直接判断该数据与项目真实内含报酬率之间的关系。

解： 依题意，在 Excel 电子表格中（见表 7-5）鼠标点击 J2 单元格，直接插入函数 *IRR*（B2:H2），求得的内含报酬率为 16%，因为该项目建设期初发生了第一次投资 500 万元，因此可以判断该项目的真实内含报酬率一定高于 16%（真实的内含报酬率由例 7-27 按内插法求得为 16.35%）。

内含报酬率指标的优点是既可以从动态角度直接反映投资项目的实际收益水平，又不受基准折现率高低的影响，对投资项目的财务评价比较客观。缺点是计算过程较为繁杂，尤其在经营期追加投资时，又需要重新计算内含报酬率，对实际应用效果产生负面影响。

只有内含报酬率指标大于或等于投资人的期望报酬率或资金成本的投资项目才具有财务可行性。

5. 动态指标之间的关系

净现值（*NPV*）、净现值率（*NPVR*）、现值指数（*PI*）和内含报酬率（*IRR*）这四个动态指标之间存在以下数量关系：

当 *NPV*＞0 时，*NPVR*＞0，*PI*＞1，*IRR*＞基准折现率

当 *NPV*＝0 时，*NPVR*＝0，*PI*＝1，*IRR*＝基准折现率

当 *NPV*＜0 时，*NPVR*＜0，*PI*＜1，*IRR*＜基准折现率

此外，净现值率 *NPVR* 的计算需要先计算出净现值 *NPV*，内含报酬率 *IRR* 的计算也需要以净现值 *NPV* 为基础。这些指标都会受到建设期长短、投资方式以及各年净现金流量的数量特征的影响。净现值 *NPV* 是绝对数指标，其他指标均为相对数指标，计算净现值 *NPV*、净现值率 *NPVR* 和现值指数 *PI* 所依据的折现率都是事先设定的基准折现率，而内含报酬率 *IRR* 的计算与基准折现率高低无关。

7.4　旅游企业项目投资决策评价指标的运用

前一节主要介绍了投资项目决策各种指标的计算方法，旅游企业在对具体的投资项目进行投资决策评价时，需要合理选择适当的指标体系（包括静态的和动态的），依据科学的项目投资决策指标，做出正确的投资决策。

7.4.1　独立方案财务可行性评价及投资决策

1. 独立方案的含义

假如某酒店拟进行几项投资活动，这一组投资方案有：扩建海鲜楼、购置一辆冷冻箱式货车、新建客房辅楼等。这一组投资方案中各个方案之间没有什么关联，互相独立，并不存在相互比较和选择的问题，酒店即可以接受全部投资方案，也可以只接受其中一个投资方案或几个投资方案。

我们将一组相互分离、互不排斥的方案称为独立方案。在独立方案中，选择某一方案并不排斥选择另一方案。就一组完全独立的方案而言，其存在的前提条件是：

（1）投资资金来源无限制；

（2）投资资金无优先使用的排列；

（3）各投资方案所需人力、物力均能得到满足；

（4）不考虑地区、行业之间的相互关系及其影响；

（5）每一投资方案是否可行，仅取决于本方案的经济效益，与其他方案无关。

2. 独立方案的财务可行性评价与投资决策的关系

对于独立方案而言，评价其财务可行性也就是对其做出最终决策判断的过程。因为对于一组独立方案中的任何一个方案，都存在着“接受”或“拒绝”的选择。只有完全具备或基本具备财务可行性的方案，才可以被接受；完全不具备或基本不具备财务可行性的方案，只能选择“拒绝”。从而“拒绝”本身也是一种方案，通常称之为“0 方案”。因此任何一个独立方案都要与 0 方案进行比较决策。

3. 评价方案财务可行性的要点

在评价投资方案的财务可行时，应掌握以下要点：

（1）判断方案是否完全具备财务可行性的条件

假如某一投资方案的所有评价指标均处于可行状态，即同时满足以下条件时，则可以判断该投资方案无论从哪个角度看都具备财务可行性，或完全具备可行性。这些条件包括：

① 净现值 $NPV \geqslant 0$；

② 净现值率 $NPVR \geqslant 0$；

③ 现值指数 $PI \geqslant 1$；

④ 内含报酬率 $IRR \geqslant$ 基准（或行业平均）折现率 i；

⑤ 包括建设期的静态投资回收期 $PP \leqslant \frac{n}{2}$（即项目计算期的一半）；

⑥ 不包括建设期的静态投资回收期 $PP' \leqslant \frac{p}{2}$（即运营期的一半）；

⑦ 项目投资收益率 ≥ 基准（或期望）投资收益率 i（事先设定）。

（2）判断方案是否完全不具备财务可行性的条件

① 净现值 $NPV < 0$；

② 净现值率 $NPVR < 0$；

③ 现值指数 $PI < 1$；

④ 内含报酬率 $IRR <$ 基准（或行业平均）折现率 i；

⑤ 包括建设期的静态投资回收期 $> \frac{n}{2}$（即项目计算期的一半）；

⑥ 不包括建设期的静态投资回收期 $> \frac{p}{2}$（即运营期的一半）；

⑦ 项目投资收益率＜基准（或期望）投资收益率 i（事先设定）。

（3）判断方案是否基本具备财务可行性的条件

假如在评价过程中发现某投资项目的主要评价指标在可行状态（如净现值 $NPV \geqslant 0$，净现值率 $NPVR \geqslant 0$，现值指数 $PI \geqslant 1$，内含报酬率 $IRR \geqslant$ 基准或行业平均折现率 i），但次要或辅助指标在不可行状态（如包括建设期的静态投资回收期 $> \frac{n}{2}$，不包括建设期的静态投资回收期 $> \frac{p}{2}$，项目投资收益率＜基准或期望投资收益率），则可以判断该投资项目基本上具备财务可行性。

(4) 判断方案是否基本不具备财务可行性的条件

假如在评价过程中发现某投资项目的主要评价指标不可行（如净现值 $NPV<0$，净现值率 $NPVR<0$，现值指数 $PI<1$，内含报酬率 $IRR<$基准或行业平均折现率 i），即使次要或辅助指标在可行状态（如包括建设期的静态投资回收期$\leqslant \frac{n}{2}$，不包括建设期的静态投资回收期$\leqslant \frac{p}{2}$，项目投资收益率$\geqslant$基准或期望投资收益率），也可以判断该投资项目基本上不具备财务可行性。

4. 独立投资方案财务评价中其他应当注意的问题

在对独立投资方案进行财务可行性评价时，除了要熟练掌握和运用上述判断条件外，还必须明确以下两点：

(1) 主要评价指标在评价财务可行性的过程中起主导作用。在对独立投资项目进行财务可行性评价和投资决策过程中，当次要指标静态投资回收期或辅助指标投资收益率的评价结论与净现值等主要指标的评价结论发生冲突时，应当以主要指标的结论为准。

(2) 利用动态指标对同一个投资项目进行评价和决策，会得出完全相同的结论。在对同一个投资项目进行财务可行性评价时，净现值、净现值率、现值指数和内含报酬率指标的评价结论是完全一致的。

【例 7-29】 某酒店的固定资产投资项目只有一个方案，其原始投资额为 3000 万元，项目计算期为 8 年（其中运营期为 7 年），基准或行业平均投资收益率为 15%，行业基准折现率为 10%。有关投资决策的评价指标如下：

该项目的投资收益率为 18%；

该项目包含建设期的静态回收期 4.5 年，不包含建设期的静态回收期 3.5 年；

该项目净现值为正数 122.48 万元，净现值率为 4.08%，现值指数为 1.09，内含报酬率为 22.62%。

要求：评价该投资项目的财务可行性。

解：

因为该项目的投资收益率 18%，大于基准或行业平均投资收益率 15%；不包含建设期的静态回收期 3.5 年，等于运营期的一半；净现值为正数 122.48 万元，大于 0；净现值率为 4.08%，大于 0；现值指数为 1.09，大于 1；内含报酬率为 22.62%，大于行业基准折现率；尽管包含建设期的静态回收期 4.5 年大于整个项目计算期的一半（8/2），但该方案各项主要动态评价指标均达到或超过相应标准，所以可以判断该投资项目基本上具备财务可行性。可以实施该投资方案。

7.4.2 多个互斥方案的比较决策

互斥方案是指互相关联又互相排斥的方案，即一组方案中的各个方案彼此可以相互替代，采纳方案组中的某一方案，就会自动排斥这组方案中的其他方案。因此，互斥方案具有排他性。

多个互斥方案比较决策是指在每个入选方案已具备财务可行性的前提下，利用具体决策方法比较各个方案的优劣，利用评价指标从各个备选方案中最终选出一个最优方案的过程。

项目投资多方案比较决策的方法是指利用特定评价指标做为决策标准或依据的各种方法的统称，包括：净现值法、净现值率法、差额投资内含报酬率法、年等额净回收额法和计算期统一法等。

1. 净现值法

净现值法是通过比较已具备财务可行性的所有投资方案的净现值指标的大小来选择最优方案的方法。该方法适用于原始投资额相同且项目计算期相等的多方案比较决策，净现值最大的方案即是最优方案。

【例 7-30】 某酒店拟对现有客房进行更新改造，工程总投资额为 2 000 万元，有 A、B、C、D 四个互相排斥的备选方案可供选择，各方案的净现值指标分别为 550.68 万元、889.45 万元、468.86 万元、900.18 万元。要求（1）评价四个方案的财务可行性；（2）按净现值法进行比较决策。

解：（1）因为 A、B、C、D 四个方案的净现值均大于 0，所以这四个方案均具备财务可行性；

（2）按净现值法进行比较决策：因为 900.18＞889.45＞550.68＞468.86，所以 D 方案最优、其次是 B 方案、再次是 A 方案，C 方案为最差方案。

2. 净现值率法

净现值率法是通过比较已具备财务可行性的所有投资方案的净现值率指标的大小来选择最优方案的方法。净现值率最大的方案为最优方案。

在原始投资额相等的互斥方案比较决策中，采用净现值率法与净现值法的结论是完全相同的；但在原始投资额不等的情况下，两种方法得出的结论可能是不一致的。

【例 7-31】 A 项目与 B 项目为互斥方案，它们的项目计算期相同。A 项目原始投资的现值为 400 万元，净现值为 88 万元；B 项目的原始投资的现值为 200 万元，净现值为 68 万元。

要求：（1）分别计算两个项目的净现值率指标；（2）讨论能否运用净现值法或净现值率法在 A 项目和 B 项目之间作出比较决策。

解：（1）计算净现值率

A 项目的净现值率＝（88/400）×100%＝22%

B 项目的净现值率＝（68/200）×100%＝34%

（2）评价方案优劣

因为 A 方案的净现值 88 万元大于 B 方案的净现值 68 万元，A 方案优于 B 方案；

因为 A 方案的净现值率 22%小于 B 方案的净现值率 34%， B 方案优于 A 方案；

由于这两方案的原始投资额不等，导致两种方法的决策结论相互矛盾，看似无法据此做出正确的比较决策。但前者再投资报酬率的基点是相对合理的资金成本，而后者再投资报酬率是基于一个相对较高的内含报酬（高于净现值法的资金成本）。考虑到两者在再投资报酬假设上的区别，净现值法将更具合理性。

3. *差额投资内含报酬率法*

差额投资内含报酬率法是指在两个原始投资额不同方案的差量净现金流量（用$\triangle NCF$表示）的基础上，计算出差额内含报酬率（用$\triangle IRR$ 表示），并据以与行业基准折现率进行比较，进而判断方案优劣的方法。该法适用于两个原始投资不相同，但项目计算期相同的多方案比较决策。当差额内含报酬率指标大于或等于行业基准折现率时，原始投资额大的方案较优；否则，投资额少的方案较优。

假设有 A 和 B 两个投资方案，A 方案的投资额大于 B 方案。我们可以把 A 方案看成两个方案，第一方案是 B 方案，即把 A 方案投资于 B 方案；第二个方案是把 A 与 B 两方案的投资差额投于 C 方案。

C 方案的净现金流量等于 A 方案的净现金流量减去 B 方案的净现金流量而形成的差量净现金流量（$\triangle NCF$）。根据差量净现金流量（$\triangle NCF$）计算出来的差额内含报酬率（$\triangle IRR$），其实质就是 C 方案的内含报酬率。

在这种情况下，A 方案等于 B 方案与 C 方案之和；A 方案与 B 方案的比较，实际上就是 B 方案与 C 方案两方案之和与 B 方案的比较。如果差额内含报酬率$\triangle IRR$ 大于或等于行业基准折现率，则 C 方案具有财务可行性，这就意味着 A 方案优于 B 方案；如果差额内含报酬率$\triangle IRR$ 小于行业基准折现率，则 C 方案不具有财务可行性，这就意味着 B 方案优于 A 方案。

因此，当差额内含报酬率$\triangle IRR$ 大于或等于行业基准折现率时，原始投资额大的方案较优；反之，则原始投资额少的方案较优。

该方案通常被用于更新改造项目的投资决策中，当该项目的差额内含报酬率指标大于或等于基准折现率时，就应当进行更新改造；反之，就应继续使用旧的固定资产。

差额内含报酬率$\triangle IRR$ 的计算过程和计算技巧与一般的内含报酬率 IRR 完全一样，只是所依据的是差额净现金流量（$\triangle NCF$）。

【例 7-32】 A 项目与 B 项目为互斥方案，它们的项目计算期相同，均为 8 年。A 项目原始投资的现值为 300 万元，1～8 年的每年净现金流量为 78 万元；B 项目的原始投资的现值为 200 万元，1～8 年每年净现金流量为 55 万元。行业基准折现率为 18%。

要求：（1）计算差量净现金流量$\triangle NCF$；（2）计算差额内含报酬率$\triangle IRR$；（3）用差额投资内含报酬率法做出比较投资决策。

解：（1）$\triangle NCF_0 = -300-(-200) = -100$（万元）

$\triangle NCF_{1\sim8} = 78-55 = 23$（万元）

（2）差额内含报酬率：

$(P/A, \triangle IRR, 8) = 100/23 \approx 4.3478$

$(P/A, 15\%, 8) = 4.4873$；$(P/A, 16\%, 8) = 4.3436$

$\triangle IRR = 15\% + (16\% - 15\%) \times (4.4873 - 4.3478) / (4.4873 - 4.3436) \approx 15.97\%$

（3）用差额投资内含报酬率法决策：

由于$\triangle IRR$ 为 15.97%小于行业基准折现率 18%，因此不应投资 A 项目。

【例 7-33】 某酒店拟对旧的中央空调设备（尚可使用 5 年）进行更新改造，新设备总投资额为 800 万元（折旧年限 5 年），旧设备的账面净值为 200 万元，处置收益 50 万元。

假设到第五年末新旧设备的净残值均为0。新旧设备的替换在当年内完成（即建设期为0）。使用新设备可使第一年增加营业收入400万元，增加营业成本180万元，第2～5年内每年增加营业收入500万元，增加营业成本230万元。设备采用直线法折旧。适用税率为25%。

要求：（1）计算该项目的差额内含报酬率△*IRR*。

（2）分别应以下两种不相关情况做出是否更新设备的决策，并说明理由：①该酒店的行业基准折现率为18%；②该酒店的行业基准折现率为22%。

解：（1）计算该项目的差额内含报酬率：

$\triangle NCF_0$＝－（800－100）＝－700（万元）

$\triangle NCF_1$＝（400－180－700/5）×（1－25）＋700/5＋（200－50）×25%＝237.5（万元）

$\triangle NCF_{2\sim5}$＝（500－230－700/5）×（1－25）＋700/5＝237.5（万元）

即5年的现金净流量相等，表现为普通年金形式，则：

（*P*/*A*，△*IRR*，5）＝700/237.5＝2.9474，查普通年金现值系数表，得：

（*P*/*A*，20%，5）＝2.9906，（*P*/*A*，24%，5）＝2.7454

因此△*IRR*＝20%＋（24%－20%）×（2.9906－2.9474）/（2.9906－2.7454）≈20.7%

（2）比较决策

第①种情况，由于差额内含报酬率20.7%大于行业基准折现率18%，所以应当更新设备；

第②种情况，由于差额内含报酬率20.7%小于行业基准折现率22%，所以不能更新设备。

4. 年等额净回收额法

年等额净回收额法是指通过比较所有投资方案的年等额净回收额指标（用 *NA* 表示）的大小来选择最优方案的决策方法。该方法适用于原始投资额不同、特别是项目计算期不同的多方案比较决策。在此方法下，年等额净回收额最大的方案为最优方案。

某方案的年等额净回收额等于该方案净现值与相关回收系数（或年金现值系数的倒数）的乘积。计算公式如下：

某方案年等额净回收额 *NA*＝该方案净现值×回收系数

$$\text{或}=\text{该方案净现值}\times\frac{1}{\text{年金现值系数}}$$

【例7-34】 某旅行社拟新建一支车队，现有三个方案可供选择：A方案的原始投资为1200万元，项目计算期为6年，净现值为982万元；B方案的原始投资为1000万元，项目计算期为5年，净现值为910万元；C方案的净现值为-8.6万元。行业基准折现率为12%。

要求：（1）判断每个方案的财务可行性；（2）用年等额净回收额法做出最终的投资决策。

解：（1）判断每个方案的财务可行性

因为A方案和B方案的净现值均大于0，因此都具备财务可行性；但C方案的净现值小于0，所以C方案不具备财务可行性。

（2）比较决策

$$\text{A方案的年等额净回收额}=\text{A方案的净现值}\times\frac{1}{(P/A,12\%,6)}$$

$$=982\times(1\div4.1114)=238.85\text{（万元）}$$

B 方案的年等额净回收额 $=910\times\dfrac{1}{(P/A,12\%,5)}=910\times(1\div3.6048)=252.44$（万元）

由于 A 方案的年等额净回收额小于 B 方案，因此 B 方案优于 A 方案。

5. 计算期统一法

是指通过对计算期不相等的多个互斥方案选定一个共同的计算分析期，以满足时间可比性的要求，进而根据调整后的评价指标来选择最优方案的方法。

该方案包括方案重复法和最短计算期法两种具体方法。

（1）方案重复法

方案重复法也称为计算期最小公倍数法，是将各方案计算期的最小公倍数做为比较方案的计算期，进而调整有关指标，并据此进行多方案比较决策的一种方法。应用该方法可以采用两种方式：

第一种方式是将各方案计算期的各年净现金流量或费用流量进行重复计算，直到与最小公倍数计算期相等；然后，再计算净现值、净现值率、差额内含报酬率或费用现值等评价指标；最后根据调整后的评价指标进行方案的比较决策。

第二种方式是直接计算每个方案项目原计算期内的评价指标（主要指净现值），再按照最小公倍数原理分别对其折现，并求代数和，最后根据调整后的净现值指标进行方案的比较决策。

【例 7-35】 A、B 两个投资方案均在年末投资，它们的计算期分别为 8 年和 12 年，有关资料如表 7-6 所示，基准折现率 10%。

表 7-6　两个方案的净现金流量资料

单位：万元

项目 / 年份	1	2	3	4	5～8	9～11	12	*NPV*
A	-800	-800	500	550	660			791.83
B	-2500	-500	700	800	1200	1200	1500	984.45

要求：采用计算期统一法中的方案重复法（第二种方式）做出最终的投资决策。

解：依题意，A 方案的项目计算期为 8 年，B 方案的项目计算期为 12 年，两个方案计算期的最小公倍数为 24 年。（即统一为 24 年）

在此期间，A 方案重复两次，而 B 方案重复一次，则调整后的净现值指标为：

$NPV'_A=791.83+791.83\times(P/F,10\%,8)+791.83\times(P/F,10\%,16)$

$=791.83\times(1+0.4665+0.2176)=1333.52$（万元）

$NPV'_B=984.45+984.45\times(P/F,10\%,12)=984.45\times(1+0.3186)=1298.1$（万元）

因为调整后的 A 方案净现值大于 B 方案，因此 A 方案优于 B 方案。

由于有些方案的计算期相差很大，按最小公倍数所确定的计算期往往很长，如有四个互斥方案的计算期分别为 15 年、25 年、30 年和 50 年，则它们的最小公倍数为 150 年，显然考虑这么长时间内的重复计算既复杂又无必要，为了克服方案重复法的缺点，人们设计了最短计算期法。

（2）最短计算期法

最短计算期法又称最短寿命期法，是指在所有方案的净现值均还原为等额年回收额的基础上，再按照最短的计算期算出相应的净现值，进而根据调整后的净现值指标进行多方案的比较决策。

【例 7-36】 仍按例 7-35 的资料，要求：用最小计算期法做出最终的投资决策。

解：依题意，AB 两个方案中最短的计算期为 8 年，则调整后的净现值指标为：

年等额净回收额：

NA_A＝791.83×[1÷（P/A，10%，8）]

NA_B＝984.45×[1÷（P/A，10%，12）]

NPV_A''＝791.83×[1÷（P/A，10%，8）]×（P/A，10%，8）＝791.83（万元）

NPV_B''＝984.45×[1÷（P/A，10%，12）]×（P/A，10%，8）

＝984.45×（1÷6.8137）×5.3349＝770.79（万元）

因为 $NPV_A'' > NPV_B''$，所以 A 方案优于 B 方案。

7.4.3 多方案组合排队投资决策

1．组合或排队方案的含义

如果一组方案中既不属于相互独立，又不属于相互排斥，而是可以实现任意组合或排队，则这些方案被称作组合或排队方案，其中又包括先决方案、互补方案和不完全互斥方案等形式。在这种方案决策中，除了要求首先评价所有方案的财务可行性，淘汰不具备财务可行性的方案外，在接下来的决策中需要反复衡量和比较不同组合条件下的有关评价指标的大小，从而做出最终决策。

2．组合或排队方案决策的含义

这类决策分两种情况：①在资金总量不受限制的情况下，可按每一项目的净现值大小排队，确定优先考虑的项目投资顺序；②在资金总量受到限制的情况下，则需要按净现值率或现值指数的大小，结合净现值进行各种组合排队，从中选出能使方案总净现值最大的最优组合。

3．组合或排队方案决策的程序

第一，以各方案的净现值率高低为序，逐项计算累计的投资额，并与限定投资总额进行比较。

第二，当截止到某项投资项目（假定为第 x 项）的累计投资额恰好达到限定的投资额时，则第 1 项至第 x 项的项目组合为最优的投资组合。

第三，若在排序过程中未能直接找到最优的组合，必须按下列方法进行必要的修正：

（1）当排序中发现第 x 项的累计投资额首次超过限定投资额，而删除该项后，按顺延的项目计算的累计投资额却小于或等于限定的投资额时，可将第 x 项与第 $x+1$ 项交换位置，继续计算累计投资额。这种交换可连续进行。

（2）当排序中发现第 x 项的累计投资额首次超过限定投资额，又无法与下一项进行交换，第 $x-1$ 项的原始投资大于第 x 项原始投资，可将第 x 项与 $x-1$ 项交换位置，继续计算累计投资额，这种交换可连续进行。

最后若经过反复交换位置，已经不能再进行交换，仍未能找到能使累计投资额恰好等于限定投资额的项目组合时，可按最后一次交换后的项目组合做为最优组合。

总之，在主要考虑投资效益的条件下，多方案比较决策的主要依据就是能否保证在充分利用资金的前提下，获得尽可能多的净现值总量。

【例 7-37】 某景区 A、B、C、D、E 五个投资项目为非互斥方案，有关资料如表 7-7 所示。

表 7-7　某景区五个投资项目的相关资料

单位：万元

投资项目	原始投资额	净现值	净现值率	内含报酬率
A	400	160	0.4	17%
B	300	150	0.5	23%
C	300	75	0.25	38%
D	200	60	0.3	15%
E	200	40	0.2	40%

要求：分别就以下不相关情况做出多方案组合决策。

（1）投资总额不受限制；

（2）投资总额受到限制，分别为 200、300、400、500、700、1 000、1 100、1 200 和 1 400 万元。

解：按各方案净现值率的大小排序，并计算累计原始投资和累计净现值数据。其结果如表 7-8 所示。

根据表 7-8 数据按投资组合决策原则作如下决策：

表 7-8　按净现值率的排序表

单位：万元

顺序	投资项目	原始投资额	累计原始投资	净现值	累计净现值
1	B	300	300	150	150
2	A	400	700	160	310
3	D	200	900	60	370
4	C	300	1 200	75	445
5	E	200	1 400	40	485
				485	

（1）当投资总额不受限制或限额大于或等于 1 400 万元时，最优的投资组合方案为 B＋A＋D＋C＋E。

（2）当限定投资总额为 200 万元，只能上 B 项目，可获得 150 万元净现值，比 D 方案 60 万元和 E 方案 40 万元都要多；

（3）当限定投资总额为 300 万元，也只能上 B 项目，可获得 150 万元净现值，比 C 方案 75 万元要多；

（4）当限定投资总额为 400 万元，只能上 A 方案，可获得 160 万元净现值，比 B 方案 150 万元要多。

（5）当限定投资总额为 500 万元，最优组合为 B+D，可获得 210 万元净现值，比 D+C 和 C+E 组合都要多。

（6）当限定投资总额为 700 万元，组合方式有：B+A=310（万元），A+C=235（万元），B+D+E=250（万元），D+C+E=175（万元），因此最优投资组合为 B+A。

（7）当限定投资总额为 1000 万元，最佳投资组合为 B+A+C=385（万元）（B+D+C+E 仅有净现值 325 万元）。

（8）当限定投资总额为 1100 万元，最佳投资组合为 B+A+D+E=415（万元）。

（9）当限定投资总额为 1200 万元，最佳投资组合为 B+A+D+C=445（万元）。

7.5 本章观念总结

本章主要介绍了四个方面的内容，一是投资概述，即旅游企业为获取收益而向一定对象投放资金的经济行为，投资程序分为五个步骤，开展投资决策时必须遵循五项原则；二是项目投资的现金流量分析；三是项目投资决策评价分析指标及其计算，其中净现值指标是投资决策评价指标中最重要的指标；四是项目投资决策评价指标的具体运用，独立方案财务可行性评价与投资决策可以同时完成，互斥方案的决策则必须以方案具备财务可行性为前提，项目投资多方案比较决策的方法是指利用特定评价指标作为决策标准或依据的各种方法的统称，主要包括净现值法、净现值率法、差额投资内部收益率法、年等额净回收额法和计算期统一法等具体方法，不同的方法有不同的适用条件。

7.6 本章习题

一、思考题

1. 投资可按哪些标准进行分类？
2. 现金流量具体包括哪些内容？如何进行项目现金流量的估算？
3. 估算项目现金流量时应注意哪些问题？
4. 投资项目决策评价有哪些指标？
5. 如何进行单一独立投资项目的财务可行性评价？
6. 如何进行多个互斥方案的比较决策？
7. 如何进行多个投资方案的组合决策？

二、单项选择题

1. 下列投资项目评价指标中，不受建设期长短、投资回收时间先后及现金流量大小影响的评价指标是（　　）。

A. 净现值　　B. 投资回收期　　C. 投资收益率　D. 内含报酬率

2．某投资项目在建设起点一次投入全部原始投资额 2 000 万元，若利润 Excel 采用插入函数法所计算的方案净现值为 180 万元，行业基准折现率 10%，则方案本身的现值指数为（　　）。

A．2.099　　B．0.198　　C．1.099　　D．1.198

3．若某投资项目的净现值为 50 万元，包括建设期的投资回收期为 5 年，项目计算期为 9 年，则该方案（　　）。

A．完全不具备财务可行性　　B．基本不具备财务可行性

C．基本具备财务可行性　　D．完全具备财务可行性

4．下列指标中没有直接利用净现金流量的是（　　）。

A．净现值率　　B．内含报酬率　　C．投资收益率　　D．现值指数

5．某投资项目在建设期内投入全部原始投资，该项目的现值指数为 1.66，则该项目的净现值率为（　　）。

A．1.34　　B．0.166　　C．0.66　　D．0.34

6．某酒店计划投资 60 万元建一健身房，预计投资后每年可获净利 8 万元，项目使用寿命 5 年，无残值，采用直线法折旧。则该项目的投资回收期为（　　）。

A．1.5 年　　B．5 年　　C．3 年　　D．7.5 年

7．在财务管理中，将企业为使项目完全达到设计生产能力、开展正常经营而投入的全部现实资金称为（　　）。

A．建设投资　　B．现金流量　　C．原始投资额　　D．投资总额

8．已经某投资项目按 9%折现率计算的净现值大于 0，按 11%折现率计算的净现值小于 0，则该项目的内含报酬率肯定（　　）。

A．大于 11%　　B．小于 9%

C．大于 9%小于 11%　　D．等于 10%

9．已经某完整投资项目预计运营第一年的流动资产需用数为 300 万元，流动负债可用数为 200 万元；运营第二年的流动资产需用数为 380 万元，流动负债可用数为 220 万元，则运营第二年新增的流动资金额应为（　　）万元。

A．160　　B．80　　C．60　　D．20

10．已经某完整投资项目的固定资产投资为 5 000 万元，无形资产为 800 万元，开办费 200 万元。预计运营后第二的总成本为 1 500 万元，当年的折旧费为 480 万元，无形资产摊销为 80 万元，计入财务费用的利息支出为 100 万元，则该年用于计算净现金流量的经营成本为（　　）万元。

A．940　　B．660　　C．840　　D．1 400

三、多项选择题

1．下列各种方法中，可用于计算单一方案净现值指标的有（　　　）。

A．公式法　　B．列表法　　C．插入函数法　　D．方案重复法

2．在项目计算期不同的情况下，能够应用于多个互斥投资方案比较决策的方法有（　　　）。

A．年等额回净回收额法　　B．差额投资内含报酬率法

C．最短计算期法　　D．方案重复法

3．评价投资方案的投资回收期指标的主要缺点是（　　）。

A．不能衡量投资方案的投资报酬率高低

B．没有考虑回收期后的现金流量

C．没有考虑资金的时间价值

D．无法衡量项目的投资风险

4．采用净现值法评价项目可行性时，所采用的折现率通常包括（　　）。

A．行业平均资金收益率　　B．投资项目的内含报酬率

C．投资项目的资金成本率　　D．投资的机会成本率

5．在一般投资项目中，当一项投资方案的净现值为0时，即表明（　　）。

A．该方案的净现值率大于0　　B．该方案的现值指数等于1

C．该方案不具备财务可行性　　D．该方案的内含报酬率等于设定的折现率

6．下列属于净现值指标缺点的是（　　）。

A．无法从动态角度直接反映项目的实际收益率

B．净现金流量的测量及折现率的确定比较困难

C．没有考虑投资项目的风险

D．各项目投资额不等时仅用净现值无法确定投资方案优劣

7．按照投资行为的介入程度，投资分为直接投资和间接投资，其中直接投资的对象包括（　　）。

A．股票　　B．债券　　C．现金　　D．设备

8．若有两个投资项目方案，原始投资额不相同、项目计算期也不一样，彼此相互排斥，可以采用下列哪些方法进行选择优（　　）。

A．年等额净回收额法　　B．统一计算期法

C．差额内含报酬率法　　D．净现值法

9．如果其他因素不变，一旦折现率提高，则下列指标中其数值将变小的是（　　）。

A．净现值率　　B．内含报酬率

C．净现值　　D．现值指数

10．按插入函数法求得的内含报酬率与真实内含报酬率的关系表述不可能的是（　　）。

A．等于项目的真实内含报酬率×（1＋设定折现率）

B．大于项目的真实内含报酬率

C．大于项目的真实内含报酬率

D．等于项目的真实内含报酬率

四、判断题

1．按照投资的方向不同可以将投资分为对内投资和对外投资，从企业来看，对外投资包括以货币资金、实物资产、无形资产向其他企业注入资金。　　（　　）

2．在应用差额投资内含报酬率法对固定资产更新改造投资项目进行决策时，如果差额内含报酬率大于或等于行业基准折现率或资金成本率，就应当进行更新改造。　　（　　）

3．在项目投资决策中，净现金流量是指在项目计算期（包括建设期和运营期）内管理经验年现金流入量与同年现金流出量之间的差额所形成的序列指标。（　）

4．根据项目投资理论，完整投资项目的运营期某年所得税前净现金流量等于该年的自由现金流量。（　）

5．在不考虑资金时间价值的前提下，投资项目的回收期越短，该投资项目的获得能力越强。（　）

6．按照项目投资假设，建设期资本化利息属于建设投资的范畴，在计算固定资产原值并计提折旧时应考虑资本化利息。（　）

7．对于独立投资项目方案，完全具备或基本具备财务可行性的方案就可以接受。（　）

8．只有增量现金流量才是与投资项目相关的现金流量。（　）

9．使某投资方案的净现值小于零的折现率，一定小于项目本身的内含报酬率。（　）

10．在互斥方案的选优决策中，若差额内含报酬率指标大于基准收益率或设定的折现率，则原始投资额较小的方案为较优方案。（　）

五、计算题

1．某酒店有一投资项目，原始投资额800万元，其中投备投资750万元，开办费9万元，垫支流动资金41万元。该项目建设期为1年，建设期资本化利息60万元。设备投资及开办费于建设起点投入，流动资金于设备运营日垫支。该项目寿命期为5年，按直线法折旧，预计残值10万元；开办费在项目运营后分三年摊销。预计项目运营后第1年可获得息税前利润200万元，以后每年递增40万元。该酒店适用的所得税率为25%，最低报酬率为15%。

要求：（1）计算该项目的各年现金流量，填入下表（单位：万元）；

项目／年限	0	1	2	3	4	5	6
设备投资							
开办费投资							
垫支流动资金							
息前税后利润							
年折旧							
开办费摊销							
残值收入							
收回流动资金							
现金净流量							
累计现金流量							

（2）计算该项目的回收期、投资收益率；

（3）计算该项目的净现值和内含报酬率。

2．某酒店计划更新一套厨房设备。旧设备预计还可使用5年，其账面折余价值为12万元，目前变价收入7万元。新设备投资额为22万元，预计使用5年。至第5年年末，新设备的预计残值为2万元，旧设备的预计残值为1万元。预计使用新设备可使用酒店第一年增加营业收入 4 万元，第二年至第四年每年增加营业收入 5.667 万元，第五年增加营业收入 4.5 万元，使用新设备每年可节省成本 5000 元。该企业采用直线法折旧，适用所得税税率为 25%。

要求：（1）计算使用新设备比使用旧设备增加的投资额；（2）计算因旧设备提前报废发生的处理固定资产净损失抵税额；（3）计算使用新设备比使用旧设备每年增加的息税前利润；（4）计算使用新设备比使用旧设备每年增加的净现金流量；（5）计算该方案的差额投资内含报酬率；（6）若酒店期望报酬率为 22%，确定应否用新设备替换现有旧设备。

（参考答案）

一、思考题

（略）

二、单项选择题

1．C 2．C 3．C 4．C 5．C 6．C 7．C 8．C 9．C 10．C

三、多项选择题

1．ABC 2．ACD 3．ABC 4．ACD 5．BD 6．ABD 7．CD 8．AB 9．ACD 10．AC

四、判断题

1．对 2．对 3．对 4．错 5．错 6．错 7．对 8．对 9．错 10．错

五、计算题

1．（1）计算该项目的各年现金流量，填入下表（单位：万元）；

项目 / 年限	0	1	2	3	4	5	6
设备投资	−750						
开办费投资	−9						
垫支流动资金		−41					
息前税后利润			150	180	210	240	270
年折旧			160	160	160	160	160
开办费摊销			3	3	3		0
残值收入							10
收回流动资金							41
现金净流量	−759	−41	313	343	373	400	481
累计现金流量	−759	−800	−487	−144	229	629	1110

（2）该项目回收期＝3＋144÷373≈3.39（年）

该项目投资收益率＝[（200＋240＋280＋320＋360）÷5]÷（800＋60）≈32.56%

（3）该项目的净现值＝−759−41×（P/F，15%，1）＋313×（P/F，15%，2）＋343×（P/F，15%，3）＋373×（P/F，15%，4）＋400×（P/F，15%，5）＋481×（P/F，15%，6）≈287.63（万元）

因为净现值大于零，所以该项目为可行方案。

该项目的内含报酬率：用 24%折现率计算的净现值为 17.9543 万元，用 28%折现率计算的净现值为-71.7138，因此该项目的内含报酬率等于：

$$24\%+（28\%-24\%）\times 17.9543\div（17.9543+71.7138）\approx 24.8\%$$

2．（1）使用新设备比使用旧设备增加的投资额＝32－7＝25（万元）

（2）因旧设备提前报废发生的处理固定资产净损失抵税额＝（12－7）×25%＝1.25（万元）

（3）使用新设备比使用旧设备每年增加的息税前利润：

每年新增折旧＝（22－2）÷5－（12－1）÷5＝1.8（万元）

每年增加的总成本＝－0.5＋1.8＝1.3（万元）

第 1 年增加的息税前利润＝4－1.3＝2.7（万元）

第 2～4 年每年增加的息税前利润＝5.667－1.3＝4.367（万元）

第 5 年增加的息税前利润＝4.5－1.3＝3.2（万元）

（4）计算使用新设备比使用旧设备每年增加的净现金流量：

$\triangle NCF_0$＝－（22－7）＝－15（万元）

$\triangle NCF_1$＝2.7×（1－25%）＋1.8＋1.25＝5.075（万元）

$\triangle NCF_{2\sim4}$＝4.367×（1－25%）＋1.8＝5.075（万元）

$\triangle NCF_5$＝3.2×（1－25%）＋1.8＋（2－1）＝5.2（万元）

（5）计算该方案的差额投资内含报酬率：

5.075×（P/A，$\triangle IRR$，4）＋5.2×（P/A，IRR，5）－15＝0

$\triangle IRR$ 为 20%的净现值＝5.075×（P/A，20%，4）＋5.2×（P/A，20%，5）－15
＝0.227532（万元）

$\triangle IRR$ 为 24%的净现值＝5.075×（P/A，24%，4）＋5.2×（P/A，20%，5）－15
＝－1.02446（万元）

$\triangle IRR$＝20%＋（24%－20%）×0.227532÷（0.227532＋1.02446）≈20.73%

（6）因为 $\triangle IRR$ 小于 22%，因此酒店不应该更新旧设备。

第 8 章

旅游企业成本费用管理

本章导读

成本费用管理是旅游企业财务管理的重要内容，也是企业科学管理体系的一个重要组成部分。通过对成本费用进行有组织有系统的预测、决策、计划、控制、分析和考核，可以促使企业不断的降低成本费用，以较少的成本费用支出实现较大的经济效益。本章将学习掌握成本管理的对象、分类、目标、内容等基本内容以及成本计算的基本要求，并在此基础上掌握旅游企业餐饮成本控制、旅行社成本控制的基本内容和方法。

8.1 旅游企业成本费用管理概述

“开源节流”是旅游企业永远的话题，“挖潜创效”是旅游企业不变的主旋律。在竞争如此残酷的今天，作为管理者如何将“开源节流”付诸实施，如何将“挖潜创效”变为现实，如何加强内部管理，提高经济效益？因此，旅游企业成本费用管理是企业管理的重要内容，也是财务管理的重要内容之一。确定旅游企业成本费用的目标是提高旅游企业经济效益的根本途径。

8.1.1 旅游企业成本费用的概念

企业在生产经营过程中发生的各项耗费，称为费用。费用包括生产成本和期间费用。而成本是指企业为生产产品提供劳务所发生的各种耗费。

成本和费用是两个意思很相近的概念，它们之间既有联系又有区别。它们之间的联系表现为：它们的本质是相同的，都是企业生产过程中的劳动耗费。它们之间的区别为：首先是两者的定位标准不同，费用是归属于一定时期的劳动耗费，成本则是归属于一定商品或劳务等的劳动耗费；其次两者在数量上不同，费用既包括计入产品成本的费用，又包括不计入产品成本的费用。

成本费用管理，就是对企业在产品生产和经营过程中各项费用的发生和产品成本的形成所进行的预测、计划、控制、核算、分析和检查等一系列的科学管理工作。其目的在于动员广大职工群众，挖掘企业内部潜力，厉行节约，不断降低生产耗费和产品成本。人们在习惯上往往把成本费用管理笼统地称为成本管理。

成本预测和成本计划，是成本管理的设计阶段，它为成本管理工作提出了奋斗目标和行动纲领。成本控制和核算，是成本管理的执行阶段，它指导、监督成本计划的执行，保证成本计划的实现。成本分析和检查，是成本管理的考核总结阶段。这六个环节依次循环，紧密相连，共同推进成本管理工作不断前进。片面强调几个环节而忽视另外几个环节是不可能取得好结果的。

成本控制是成本管理体系中的中心环节。一方面成本控制在一定程度上可以保证企业目标利润的实现。企业为了实现目标利润，可以从收入、成本两个方面入手。收入在一定程度上取决于外部因素，如市场需求量、购买力指数等，而成本是企业可以控制的主观因素，有一定的主动权，因此可通过制定目标成本的方法达到其目标利润。另一方面成本控制可增加企业的盈利，提高经济效益，增强企业的活力。总之，成本控制的好坏直接关系到企业的生存发展，具有重要意义。

8.1.2 成本费用管理的意义

成本费用是反映企业生产经营活动效果的一项重要的综合性指标，因此加强成本费用管理具有重要的意义。

（1）加强成本费用管理可以提高企业的竞争力。现代社会，企业间的竞争非常激烈，优胜劣汰成为必然。作为生产企业来说，企业竞争首先是产品竞争。而决定产品竞争优势的因素很多，如价格、款式、质量和售后服务等，但价格是最重要的因素。当企业达到一定的经营管理水平后，产品竞争就是价格竞争，而价格决定于成本。因此加强成本费用管理，合理控制生产中的各种耗费，节约费用支出，可以降低产品成本，提高企业竞争力。

（2）加强成本费用管理是企业增加盈利的重要途径。增加利润是企业的经营目的之一，也是社会经济发展的动力。在任何情况下，降低成本都可以增加利润。因此，加强成本费用管理，是企业增加盈利的重要途径。

（3）加强成本费用管理可以提高企业经营管理水平。成本费用是一项综合反映企业生产经营状况的指标。经营管理的各项工作如劳动生产率的高低、产量的增减、费用支出的多少和资金运用是否合理等，都会通过成本费用指标直接和间接地反映出来。通过成本费用的比较和分析，能够及时发现企业管理中存在的问题，从而总结经验，采取有效措施，改善经营管理，不断提高经营管理水平。

8.1.3 成本费用的开支范围

加强成本费用管理，必须严格确定成本费用的开支范围。成本费用的开支范围是国家统一规定的一项财务管理制度。严格遵守成本费用的开支范围，对于保证企业成本计算的真实性和可比性，准确计算企业盈利具有十分重要的作用。在确定成本费用开支范围时，必须正确划分以下几个界限。

（1）正确划分应计入成本费用与不应计入成本费用的界限。

企业经济活动的广泛性，决定了发生各种耗费的用途是多方面的。不能把企业的所有支出都计入到产品成本和期间费用中，而必须按其用途进行合理划分，以保证成本费用的真实性、合法性。

划分的原则要求是：用于产品生产和销售、用于组织和管理生产经营活动以及用于筹集生产经营资金的各种费用，即收益性支出，应计入成本费用；而对于资本性支出或不是由企业日常生产经营活动而发生的费用支出，如企业购建固定资产、无形资产和其他资产的支出、对外投资的支出、固定资产盘亏和清理损失、非正常原因的停工损失等，都不应计入成本费用中去。企业既不应乱挤成本费用，将不属于生产经营管理的费用列入成本费用，也不得将应计入成本费用的生产经营管理费用不计或少计。乱挤成本费用会减少企业利润，进而减少国家财政收入；少计成本费用，则会虚增企业利润，造成超额分配，使企业的生产经营耗费得不到补偿，进而影响企业生产顺利进行。

（2）正确划分生产成本与期间费用的界限。

应计入生产经营成本的费用还应在各月之间进行划分，以便分月计算产品成本。生产费用要计入产品的生产成本，但当月产品的生产成本，并不一定都能成为当月产品的销售成本而从利润中扣除。因为当月生产的产品不一定当月就完工并实现销售；当月销售出去的产品不一定是当月生产的。所以计入产品成本的费用与计入期间费用的费用对一定时期内的利润影响是不一样的。

为了正确划分各会计期的成本界限，要求企业不能提前结账，将本月费用作为下月费用处理；也不能延后结账，将下月费用作为本月费用处理。为了正确划分务会计期的费用界限，还要求贯彻权责发生制原则，正确核算待摊费用和预提费用。本月已经支付但应由以后各月负担的费用应作为待摊费用处理。本月尚未支付但应由本月负担的费用应作为预提费用处理。为了正确计算企业各个会计期间的利润，要将计入成本费用在产品成本和期间费用之间进行正确划分。划分的原则要求是：用于产品生产的原材料费用、生产工人工资费用和制造费用等应计入生产费用，并据以计算产品成本；用于产品销售、组织和管理生产经营活动以及为筹集生产经营资金而发生的费用作为期间费用、直接计入当期损益。正确划分生产成本和期间费用的界限，可以保证产品成本和各期损益的正确性。

（3）正确划分各个月份的费用界限。

成本费用的确认是建立在权责发生制基础上的。因此，为了正确计算产品成本，在正确划分上述费用界限基础上，还应划清由本月产品成本、期间费用负担和应由其他月份产品成本、期间费用负担的费用界限。

划分的基本要求是：应由本月负担的费用都应在本月入账，计入本月的产品成本和期间费用；不应由本月负担的费用，一律不得列入本月的产品成本和期间费用。凡是已经支出，应当由本月和以后各月负担的费用，应作为待摊费用，分期摊入成本费用；凡是本月已经发生而尚未支付的费用，应由本月负担，计入预提费用。正确划分这方面的费用界限是准确计算各月产品成本和期间费用的基础。应当防止利用费用预提和待摊的办法人为调节各个月份的成本、费用，人为调节各月损益的错误做法。

（4）正确划分各种产品的费用界限。

对于生产两种或两种以上产品的生产企业，还要对计入当月产品成本的生产费用在各有关产品之间进行划分，以便分析和考核各种产品成本计划或成本定额的执行情况。属于某种产品单独发生、能够单独计入该种产品成本的费用，直接计入该种产品的成本；凡属于几种产品共同发生、不能直接计入某种产品成本的费用，则要采取适当的分配方法，分配计入这几种产品的成本。要如实反映各种产品的耗费，不能人为地在不同产品之间，特别是亏损产品与盈利产品、可比产品与不可比产品之间任意转移生产费用。

8.1.4　成本费用的分类

为了适应成本计算和成本管理的需要，寻求进一步降低成本的途径，必须对成本进行分类。成本分类是为满足一定目的而对成本管理对象的细化，主要可以分为以下几类。

（1）按成本与特定产品的关系分为直接成本和期间费用。

直接成本是直接用于客人的费用。根据成本费用凭证直接计入各部门“成本”账户，即“主营业务成本”。“主营业务成本”是指现代旅游企业在旅游经营、服务过程中所发生的各项直接支出，如酒店主营业务成本包括：餐饮成本、商品成本、洗涤成本等；旅行社主营业务成本包括：房费、餐费、交通费、行李托运费、票务费、门票费、签证费、劳务费、机场费等。

期间费用是在一定会计期间发生的、与生产经营没有直接关系和关系不密切的销售费用、管理费用、财务费用等。期间费用在期间内扣除，不计入主营业务成本，在利润表中表现。

① 销售费用。营业费用是指营业部门在经营中发生的各项费用，是企业在销售产品和提供劳务等日常经营过程中发生的各项费用以及专设销售机构的各项经费，包括：运输费、装卸费、包装费、保险费、广告费、展览费、租赁费（不包括融资租赁费），以及为销售本公司商品而专设销售机构的职工工资、福利费、办公费、差旅费、折旧费、修理费、物料消耗、低值易耗品的摊销等。

② 管理费用。管理费用是指企业行政管理部门为管理组织经营活动而发生的各项费用，包括公司经费、工会经费、职工教育经费、劳动保险费、失业保险费、董事会费、咨询费、审计费、诉讼费、税金、土地使用费、土地损失补偿费、技术转让费、技术开发费、无形资产摊销、递延资产摊销、坏账损失、业务招待费、存货盘亏毁损及报废（减盘盈）损失，以及其他管理费用。

公司经费，即企业管理人员工资、福利费、差旅费、办公费、即企业管理人员工资、福利费、差旅费、办公费、折旧费、修理费、物料消耗、低值易耗品摊销和其他经费；

工会经费，即按职工工资总额的一定比例计提拨交给工会的经费；职工教育经费，即按职工工资总额的一定比例计提，用于职工培训学习以提高文化技术水平的费用；

劳动保险费，即企业支付离退休职工的退休金或按规定交纳的离退休统筹金、价格补贴、医药费或医疗保险费、退职金、6 个月以内病假人员工资、职工死亡丧葬补助费及抚恤费、按规定支付离休人员的其他经费；

失业保险费，即企业按劳动部门规定比例向社保机构交纳的员工失业保费。

董事会费，即企业董事会或最高权力机构及其成员为执行职能而发生的差旅费、会议费等；

咨询费，即企业向有关咨询机构进行科学技术经营管理咨询所支付的费用；

审计费，即企业聘请注册会计师进行查账、验资、资产评估等发生的费用；

诉讼费，即企业因起诉或应诉而支付的各项费用；

税金，即企业按规定支付的房产税、车船使用税、土地使用税、印花税等；

土地使用费，即企业使用土地或海域而支付的费用；

土地损失补偿费，即企业在生产经营过程中破坏土地而支付的土地损失补偿费；

技术转让费，即企业购买或使用专有技术而支付的技术转让费用；

技术开发费，即企业开发新产品、新技术所发生的新产品设计费、工艺规程制定费、设备调整费、原材料和半成品的试验费、技术图书资料费、未获得专项经费的中间试验费及其他有关费用；

无形资产摊销，即场地使用权、工业产权及专有技术和其他无形资产的摊销；

递延资产摊销，即开办费和其他资产的摊销；

坏账损失，即企业确定无法收回的应收账款损失；

业务招待费，即企业为业务经营的合理需要在年销售净额一定比例之内支付的费用；

存货盘亏毁损及报废（减盘盈）损失，即库存物料和商品由于各种原因导致的变质、短缺、毁损的损失。

其他费用，即不包括在上述项目中的其他管理费用，如绿化费、排污费等。

③ 财务费用。财务费用是指企业为筹集生产经营所需资金等而发生的费用，包括利息支出（减利息收入）、汇兑损失（减汇兑收益）以及相关的手续费等。具体内容包括：

利息支出，指企业短期借款利息、长期借款利息、应付票据利息、票据贴现利息、应付债券利息、长期应付引进国外设备款利息等利息支出（除资本化的利息外）减去银行存款等的利息收入后的净额。

汇兑损失，指企业因向银行结售或购入外汇而产生的银行买入、卖出价与记账所采用的汇率之间的差额，以及月度（季度、年度）终了，各种外币账户的外币期末余额按照期末规定汇率折合的记账人民币金额与原账面人民币金额之间的差额等。

相关的手续费，指发行债券等所需支付的手续费（需资本化的手续费除外），开出汇票、电汇、购买银行票据等银行手续费、调剂外汇手续费等，但不包括发行股票所支付的手续费等。

其他财务费用，如现金折扣、融资租入固定资产发生的非资本化融资租赁费用等。

（2）基于成本管理目的的分类。

广义成本计算的目的不是唯一的，也包括为成本管理而进行的计算，此时也要求进行成本分类。

① 按成本习性分为变动成本、固定成本和混合成本。该种分类是管理会计短期经营管理的基础，对于成本预测、决策和分析，特别是对于控制和降低成本具有重要作用。

② 按成本决策相关性分为相关成本和无关成本。相关成本是与决策有关的未来成本，如专属成本、机会成本、重置成本等；无关成本则是与决策无关的已发生的成本，如沉没成本、联合成本等。该种分类有利于正确决策的进行。

8.2 旅游企业成本费用预算的编制方法

8.2.1 成本费用预算的意义

成本费用预算，是在预测的基础上，以货币规定企业在一定时期内完成生产任务所需耗费的生产费用额，并确定各种产品的成本水平和控制成本降低耗费的目标任务。它是对预测成本运用决策手段进行调节和平衡的结果，表明在现有的生产经营条件下，如何使成本水平符合预测的要求，以及为达到这一目的，企业在生产经营活动中应采取的哪些具体部署和安排。成本费用预算对各部门具有约束力，是对企业生产耗费进行控制、分析和考核的重要依据。同时，成本费用预算是编制其他有关经营预算的基础，如资金预算、利润预算的编制就必须以成本费用预算资料作为依据。正确编制成本费用预算是加强成本费用管理的重要环节。

8.2.2 成本费用预算的编制程序

（1）在广泛收集和认真整理相关资料的基础上，预计和分析上期成本计划的执行情况。

（2）进行整个旅游企业成本计划指标的初步预测，确定计划期的目标成本，并拟定和下达各部门的成本控制指标。

（3）各部门发动员工讨论成本控制指标，编制各单位的成本计划或费用预算，制定增产节约的保证措施。

（4）财务部门审核各单位的成本计划或费用预算，进行综合平衡和汇编全厂的成本计划和费用预算。

8.2.3 成本费用的预算

1. 餐饮成本预算

餐饮成本预算可以根据营业收入、历史资料和市场供求关系等确定本酒店的毛利率。其计算公式为：

预算期餐饮成本＝Σ［某餐厅预算餐饮营业收入×（1－某餐厅餐饮毛利率）］

毛利率＝（营业收入－营业成本）÷营业收入

2. 商品成本预算

商品部商品销售成本是指已经销售商品的进价成本。商品部经营商品种类较多，进销差价率各不相同，如果按综合进销差价率来制定成本预算，就会使预算与实际发生较大差异，一般我们采用分类进销差价率，即按经营柜组进销差价率，然后确定已销商品的成本。其计算公式为：

商品成本预算额＝Σ［预算期某类商品销售额×（1-预售期某类商品进销差价率）］

某类商品进销差价率＝月末某类商品“进销差价”余额÷（月末某类商品库存商品余额＋本月某类商品销售额）

【例 8-1】 某旅游饭店商品部百货柜组销售额为 100 万元，进销差价率为 30%；食品柜组销售额为 200 万元，进销差价率为 20%；工艺品柜组销售额 400 万元，进销差价率为 40%。计算其商品成本。

解：商品成本＝100×（1－30%）＋200×（1－20%）＋400×（1－40%）＝470（万元）

3. 期间费用预算

为了加强对费用的管理，贯彻分级管理的目标成本费用责任制，各项费用计划应按归口分级管理的原则，先由归口管理部门编制预算，再由成本费用预算主管部门审核平衡后汇总。具体编制计划时，各企业可根据实际需要再细分项目进行管理。

差旅费：职工因公外出的各种差旅费、住宿费、助勤费、市内交通费和误餐补贴，按工作需要、出差人数和规定的差旅费标准计算编列。职工及其家属的调转、搬家费，患职业病的职工去外地就医的交通费、宿费、伙食补贴等根据实际情况估算编列。

办公费：根据有关的开支标准，参照统计资料，分明细项目计算编列。政工部门的宣传经费，包括学习资料、照像相洗印费，以及按规定开支的报刊订阅费等，根据合理需要和节约原则编列。

折旧费：根据年度应计提折旧的固定资产原值和规定的折旧率确定编列。

修理费：根据在用固定资产使用状态，参照企业固定资产修理计划和以前年度修理费用支出实际情况资料预计编列。因调整设备而需要发生的设备调整搬迁费用，按搬迁预算和节约原则编列。

物料消耗：机械、动力、运输设备运行和工艺用油脂，应按企业有关设备保养制度的规定，计算设备的加油、换油周期，给油品种定额、单价，计算编列。冷却剂、擦拭材料、标记用笔、油漆、清洗用煤油、汽油、洗涤剂、砂条及其他材料，也应列出品种、数量，参照历史资料确定限额。润滑剂应考虑回收、再生、利用情况，适当扣减降低的费用。

董事会费：根据开支需要或有关预算编列。

咨询费：根据企业批准的科学技术、经营管理咨询计划计算编列。

审计费：根据实际需要并结合上年情况估算编列。

诉讼费：根据企业生产经营活动的实际情况，预计可能发生的问题，以及国家规定的收费标准估算编列。

排污费：按照规定缴纳的排污费用比例编列。

绿化费：按预算年度绿化项目预算编列。

税金：按照房产税、车船使用税、土地使用税、印花税的计税依据和税率计算编列。

技术开发费：按照企业研究开发新产品、新技术、新工艺预算编列。

无形资产摊销：按规定摊销比例编列。

业务招待费：按预算年度业务需要本着节俭原则编列。

仓库经费：按上年历史资料和预算期实际需要编列。

保险费：按预计进行财产物资投保金额及保费比例编列。

其他支出：如水电费、运输费、取暖费、警卫消防费、会议费、职工交通费、劳动保护费、租赁费、环保卫生费、坏账损失、存货盘亏（减盘盈）、产品“三包”损失、试验检验费、计提的存货跌价准备、利息净支出、金融机构手续费、汇兑净损失、装卸费、包装费、广告费、展览费、委托代销手续费、销售服务费、包干费用等，根据本年实际情况、以前年度历史资料和国家有关规定编列。

8.3　旅游企业成本费用控制

8.3.1　成本费用控制的意义

1. 成本费用控制的概念

成本费用控制是指在企业生产经营过程中，按照既定的成本目标，对构成产品成本费用的一切耗费进行严格的计算、调节和监督，及时揭示偏差，并采取有效措施纠正不利差异，发展有利差异，使产品实际成本费用被限制在预定的目标范围之内。科学地组织成本控制，可以用较少的物质消耗和劳动消耗，取得较大的经济效果，不断降低产品成本，提高企业管理水平。

成本费用控制有广义与狭义之分。狭义的成本费用控制是指日常成本费用控制，即在成本费用形成过程中，按照预定的成本费用目标，对生产耗费进行严格的计量、监督和指导，并对发生的偏差及时分析原因，加以纠正与控制。广义的成本费用控制除了日常成本费用控制外，还包括事前成本费用控制和事后成本费用控制。事前成本费用控制是指产品投产前，对影响成本的经济活动进行事前规划，即对成本费用进行预测与决策，编制成本费用预算，并将成本费用预算作为日常控制的依据。事后成本费用控制是指产品成本形成后，对成本费用的差异进行分析和研究，找出成本费用升降的原因，并提出今后的改进措施。本节介绍日常成本费用控制。

2. 成本费用控制的基本程序

成本控制是现代成本管理工作的重要环节，是落实成本目标、实现成本计划的有力保证。成本控制一般包括以下几个基本程序。

（1）制定成本控制标准，并据以制定各项节约措施。成本控制标准是对各项费用开支和资源消耗规定的数量界限，是成本控制和成本考核的依据。没有这个标准，也就无法进行成本控制。

（2）执行标准，即对成本的形成过程进行具体的监督。根据成本指标，审核各项费用开支和各种资源的消耗，实施增产节约措施，保证成本计划的实现。

（3）确定差异。核算实际消耗脱离成本指标的差异，分析成本脱离差异的程度和性质，确定造成差异的原因和责任归属。

（4）消除差异。组织群众挖掘潜力，提出降低成本的新措施或修订成本标准的建议。

（5）考核奖惩。考核成本指标执行结果，把成本指标考核纳入经济责任制，实行物质奖励。

3. 成本费用控制的意义

成本费用控制是成本费用管理的核心环节，自始至终以不断降低成本为目标，因此，在成本费用管理中有重要意义。

（1）成本费用控制可以提高企业经济效益，增强企业活力

提高经济效益，就是以尽量少的劳动耗费和占用，取得尽量多的劳动成果。加强成本费用控制，就能够把各种耗费控制在一个合理的水平上，减少浪费，降低成本，提高经济效益，使企业在市场竞争中具有较强的竞争力，能够得以不断发展壮大。

（2）成本费用控制可以加强企业内部核算、巩固经济责任制

企业要真正成为自主经营、自负盈亏的商品生产者和经营者，必须建立企业内部经济责任制。成本费用控制就是要分清企业内部各单位对成本形成应承担的经济责任，反映成本超支和节约的承担责任者，以便进行合理奖惩，促使企业内部各单位进一步加强成本费用控制。

（3）成本费用控制可以提高企业现代化管理水平

实行成本费用控制，首先要制定各项成本费用控制标准，而标准的制定涉及企业内部设计、供应、生产、销售、质检等各个部门，是一项综合性工作。因此企业内部各个部门必须统筹安排，协调一致，才能保证成本费用目标的实现。加强成本费用控制，能不断发现各个部门管理中存在的问题，及时改进，提高企业的现代化管理水平。

8.3.2 成本费用的控制标准

成本控制标准可以有多种多样，可根据成本形成的不同阶段和成本控制的不同对象确定，主要有以下几种。

1. 目标成本

在产品设计阶段，通常是以产品目标成本（包括分解为每个零部件的目标成本）为控制标准。目标成本是在预测价格的基础上，以实现产品的目标利润为前提而确定的。新产品投产以后成本水平的高低，通常在很大程度上取决于产品设计。所以，把产品设计成本控制在目标成本范围以内，就可保证新产品正常投产以后取得预期的经济效益。

2. 计划成本指标

在编制成本计划后，可以确定各种成本计划指标，例如产品单位成本、可比产品成本降低率和降低额、费用节约额、废品降低率等计划指标，作为成本控制标准。为了便于掌握，还应根据需要将上述计划指标进行必要的分解，可以按生产单位、管理部门分解，也可以按不同产品和每种产品的工艺阶段、零部件或生产工序进行分解。以分解后的更加具体的小指标进行控制，可使成本控制工作落实到每个责任单位和各有关具体人员，并把成本控制与成本计划、成本核算紧密结合起来。

3. 消耗定额

在产品生产过程中，可以各项消耗定额作为成本控制的标准。消耗定额是在一定的生产技术条件下，为生产某种产品或零部件而需要耗费人力、物力、财力的数量标准，它包括材料物资消耗定额、工时定额和费用定额等，凡是能制定定额的，都应制定出消耗定额或支出标准。用这些定额或标准控制生产过程中的物质消耗和人力消耗，是保证降低产品成本的必要手段。

4. 费用预算

对企业经营管理费用的开支，一般采用费用预算作为控制标准。特别是对那些与产品生产无直接关系的间接费用，更需编制费用预算。实践证明，通过预算控制费用支出，是促使各部门精打细算，节省开支的有效办法。

应当指出，企业在一定时期制定的成本控制标准，并不是一成不变的。在执行过程中，要经常注意各种标准的先进性和适用性，以便积累资料，及时加以修正。

8.3.3 成本费用控制的方法

进行成本费用控制必须先确定控制标准，成本费用的控制标准不同，控制方法也不同。成本费用控制的方法有制度控制法、预算控制法、目标成本控制法、定额成本控制法、责任成本控制法和标准成本控制法等。标准成本控制法是一种较理想的事中控制成本的方法。它的基本原理是对控制对象事先确定标准成本，并设立标准成本卡，在生产过程中，不断地将实际消耗量与标准成本作比较，计算成本差异，分析差异原因，采取控制措施，将各项成本支出控制在标准成本范围内。

1. 标准成本的概念

所谓标准成本就是在一定环境和条件下，根据科学的方法预先制定的，为衡量实际成本高低的一种成本尺度。所以，标准成本是在提高效率和消灭浪费下的预计成本，也是企业在正常的经营条件下争取达到的目标成本。

采用标准成本时，成本费用预算应按标准成本编制，因此，就某一预算期的产品或某一批产品而言，既可称作标准成本，也可称作预算成本。

预算和标准都属于衡量实际发生业务的标尺。一般来说，预算成本属于总成本的概念，标准成本属于单位成本的概念。从成本控制角度来看，预算成本是成本总额控制的尺度，标准成本是单位成本控制的尺度。两者可以同时并用，也可以选用其一。

2. 标准成本的类型

（1）历史标准成本，是以某种产品过去已实现的实际成本为标准确定的成本。过去实际成本，又可分为过去实际平均成本或历史最低成本两种。以过去实际成本作为标准成本，虽然比较简单，但是不先进。

（2）基本标准成本，是在生产的基本条件无重大变化的情况下不予变动的一种标准成本，主要作为测定各期成本变动尺度之用。一般都以实施标准成本的第一年或选定某一年度的实际成本作为标准成本，用以衡量以后各年度的成本高低，据以观察成本升降的趋势。

（3）理想标准成本，是指企业在最有效的生产经营条件下，根据理论上的生产能力、生产要素的理想价格所确定的理想的产品成本。

（4）正常标准成本，是根据企业正常的生产能力、正常的设备运转、正常的工作效率、正常的材料供应、正常的材料价格以及正常的经营条件所能达到的产品成本。

（5）预期标准成本，是在最可能发生的各种生产消耗量，预计价格和预计经营能力等条件下制定的成本，是在短期内经过努力，提高效率、避免浪费的情况下应达到的目标成本。标准成本控制，一般以采用正常标准成本为宜。在实际工作中也有不少企业采用预期标准成本。标准成本制定以后，不宜经常修订，只有在客观情况发生变化时，才予以修订。

3. 标准成本的制定

标准成本的制定通常从直接材料成本、直接人工成本和制造费用三个方面着手进行。

（1）直接材料标准成本的制定

直接材料成本是指直接用于产品生产的材料成本，它包括标准用量和标准单位成本两个方面。制定直接材料标准成本时，应区别材料品种，逐一确定它在单位产品中的用量标准和标准价格，分别计算各种材料的标准成本，最后汇总计算出单位产品的直接材料标准成本。计算公式如下：

直接材料标准成本＝Σ（直接材料用量标准×直接材料标准价格）

材料的标准单位成本，应根据决策采用现行或实现价格，还是正常价格或固定价格。当采用现行或实现价格时，要视有否长期购料合同、库存材料价格及市场预测等来确定，同时还应注意材料成本应包括运输途中损耗、挑选费等在内。

（2）直接人工标准成本的制定

制定直接人工标准成本时，应区别各种直接从事产品生产人员的种类，确定单位产品所需的标准工时和标准工资率，据以计算标准人工成本。计算公式如下：

单位产品直接人工标准成本＝Σ（直接人工标准工时×标准工资率）

直接人工的用量标准是标准工时，需要按产品的加工工序分别进行，然后加以汇总。标准工时是指在正常生产技术条件下，生产单位产品所需的时间，包括直接加工操作必不可少的时间，以及必要的间歇和停工，如工间休息、调整设备时间、不可避免的废品时间等。应按平均先进水平制定，也就是产品工时定额。

直接人工的标准价格是标准工资率。在计件工资形式下，可以单件工资标准除以产品工时定额计算。在计时工资形式下，可以生产能力总工时与相应需要支付的工资总额相除计算确定。

（3）制造费用标准成本的制定

制造费用的标准成本是按部门分别计算确定，然后将同一产品涉及的各部门单位产品制造费用标准成本加以汇总，得出整个产品制造费用标准成本。计算公式如下：

单位产品制造费用标准成本＝单位产品标准工时×标准费用分配率

制造费用可以分为变动制造和固定制造费用两部分。这两部分制造费用都按标准用量和标准分配率的乘积计算，标准用量一般都采用工时表示。

变动制造费用分配率与直接人工成本中的工资率相似。在制定标准时，应按各种变动制造费用的明细项目分析制定预算金额，然后计算其标准分配率。

固定制造费用则应逐个按明细项目，根据经验记录，估计执行年度的情况制定其预算数，汇总求得固定制造费用预算（即标准）总数。这一预算总数除以年度用量总数（人工工时总数）应与计算标准工资率所用总数相同，也就是根据产量水平决策所定的预期实现的年度产量的人工工时数。

将制造费用标准用量数（人工工时或机器工时）乘以制造费用标准分配率可计算制造费用标准数。

4. 标准成本差异的计算

标准成本是一种目标成本，由于各种原因，产品实际成本通常与目标不符。所产生的实际成本与标准成本之间的差额，称为标准成本差异。标准成本差异计算是标准成本分析的基础，也是标准成本控制中心的一个重要环节。标准成本差异有直接材料成本差异，直接人工成本差异和制造费用差异。其计算公式如下：

标准成本差异＝直接材料成本差异＋直接人工成本差异＋制造费用成本差异

直接材料成本差异＝实际用量×实际价格－标准用量×标准价格

直接人工成本差异＝实际工时×实际工资率－标准工时×标准工资率

由于制造包括变动费用和固定费用，所以：

制造费用成本差异＝变动费用差异＋固定费用差异

变动费用差异＝实际变动费用总额－实际产量应耗标准工时×变动费用标准工资率

固定费用差异＝实际固定费用总额－实际产量应耗标准工时＋固定费用标准分配率

8.3.4　餐饮成本控制

餐饮成本，包括食品原料成本、劳动力成本和设备折旧费用。而餐饮成本控制主要是控制原料成本，原料成本随着营业收入的变化而变化。营业收入增加，原料成本也随之增加，营业收入降低，原料成本也随之减少。而劳动力成本和设备的折旧费用等，不随营业收入的变化而变化。

食品成本控制

在餐厅的营业收入中，除去成本即为毛利。食品成本与营业收入之比，或减去毛利率，就是食品成本率，用公式表示为：

$$食品成本率＝食品成本/营业收入×100\%$$

或：

$$食品成本率＝1－毛利率$$

餐厅的业务活动从食品原料的采购、验收、库存、发放、粗加工、切配、烹饪、服务到收款，其经营环节较多，且每一环节都会影响到食品成本。因此，餐厅必须加强餐饮产品生产、服务、销售全过程的成本控制。

第一步，采购。

采购进货是餐厅经营的起点和保证，也是食品成本控制的第一个环节，要搞好采购阶段的成本控制工作，就必须做到以下几点。

（1）制定采购规格标准，即对应采购的原料，无论从形状、色泽、等级、包装要求等方面都要加以严格的规定。当然，并不要求对每种原料都使用规格标准，一般只是对那些影响食品成本较大的重要原料使用规格标准。

（2）餐厅只应采购即将需要使用的食品原料。采购人员必须熟悉菜单及近期餐厅的营业情况，努力使采购计划与实际一致。

（3）采购人员必须熟悉食品原料知识并掌握市场动态，按时、保质、保量购买符合餐厅需要的原料。

（4）采购时，要做到货比三家，以最合理的价格购进尽量优质的原料，同时要尽量就地采购以减少运输等采购费用。

（5）对采购人员进行经常性的职业道德教育，使他们树立“一切为餐厅”的思想，避免以次充好或私拿回扣。

（6）制定采购审批程序。需要原料的部门必须填写请购单（见表 8-1），一般情况下由厨师长审批后交采购部，如超过采购金额的最高限额时，应报餐厅经理审批。

请购单一式三份，第一、二联送采购部，第三联由请购部门负责人保存，供以后核对使用。

表 8-1 请购单　　　　年　月　日 NO:

要求进货日期:		部门:	
原料名称	数量	质量要求	备注
请购人:			
审核:			

第二步，验收。

餐厅应制定原料验收的操作规程，验收一般分质、量和价格等三个方面的验收。

（1）质：验收人员必须检查购进的食品原料是否符合原先规定的规格标准和要求。

（2）量：对所有的食品原料查点数量或复核重量，核对交货数量是否与请购数量、发票数量一致。

（3）价格：购进原料的价格是否和所报价格一致。

如以上三方面有一点不符，餐厅应拒绝接受全部或部分原料，财务部门也应拒绝付款，并及时通知原料供应单位。

应建立严格的采购验货制度，如验收全部合格则填写验收单（见表 8-2）。

表 8-2 验收单

原料名称	单位	发票数			验收数		
		数量	单价	金额	数量	单价	金额
合计							
采购					验收		

第三步，库存。

库存是食品成本控制的一个重要环节，如库存不当就会引起原料的变质或丢失等，从而造成食品成本的增高和利润的下降。为此，餐厅必须搞好仓库的贮存和保管工作。

原料的贮存保管工作必须由专人负责，保管人员应负责仓库的安保工作，未经许可，任何人不得进入仓库，另外为防止偷盗原料，还必须定期换锁等。

食品原料一旦购进应迅速根据其类别和性能放到适当的仓库，在适当的温度中贮存。餐厅都有自己的仓库，如干货仓库、冷藏室，冰库等。原料不同，仓库的要求也不同，基本要求是分类、分室贮存。

所有库存的食品原料都应注明进货日期，以便搞好存货的周转工作。发放原料时要遵循“先进先出”原则，即先存原料早提用，后存原料晚使用。另外，保管人员还必须经常检查冷藏、冷冻设备的运转情况及各仓库的温度，搞好仓库的清洁卫生以防虫、鼠对库存食品原料的危害。

每月月末，保管员必须对仓库的原料进行盘存并填写盘存表（见表 8-3）。

表 8-3　盘存表　　年　月　日

原料名称	单位	单价	实存量	账存量	盈余数	亏损数	盈亏原因	合计
成本核算员：					保管员：			

盘存时该点数的点数，该过称的过称，而不能估计盘点。

盘点时应由成本核算员和保管员共同参加。应该说，各原料的库存金额应与财务部的账面金额相符，但实际上这是很难的，有时因为损耗，或把价格搞错等原因会出现库存金额与财务部的账面金额不符。

对发生的盈亏情况必须经餐厅经理严格审核，原则上，原料的盈亏金额与本月的发货金额之比不能超过 1%。

第四步，原料发放。

原料的发放控制工作有以下两个重要方面：

（1）未经批准，不得从仓库领料；

（2）只准领取所需的食品原料。

为此，餐厅必须健全领料制度，最常见的就是使用领料单（见表 8-4）。

领料单一式四份，一份留厨房，一份交仓库保管员，一份交成本核算员，一份送交财务部。一般说来，厨房应提前将领料要求通知仓库，以便仓库保管员早作准备。

表 8-4　领料单

原料名称	单价	数量	小计	合计
领料：			仓库保管员：	

第五步，粗加工。

粗加工过程中的成本控制工作主要是科学、准确地测定各种原料的净料率。为提高原料的净料率，就必须做到：

（1）粗加工时，严格按照规定的操作程序和要求进行加工，达到并保持应有的净料率；

（2）对成本较高的原料，应先由有经验的厨师进行试验，提出最佳加工方法；

（3）对粗加工过程中剔除部分（肉骨头等）应尽量回收，提高其利用率，做到物尽其用，以便降低成本。

第六步，切配。

切配是决定主、配料成本的重要环节。切配时应根据原料的实际情况，整料整用，大料大用，小料小用，下脚料综合利用的原则，以降低食品成本。

第七步，烹饪。

餐饮产品的烹饪，一方面影响菜点质量，另一方面也与成本控制密切相关。烹饪对食品成本的影响主要有以下几个方面。

（1）调味品的用量。烹制一只菜看所用的调味品较少，在成本中所占比重较低，但从餐饮产品的总量来看，所耗用的调味品及其成本也是相当可观的，特别是油、味精及糖等。所以在烹饪过程中，要严格执行调味品的成本规格， 这不仅会使菜点质量较稳定，也可以使成本精确。

（2）菜点质量及其废品率。在烹饪过程中应提倡一锅一菜，专菜专做，并严格按照操作规程进行操作，掌握好烹饪时间及温度。如果宾客来餐厅就餐，对每份菜点都有意见并要求调换，这就会影响服务质量和食品成本。

第八步，服务。

在服务过程中也会引起食品成本的增加，如服务员在接受菜点时没有重复确认宾客所点菜肴，以至于上菜时宾客说没有点此菜；如出现传菜差错，传菜员将 1 号桌宾客所点菜肴错上至 2 号桌，而 2 号桌宾客又接收了菜肴。

第九步，收款。

收款过程中的任何差错、漏洞都会引起食品成本的上升。因此，餐厅的经营管理人员必须控制好以下几个方面：

（1）防止漏记或少记菜点价格；

（2）在账单上准确填写每个菜点的价格；

（3）结账时核算正确；

（4）防止漏账或逃账；

（5）严防收款员或其他工作人员的贪污、舞弊行为。

第十步，审核。

每天营业结束后，餐厅账台应根据账单和点菜单等编制餐厅营业日报表（见表 8-5）。

营业日报表一式三份，一份自存，一份连同住店宾客签付的账单一起交总服务台，一份连同全部账单、点菜单、宴会预订单等及当天营业收入的现金一起递交财会部门。财会部门应根据餐厅营业日报表及有关原始凭证，认真审核以确保餐厅的利益。

表 8-5 餐厅营业日报表 年 月 日

业务项目	金额	结算情况	现金收入金额	转账收入金额	点菜单号码	账单号码	预订单、任务通知单号码	备注
宴会								
点菜								
酒水								
水果								
香烟								
合计								

8.3.5 酒水成本的控制

酒水成本控制与食品成本控制一样，也应从采购、贮存等诸方面保证酒水的低成本、高效益。酒水成本控制的关键有以下两个方面。

1. 调制

西方旅游者习惯于将烈酒调制以后饮用。他们一般饮用酒精含量在 14%（即 14 度）以下的酒水。因此，餐厅一般都有专人为宾客调制酒水以满足其需求。

在酒水的调制过程中，一定要制定标准酒谱，即一份混合饮料所需要的各种酒水及其用量的配方，并严格按照该标准酒谱，使用酒水的量度标准来调制酒水，做到用量正确并精确。这样，既能保证质量，又能控制成本。

2. 盘存

每天营业结束，各餐厅，特别是酒吧要对当日所消耗的各种酒水进行盘存并填写酒水盘存表。盘存的目的，一方面是为控制成本，另一方面也能根据盘存情况为第二天的营业作好准备。盘存的同时还应审核当日营业收入是否与点酒单及实际消耗相符，如发现问题应及时向上级汇报并查明原因。

8.3.6 厨房成本控制

厨房原材料加工，生产成菜肴成品，总结以下生产线流程管理控制标准。

1. 理顺生产线流程

厨房的生产线流程主要包括加工、配制、烹饪三个方面。原材料加工可分为：粗加工（动物宰杀等）、精加工、干货涨发等。用料配制可分为：热菜配制、冷菜配制。菜肴烹调可分为：热菜制作、冷菜制作、打荷制作、面点制作。

2. 建立生产标准

建立标准就是对生产质量、产品成本、制作规格进行数量化，并用于检查指导生产的全过程，随时消除一切生产性误差，确保食品质量的优质形象，使之督导有标准的检查依据，达到控制管理的效能。

（1）加工标准。制定对原料用料的数量、质量标准，涨透的程度等。制定出《原料净标准》、《刀工处理标准》等。

（2）配制标准。制定对菜肴制作用料品种、数量标准及按人所需营养成分进行原料配制。

（3）烹调标准。对加工、配制好的半成品、加热成菜规定调味品的比例，以达到色、香、味、形俱全的菜肴。

（4）标准菜肴。制定统一标准，统一制作程序，统一器材规格和装盘形式，标明质量要求、用餐人数、成本、利润和售价的菜谱。

在标准制定后，要达到各项标准，必须要有训练有素、掌握标准的生产人员和管理人员，来保证制作过程中菜肴优质达标。

8.3.7 旅行社成本费用的计算和控制

旅行社成本费用的计算从单位成本计算与总成本计算两方面来说明。

1. 旅行社单位成本计算

（1）单团成本计算，就是将组织或接待的每个旅游团作为成本核算对象，按团、按成本项目设立成本明细账，进行直接费用的归集和汇总，计算出每个团各项目成本和总成本，以及每人/天的单位成本。计算公式为：

该团人天数＝该团人数×该团停留天数

该团单位成本＝该团成本总额÷该团人天数

（2）等级成本计算，就是将组织或接待的各个等级（如 1 人、2～5 人、6～9 人、10 人以上等）旅游团作为成本核算对象，按等级、按成本项目设立成本明细账，进行直接费用的归集和汇总，计算出各个等级各成本项目和总成本，以及各个等级的每人/天单位成本。计算公式为：

某等级单位成本＝该等级成本总额÷该等级总人天数

2. 旅行社总成本计算

旅行社总成本计算可分为全社总成本计算和部门总成本计算。

（1）全社总成本计算，即将全社各种业务的全部直接费用不分具体对象而进行归集与汇总，只计算总成本，不计算单位成本，并与毛利和毛利率结合在一起，用主营业务总收入减去主营业务成本后，求出营业毛利和毛利率，以考核企业的经营业绩。

（2）部门总成本计算，即将社内各经营部门（如外联部、接待部、票务部等）作为成本核算对象，按部门设立成本明细账，进行直接费用的归集和汇总，计算出部门总成本和部门毛利及毛利率，以考核部门的经营业绩。外联部、接待部也可以计算全部综合服务团的单位成本。计算公式为：

该部综合服务团单位成本＝该部综合服务团总成本÷该部综合服务团人天数

8.4　本章观念总结

成本费用管理是企业财务管理的重要内容，加强成本费用管理可以提高企业的竞争力，增加企业的利润，提高企业的经营管理水平。本章主要介绍了旅游企业成本费用管理的基本理论问题与具体的管理方法。其要点包括：旅游企业成本费用的概念、作用、包含的内容；旅游企业成本费用预算的意义、具体的编制程序以及编制的方法；

成本费用控制是成本费用管理的核心环节。它可以增强企业活力，巩固经济责任制，提高企业管理水平和经济效益。成本费用控制的方法有制度控制、标准成本控制法、预算控制法、目标成本控制法等。其中，标准成本控制法是一种较为理想的事中控制成本的方法。对旅游企业，如：餐厅成本控制、旅行社成本控制等做了详细的说明。

在这些基本控制理论与现实问题中，应重点掌握成本费用的预算与成本费用控制。

8.5　思　考　题

一、思考题

1．旅游企业成本费用控制的方法有哪些？

2．旅游企业如何进行餐饮成本控制？

二、计算分析题

1．某饭店中餐厅菜肴成本 10 元，附加成本率为 5%，毛利率为 60%，该菜肴销售价为多少元？

2．某产品预计单位产品售价 3 000 元，预计销售数量 300 件，税率 5%，目标销售利润为 150 000 元，则该产品的目标单位成本为多少元？

（参考答案）

一、思考题

（略）

二、计算分析题

1.

10×（1＋5%）＝10.5（元）

10.5÷（1－60%）＝26.25（元）

2.

3 000×300×（1－5%）－150 000＝705 000（元）

705 000÷300＝2 350（元）

第 9 章

收入管理与股利政策

本章导读

通过本章学习，应该了解企业营业收入和利润管理的意义；了解利润及利润分配的基本概念及构成，掌握利润分配原则、分配的一般程序，熟悉旅游企业利润分配的特点及股利政策制定的要求。

9.1 旅游企业收入管理

9.1.1 旅游企业收入概述

1. 旅游企业收入的概念

旅游企业收入是指在销售商品、提供劳务以及让渡资产使用权等日常活动过程中所取得的经济利益的总流入，包括商品销售收入、劳务收入、利息收入、租金收入等。但不包括非日常活动所取得的经济利益流入，如处置固定资产、无形资产获得的经济利益，也不包括为第三方和客户代收的款项。

2. 旅游企业收入的特征

一方面，收入表现为本企业资产的增加，如收到现金或形成债权，或表现为负债的减少，如抵消预收账款，或者既有资产的增加又有负债的减少；另一方面，收入必然引起企业所有者权益的增加。

3. 旅游企业收入的分类

收入按形成的来源可分为商品销售收入、劳务收入以及让渡资产使用权收入等；按企业经营业务的主次可分为主营业务收入和其他业务收入等。

（1）主营业务收入是指企业日常主要经营业务活动而取得的经济利益，可以根据企业营业执照上注明的主营业务范围来确定，比如：客房房租收入、餐饮收入、康乐收入、商场收入等。

（2）其他业务收入是指企业除主营业务以外的其他日常经营活动而获得的经济利益，一般在企业营业执照中注明的是兼营业务，比如：出租业务收入、转让无形资产使用权收入、对外运输业务收入等。

9.1.2　旅游企业收入确认原则

1. 劳务收入的确认原则

旅游企业诸如酒店、旅行社等主要以提供劳务为主要经营业务，而且这些劳务的提供一般都是即时完成，因此收入的确认比较简单，在相关劳务完成时即可确认为收入。

旅行社业务的特殊性，决定了旅行社确认业务收入时必须以旅行社的服务对象按旅游合同约定的旅程结束为依据。旅行社组织境外游客来境内旅游时，组团社应在旅游者离境时确认其主营业务收入，地接社应在游客离开本地时确认其主营业务收入；旅行社组织国内游客到境外旅游，应在游客全程旅游结束返回国内时确认为主营业务收入；旅行社组织国内游客到国内或边境旅游，组团社应在游客全程结束返回时确认其主营业务收入。

旅游企业如果承接一年内无法完成的劳务，应当在劳务的结果能够可靠估计的情况下按劳务的完工百分比确认劳务收入。同时满足以下三个条件时，即可判断劳务的结果能可靠估计：一是劳务总收入和总成本能够可靠地计量，二是与劳务相关的经济利益能流入企业，三是劳务的完成程度能够可靠地确定。

如果跨年度的劳务在期末无法可靠估计其结果，则按以下原则处理：已经发生的劳务成本预计能收回的，按已发生的劳务成本的金额确认为劳务收入；已经发生的劳务成本预计只能部分收回的，按能收回的金额确认为劳务收入；已经发生的劳务成本预计全部不能收回的，则不确认劳务收入。

2. 商品销售收入的确认

确认商品销售收入应同时满足以下四个条件：

（1）与商品所有权相关的主要风险与报酬已经转移给买方；

（2）卖方既不保留通常与所有权相关的继续管理权，也不对已售出的商品实施控制；

（3）与交易相关的经济利益能够流入企业；

（4）相关的收入与成本能够可靠地计量。

9.1.3　旅游企业收入的构成内容

（1）旅游饭店收入，包括客房房租收入、客房迷你吧收入、洗衣服务收入、餐饮销售收入、康乐棋牌桑拿健身游泳等收入、美容美发收入、商场销售收入、商务中心收入、电话费收入、场租费收入、金卡（优惠卡）销售收入、对外运输业务收入等。

（2）旅行社服务收入，包括服务费收入、翻译导游的劳务费收入、票务收入、旅游车船出租收入、其他代办托运、报关、保险等服务收入。

（3）旅游车、船公司收入，包括车票、船票收入、餐饮服务收入、商品销售收入、其他旅游项目收入。

9.1.4 旅游饭店主营业务收入的内部控制

1. 旅游饭店收入内部控制原则

（1）合法性。旅游饭店办理客人入住手续应符合当时政府有关旅馆业的相应规定；提供客人用餐应当符合《食品卫生法》的要求，康乐服务项目应当遵守国家相关法律法规的规定；房租、餐费的收取应当饭店管理程序和规定。

（2）完整性。房租收入、餐饮收入、康乐收入都应全额入账，避免漏单现象的发生。

（3）及时性。旅游饭店各类收入应及时上交财务部门，暂时赊欠的，应采取有力措施催讨，千方百计减少坏账损失。

2. 客房收入内部控制环节与控制程序

客房收入内部控制环节是指销售、服务、收款互相独立、互相牵制的控制体系。前厅部和公关营销部是负责客房销售的职能部门，客房部是负责具体服务的职能部门，财务部是负责回笼销售款的职能部门，这三个部门之间能起到相互核对、相互监督的作用，从而有效杜绝舞弊行为的发生。

销售、服务、收款互相分离的控制体系应建立以前厅结账为中心的收入信息系统，一切涉及客房收入的信息全部准确而及时地转到前厅电脑系统中。具体包括：

（1）建立、健全并妥善保存好入住客人的各种原始记录：入住登记表、餐单、购物单据、娱乐消费清单、预付金收据等；

（2）按房间及住店客人姓名建立客人分户账，归集客人发生的费用和付款情况；

（3）建立客人入住、离店的信息档案；

（4）建立能及时准确将客人在饭店消费的各项费用登记到客人分户账的电脑结算系统。

客人到达酒店时，要在总服务台办理入店手续，按不同类型的客人分别填写“外国人临时住宿登记表”、“华侨及港澳台同胞住宿登记表”、“国内住客登记表”，前台服务员将相关客人的信息录入电脑前台收银系统中。下面对不同客人的结账操作程序分别进行说明：

散客入店的工作程序：打开电脑核对新住客人的姓名、证件号码；收取客人预付房金或信用卡；收取信用卡时要核对客人身份证，用客人信用卡在卡机上拉出信用卡单（即签购单），请客人在空卡单上签字，向发卡银行索取授权号，按预收定金的款额申请付款金额，获准授权号后在卡单上写明。

对 VIP 客人及有可靠担保方的客人，入住时可暂时不收取押金，但在客人离店时一律收款结账；集团消费客人交付支票的，应及时送交财务部进账。客人消费签单应及时录入电脑收银系统中，前台当班服务员每天都要对现住客人的消费情况进行查询，发现客人消费总额已超过或接近其预付金时，应立即通知客人前来办理补付手续。客人换房或延住时，应核对客人原住房号、日期及房价，并进行准确更改，若客人预付金不足，应及时办理补付手续。

实务中，还可能出现客人代客结账的情况，如客人甲离店前在前台结账处告知将由续住酒店的客人乙代为付款，应由客人甲会同客人乙一起到总台结账处，核对甲乙的房卡，核对身份证（或护照）及入店时的付款方式，结算出客人甲住店时发生的费用，开出其总账单，并填制“同意代付转账通知单”一式二联，请客人乙签字认可。收回客人甲的房卡后将其总账单并入客人乙的分户账中，按付款方式规定办理客人乙的结算手续。

9.2 旅游企业股利分配政策

9.2.1 利润的概念与构成

1. 利润的概念

利润是企业一定期间生产经营活动的财务成果，是收入与成本费用相抵后的差额，当各项收入大于各项成本费用时表现为利润，反之则为亏损。

财务管理的主要目标就是要不断提高企业的盈利水平，增加企业的盈利能力，追求利润的最大化。企业只有最大限度的获取利润，才能不断的积累资金，促进企业的扩大再生产，满足人们日益增长的物质文化和生活水平的需要。从这一意义上讲，加强利润管理，提高利润水平，事关企业的生存和发展。

2. 利润的构成

我国会计准则规定，企业的利润一般由营业利润、投资净收益和营业外收支净额三部分构成。企业的营业利润加上投资净收益和补贴收入，再加上营业外收支净额，即为当期的利润总额。当期的利润总额扣除所得税，形成当期的税后利润即净利润。上述关系可用公式表示为：

利润总额＝营业利润＋投资净收益＋补贴收入＋营业外收支净额

净利润＝利润总额-所得税

（1）营业利润。营业利润是企业利润的主要来源，营业利润主要由主营业务利润和其他业务利润构成。

主营业务利润是企业的主营业务收入减去主营业务成本以及应负担的流转税（主营业务税金及附加）后的余额。

其他业务利润是企业的主营业务以外的其他业务活动所产生的利润，其数值等于其他业务收入减去其他业务支出的差额。其他业务支出是指企业从事其他业务活动所发生的全部支出，包括其他业务所发生的成本以及相关税费。

（2）投资净收益。投资净收益是指企业的投资收益扣除投资损失后的净额。包括：对外投资所分得的利润、股利和债券利息；投资到期收回或中途转让取得的款项高于原投资账面价值的差额；股权投资按照权益法核算时，在被投资企业增加的净资产中所拥有的数额。

投资损失是指在企业对外投资到期收回额或转让所得低于原始投资额或账面净值的差额。

（3）补贴收入。补贴收入是指企业按国家规定经营某类商品取得的补贴以及先征后退的退税款。

（4）营业外收支净额。营业外收支净额是指营业外收入扣除营业外支出后的差额。

营业外收支是指与企业生产经营活动没有直接关系的各项收支，包括营业外收入和营业外支出两个方面。营业外收支虽然与企业的生产经营活动没有直接的关系，但它的发生同样对企业的利润总额产生一定的影响，营业外收入的取得引起利润的增加，营业外支出的发生引起利润的减少。

营业外收入是指与企业生产经营活动没有直接关系的各项收入。营业外收入不是由企业经营资金耗费所产生的，不需要企业付出资金代价，实际上是一种纯收入，不可能也不需要与有关费用进行配比。营业外收入具体包括：固定资产盘盈、处理固定资产净收益、罚款净收入等。

营业外支出是指不属于企业生产经营的费用，与企业的生产经营没有直接关系，但按照有关规定应从企业实现的利润总额中扣除的支出。营业外支出的内容具体包括：固定资产盘亏、处理固定资产损失、非常损失、罚没支出等。

9.2.2 利润分配概述

利润分配是整个国民经济收入分配的重要组成部分，关系到国家、企业和职工个人三者之间的利益关系，也关系到整个社会积累与消费的比例关系。这些关系处理如何，是关国民经济的健康发展。

1. 利润分配的原则

（1）遵守国家法律，履行企业的社会责任。

（2）坚持全局观念，兼顾各方面的利益。

（3）正确处理分配与积累的关系，做到后备有余。

（4）坚持公平分配的原则。

2. 一般旅游企业利润分配的程序

企业缴纳所得税后的利润，除国家另有规定者外，按下列顺序分配：

（1）用于抵补被没收的财物损失，支付违反税法规定的各项滞纳金和罚款。

（2）弥补企业以前年度亏损。

（3）提取法定盈余公积金。法定盈余公积金按照税后利润扣除弥补企业以前年度亏损后的5%～10%提取。

（4）向投资者分配利润。企业以前年度未分配的利润，可以并入本年度向投资者分配。企业当年无利润不得向投资者分配利润。

3. 股份制旅游企业利润分配程序

（1）用于抵补被没收的财物损失，支付违反税法规定的各项滞纳金和罚款。

（2）弥补企业以前年度亏损。

（3）提取法定盈余公积金。法定盈余公积金按照税后利润扣除弥补企业以前年度亏损后的5%～10%提取。当法定公积金达到注册资本的50%时，可不再提取。

（4）支付优先股股利。

（5）提取任意盈余公积金。任意盈余公积金按照公司章程或股东大会决议提取和使用。

（6）支付普通股股利。

企业发生亏损，可用下一年度税前利润弥补；下一年度利润不足弥补的可以在 5 年内延续弥补；5 年内不足弥补的，应用当期税后利润弥补。

公司当年无利润时，一般不得向股东分配股利。但股份有限公司在用盈余公积弥补亏损后，经股东大会特别决议，可按不超过股票面值 6%的比率用盈余公积分配股利。分配股利后，企业法定盈余公积不得低于注册资金的 25%。

4. 股利支付的程序

股利支付程序是指股份公司支付股利的过程和次序。股份有限公司向股东支付股利时一般要经历以下过程：股利宣告日、股权登记日、除息日和孤立支付日。

（1）股利宣告日，是指董事会将股利支付情况予以公告的日期。公告中将宣告每股支付多少股利、股权登记期限和股利支付日期等。

（2）股权登记日，是指有权领取股利的股东资格登记截止日期，也称除权日。只有在股权登记日前在公司股东名册上有名的股东，才有权分享股利。

（3）除息日，是指股东领取股利的权利与股票相互分离的日期。在除息日前，股利权从属于股票，谁持有股票谁享有领取股利的权利；从除息日起股利权与股票相分离，除息日后购入股票的股东不能分享本次宣告的股利。

（4）股利支付日，是指股份公司向股东发放股利的日期。

5. 股利支付方式

常见的股份公司股利支付方式主要有：现金股利、财产股利、债券股利和股票股利等。

（1）现金股利，是指股份公司以现金形式支付的股利，它是股利支付的主要形式。

（2）财产股利。财产股利是现金股利的替代，是以现金以外的资产支付的股利，主要是以公司所拥有的其他企业的有价证券如股票、债券，作为股利支付给股东。

（3）负债股利。负债股利也是现金股利的一种替代，是公司以负债形式支付的股利，如以公司的应付票据支付给股东，或在不得已的情况下发行公司债券抵付股利。

财产股利和负债股利是非常情况下的股利支付方式，在我国的会计实务中很少采用。

（4）股票股利。股票股利在会计上属公司收益分配，是一种股利分配的形式。它是公司以增发股票的方式所支付的股利，通常也将其称为“红股”。

股票股利对公司来说，并没有现金流出，也不会导致公司的财产减少，而只是将公司的留存收益转化为股本。但股票股利会增加流通在外的股票数量（股数），同时降低股票的每股价值。它不会改变公司股东权益总额，但会改变股东权益的构成结构。从表面上看，分配股票股利除了增加所持股数外好像并没有给股东带来直接收益，事实上并非如此。因为市场和投资者普遍认为，公司如果发放股票股利往往预示着公司会有较大的发展和成长，这样的信息传递不仅会稳定股票价格，甚至可能使股票价格上升。另外，如果股东把股票股利出售，变成现金收入，还会带来资本利得在纳税上的好处。因为相对于股利收入的纳税来说，投资者对资本利得收入的纳税时间选择更具有弹性，这样，即使股利收入和资本利得收入没有税率上的差别，仅就纳税时间而言，由于投资者可以自由向后推资本利得收入纳税的时间，所以它们之间也会存在延迟纳税带来的收益差异。所以股票股利对股东来说并非像表面上看到的那样毫无意义。

公司采取以股票股利支付方式有以下优点：①节约公司现金；②降低每股市价，促进股票的交易和流通；③日后公司发行新股票时，可以降低发行价格，有利于吸引投资者；④传递公司未来发展前景的良好信息，增强投资者的信心；⑤股票股利在降低每股市价的时候会吸引更多的投资者成为公司的股东，从而使公司股权更为分散，这样就能防止其他公司恶意控制。

9.2.3 影响股利政策的因素

1. 法律因素

法律约束是指为了保护债权人和股东的利益，国家法律对公司的收益分配进行的限制。这些限制主要体现在以下几个方面：

（1）资本保全

资本保全要求公司在分配股利时不能使用企业的资本。在公司弥补亏损和提取法定公积金之前不得分配股利，不得用募集的经营资本发放股利。这样是为了保全公司的股东权益资本，以维护债权人的利益。

（2）公司积累

这一规定要求公司在分配股利之前，应当按照法定的程序先提取法定公积金。其目的是增强企业抵御风险的能力，维护债权人和股东的利益。我国有关法律规定，股份公司应按税后利润扣除弥补以前年度亏损后的10%提取法定盈余公积金，并且鼓励企业在分配普通股股利之前提取任意盈余公积金，只有当公积金累计数额已达到注册资本的50%时，才可不再提取。

（3）净利润

净利润（收益）是指在利润总额中按规定交纳了所得税后公司的利润留成，一般也称为税后利润或净收入。净利润的计算公式为：

$$净利润=利润总额\times（1-所得税率）$$

净利润是一个企业经营的最终成果，净利润多，企业的经营效益就好；净利润少，企业可发放较多的股利，反之，净利润少，则企业可发放的股利也少。企业当年的净利润，必须在提取不定盈余公积金和弥补以前年度亏损后，才能用于发放股利。

2. 债务契约因素

债务契约是指债权人为了防止企业过多发放股利，影响其偿债能力，增加债务风险，而以契约的形式限制企业现金股利的分配。这种限制通常包括：规定每股股利的最高限额；规定企业的流动比率、利息保障倍数低于一定标准时，不得分配现金股利等。

3. 公司因素

（1）资产的流动性

企业在经营活动中，必须保持良好的资产流动性，否则会影响企业未来的支付能力，甚至可能出现财务困难。资产流动性强，现金充足的公司，可多支付现金股利；反之，现金股利会因公司必须保持一定的资产流动性而受到限制。

（2）举债能力

举债能力涉及两个方面：一方面，企业自身的偿债能力会影响到企业股利的分派。不同的企业在资本市场上的举债能力会有一定的差异。举债能力较强的公司，在缺乏资金时，能够较容易地在资本市场上筹集到资金，故可以采取比较宽松的股利政策；如果举债能力较差，就应当采取比较紧缩的股利政策，少发放现金股利，留有较多的公积金。另一方面，债权人对公司股利分派有一定的限制。债权人对外放债时，出于保护自身债权的安全性和收益性，会对债务公司的股利发放和投资分红有所限制。

（3）盈利的稳定性

盈利较稳定的公司在选择股利政策时较灵活，不稳定的公司一般只能采取低股利政策，以减少股价大幅度波动的风险。

（4）投资机会

企业的投资机会也是影响股利分配的一个非常重要的因素。在企业有良好的投资机会时，企业就应当考虑将较大比例的盈利留存下来用于企业再投资，尽量少发放现金股利，这样可以加速企业的发展，增加企业未来的收益。这种股利分配政策往往也易于为股东所接受。相反，在企业没有良好投资机会时则采取高股利政策。

（5）资本成本

资金成本是企业选择筹资方式的基本依据。留存利润是企业内部筹资的一种重要方式，它同发行新股或举债相比，具有筹资费用低、隐蔽性好的优点。为了使公司资本成本最低、价值最大，当公司需要扩大资金规模时，应当采取低股利政策。如果企业一方面大量发放现金股利，另一方面又要通过资本市场筹集较高成本的资金，这无疑有悖于财务管理的基本原则。因此，在制定股利政策时，应当充分考虑到企业对资金的需求以及企业的资金成本等问题。

4. 股东因素

股利分配政策必须经过股东大会决议通过才能实施，股东对公司股利分配政策具有举足轻重的影响。一般来说，影响股利政策的股东因素主要有以下几方面。

（1）追求稳定的收入，规避风险

靠股利维持生活的股东，希望公司支付稳定的股利。如一些退休者，他们往往要求公司能够定期地支付稳定的现金股利，反对公司留利过多。还有些股东认为留存利润而可能使股票价格上升所带来的收益具有较大的不确定性，还是取得现实的股利比较稳妥，可以规避风险，因此，这些股东也倾向于多分配股利。

（2）控制权的稀释

有的大股东持股比例较高，对公司拥有一定的控制权，他们出于对公司控制权可能被稀释的担心，往往倾向于公司少分配现金股利，多留存利润。如果公司发放了大量的现金股利，就可能会造成未来资金的紧缺，这样就不得不通过资本市场来筹集资金。如果通过举借新的债务筹集资金，就会增加企业的财务风险；如果通过发行新股来筹集资金，虽然公司的老股东有优先认股权，但必须拿出一笔数额可观的资金，否则其持股比例就会降低。因此，他们宁愿少分现金股利，也不愿看到自己的控制权被稀释，当他们拿不出足够的现金认购新股时，就会对分配现金股利的方案投反对票。

（3）规避所得税

因为股利收入的所得税率大于资本利得的所得税率，所以高收入阶层的股东往往反对公司发放较多的股利，而低收入阶层的股东因个人税负较轻，希望多分股利。

9.2.4 股利政策

在我国的会计实务中常用的股利政策主要有以下几种类型。

1. 剩余股利政策

剩余股利政策是指在公司有着良好的投资机会的情况下，首先保证投资资金的需要，剩余部分用于支付股利。具体做法是根据一定的目标资本结构，测算出投资所需要的权益资本，先从盈余当中留用，然后将剩余的盈余作为股利予以分配。

剩余股利政策的基本步骤：

（1）设定目标资本结构，即确定权益资本与债务资本的比例；

（2）按资本预算和目标资本结构的要求计算投资方案所需的权益资本数额；

（3）计算税后利润能满足投资方案所需权益资本的最大限额；

（4）满足上述需要后，将剩余利润作为股利支付。

剩余股利政策的优点是能充分利用筹资成本最低的资金来源，满足投资机会的需要并能保持理想的资本结构，使加权平均资本成本最低。缺点是易导致股利支付不稳定，不能得到希望取得稳定收入股东的满意，也不利于树立企业良好的财务形象。

【例 9-1】 某公司某年提取了公积金、公益金后的税后净利为 800 万元，第二年投资计划所需资金 1000 万元，公司目标资本结构为：权益资本占 60%，债务资本占 40%。

公司计划投资方案所需的权益资本数额为：

$$1000 \times 60\% = 600\text{（万元）}$$

公司当年可用于分配股利的盈余公积为 800 万元，满足了上述投资方案所需权益资本数额后，剩余部分再作为股利发放，其数额为：

$$800-600 = 200\text{（万元）}$$

2. 固定股利政策

固定股利政策是将每年发放的股利维持在一个固定的水平上，并在较长的时间内不变，只有当公司认为未来盈余将会显著地、不可逆转地增长时，公司才提高年度的股利发放额。

固定股利政策的优点：（1）稳定的股利将向投资者传递公司经营业绩稳定、风险较小，公司正常发展的信息。这有利于增强投资者对公司的信心，从而稳定公司的价值；（2）稳定的股利对那些对股利有很强依赖性的股东有很强的吸引力。缺点：（1）股利支付与公司盈利能力相脱节，当公司盈利下降或现金紧张时，仍要保证股利的正常发放，易引起公司资金短缺，甚至发生财务危机；（2）股利支付可能会影响投资计划的实施，或使公司的资本结构偏离目标值，从而加大资本成本。

固定股利政策一般适用于持续通货膨胀的年代，奉行固定股利政策的公司会转而实行稳定增长的股利政策。

3. 固定股利支付率政策

固定股利支付率政策是指公司确定一个股利占盈余的比率，长期按此比率支付股利的政策。在这一股利政策下，各年股利额随公司经营的好坏而上下波动，盈余多的年份股利额可能高些，盈余少的年份股利额可能低些。

固定股利支付率政策的优点：体现投资收益均衡原则，股利的多少与公司的财务正相关，不会加大公司的财务压力。缺点：股利上下波动，极易造成公司不稳定的形象，不利于股票价格的稳定与上涨，不利于公司的成长，该政策不可能使公司价值达到最大。

该政策适用处于成熟期，盈利相对比较稳定的公司。

4. 低正常股利加额外股利政策

低正常股利加额外股利政策，是指公司一般情况下每年只支付一定的数额较低的股利；在盈余较多的年份，再根据实际情况向股东发放额外股利。但额外股利并不固定化，不意味着公司永久地提高了规定的股利率。

该政策的优点：（1）具有较大的灵活性，增加了公司财务政策的弹性；（2）当公司盈利较少或投资需要资金时，可以只支付较低的正常股利，这样既不会加大公司的财务压力，又能保证股东稳定的股利收入，可有效避免股价下跌的风险；（3）当公司盈利较多或没有好的投资机会时，就可以通过发放额外股利的方式，让盈利转移到股东的手中，也有利于股价的提高；（4）一定程度上维持股利的稳定性，可以使公司保持合理的资本结构。缺点：如果企业经济状况良好，并持续地支付额外的股利，很容易提高股东对股利派发的期望水平，从而将额外股利视为正常股利，一旦企业因盈利下降而减少额外股利，会招致股东的不满。

这种股利政策适用于大多数企业。

9.3 本章观念总结

本章主要介绍了收入的确认与股利的分配问题。其要点包括：

旅游企业收入的构成内容及旅游饭店主营业务收入的内部控制；利润的概念及构成，利润分配的原则、项目、程序及支付方式和股利分配政策。

在这些基本理论问题中，应重点掌握利润分配的原则、项目、程序及支付方式和股利分配政策。

9.4 思考题

一、思考题

1．什么是企业的利润？它是由哪些因素构成的？
2．企业的股利政策有哪几种？
3．股利支付的程序及方式是什么？
4．利润分配的顺序什么？

二、单项选择题

1．剩余股利政策的根本目的是（　　）。
A．调整资金结构　　B．增加留存收益
C．降低企业加权平均成本　　D．使利润分配与企业盈余紧密结合
2．主要依靠股利维持生活的股东最不赞成（　　）。
A．剩余股利政策　　B．固定股利政策或稳定增长股利政策
C．固定股利支付率政策　　D．低正常加额外股利政策
3．当法定公积金达到注册资本的（　　）时，可不再提取。
A．6%　　B．10%　　C．25%　　D．50%
4．领取股利的权利与股票相互分离的日期是（　　）。
A．股利宣告日　　B．除息日
C．股权登记日　　D．股利支付日
5．（　　）当天或之后的股票交易，其价格可能有所下降。
A．股利宣告日　　B．除息日
C．股权登记日　　D．股利支付日

三、多项选择题

1．发放股票股利，会产生下列影响（　　）。
A．引起每股利润下降　　B．使公司留存大量现金
C．股东权益各项目的比例发生变化　　D．股票价格可能下跌
2．下列项目中，可用来发放股利的有（　　）。
A．原始投资　　B．股本
C．留存收益　　D．本期利润
3．企业可以选用的股利分配政策有（　　）。
A．剩余股利政策　　B．固定股利政策或稳定增长股利政策
C．固定股利支付率政策　　D．低正常加额外股利政策

四、判断题

1．采用固定股利政策主要是为了保持理想的资金结构，此时企业资金成本最低。（　　）

2．公司发放股票股利将使股本减少。（　）

3．一般而言，如果企业缺少良好投资机会，可适当增加分红数量。（　）

4．旅游企业收入包括商品销售收入、劳务收入、利息收入、租金收入等，也包括非日常活动所取得的经济利益流入。（　）

5．旅游饭店各类收入应及时上交财务部门，暂时赊欠的，应采取有力措施催讨，这样可完全消除坏账损失。（　）

五、计算分析题

1．某公司目标资本结构为权益资本占 60%，负债占 40%，本年度净利润为 100 万元，下年度计划固定资产投资 120 万元，该公司执行剩余股利政策。求该公司需留存的利润和发放的股利各是多少？需对外筹资多少？

2．某公司执行剩余股利政策，目标资本结构为资产负债率 50%，本年税后利润为 100 万元，若不增发新股，可从事的最大投资支出是多少？

3．某公司提取法定盈余公积和公益金后的净利润 1 000 万元，流通在外的普通股为 2 000 万股，公司决定每 10 股分配股票股利 2 股，并按发放股票股利后的股数支付现金股利，每股 0.1 元。求支付的现金股利总额。

（参考答案）

一、思考题

（略）

二、单项选择题

1．D　2．A　3．D　4．B　5．C

三、多项选择题

1．ABD　2．CD　3．ABCD

四、判断题

1．错　2．错　3．对　4．错　5．错

五、计算分析题

1．该公司需留存的利润：120×60%＝72（万元）

发放的股利：100－72＝28（万元）

需对外筹资：120－72＝48（万元）

2．可从事的最大投资支出

100÷50%＝200（万元）

3．增加后的股份总数 2 000＋2 000÷10×2＝2 400（股）

支付的现金股利总额：2 400×0.1＝240（万元）

旅游企业外汇管理

外汇管理是现代旅游企业财务管理的重要方面。外汇、汇率和外汇市场是需要掌握的三个重要概念。外汇管理既是政府的管理，也是旅游企业自身的管理。加强外汇管理，一方面要加强外汇业务的管理，另一方面要加强外汇风险的管理。

10.1 外汇涉及的概念

10.1.1 外汇的基本概念

外汇具有静态外汇和动态外汇两种含义。

静态的外汇是指以外币表示的用于进行国际清偿的支付手段和资产，包括：外币现钞，如美元、欧元、日元等；以外币表示的信用工具和有价证券，如银行存款、银行汇票、银行支票、外国政府发行的债券、高质量公司债券和股票等；有外汇价值的资产，如黄金等。

动态的外汇是指把一国的货币兑换成另一国的货币来清偿国际间的债权债务这样一种清算行为，即通常所称的国际汇兑。

通常我们所称的外汇主要是指静态的外汇。当然并不是所有的外国货币都能成为外汇，一种外币要成为外汇得满足三个前提条件：（1）自由兑换性，即这种外币能自由地兑换成其他外币；（2）普遍接受性，即这种外币在国际上能被普遍的接受和使用；（3）可偿性，即这种外币可以保证在国外能够得到偿付。只有满足这三个条件的外币（包括各种信用工具和有价证券）才是外汇。

按照我国 2008 年新修订的《中华人民共和国外汇管理条例》，外汇具体包括：

外币现钞，包括纸币、铸币；

外币支付凭证或者支付工具，包括票据、银行存款凭证、银行卡等；

外币有价证券，包括债券、股票等；

特别提款权；

其他外汇资产。

10.1.2 汇率

汇率是指两种不同货币之间的兑换比率，或者说是一种货币表示的另一种货币的价格。例如，美元兑换人民币的汇率是 1∶6.8，表明 1 美元可以兑换 6.8 元人民币，或者 1 美元的价格是 6.8 元人民币。

由于汇率是两国货币的兑换比率，因此在计算汇率时首先要确定是以本国货币还是以外国货币为标准，这就涉及汇率的标价方式，一般而言，汇率的标价方式主要有以下两种。

1. 直接标价法

直接标价法是以固定单位数量的外国货币为标准，用本国货币来表示兑换数量的汇率标价方式。例如，我国 2009 年 7 月 13 日公布的人民币汇率中间价中，100 美元兑换人民币的汇率是 683.43，100 欧元兑换人民币的汇率是 971.7，就是属于直接标价法。直接标价法下，汇率的数值越大，意味着一定单位的外国货币可以兑换更多的本国货币，即本国货币的币值越低，相反则说明本国货币的币值越高。如果汇率的数值由大变小，说明本国货币升值了，相对应的外国货币贬值了；汇率数值由小变大，则说明本国货币贬值了，相对应的外国货币升值了。例如，2009 年 7 月 12 日公布的人民币汇率中间价中，100 美元兑换人民币的汇率是 681.43，100 欧元兑换人民币的汇率是 972.7，说明在 7 月 13 日，人民币相对于美元贬值了，而人民币相对于欧元则升值了。目前大多数国家和地区都采用直接标价法，我国也采用此法。

2. 间接标价法

间接标价法是以固定数量单位的本国货币为标准，用外国货币来表示兑换数量的汇率标价方式。例如，用间接标价法来表示 2009 年 7 月 13 日人民币和美元、人民币和欧元之间的汇率就是 100 人民币兑换美元的汇率是 14.6321，100 人民币兑换欧元的汇率是 10.2807。间接标价法下，汇率的数值越大，意味着一定单位的本国货币可以兑换更多的外国货币，即本国货币的币值越高，相反则说明本国货币的币值越低。如果汇率的数值由大变小，说明本国货币贬值了，相对应的外国货币升值了；汇率数值由小变大，则说明本国货币升值了，相对应的外国货币贬值了。例如，用间接标价法表示，7 月 12 日，100 人民币兑换美元的汇率是 14.4321，100 人民币兑换欧元的汇率是 10.3007，说明在 7 月 13 日，人民币相对于美元升值了，而人民币相对于欧元则贬值了。目前，采用间接标价法的货币不多，主要有美国的美元、英国的英镑、澳大利亚的澳元、欧盟的欧元等。

此外，汇率从不同的角度还可以划分为不同的种类，主要有以下几种。

1. 按汇率制定方法可以划分为基本汇率和套算汇率

基本汇率是指一国货币对某一关键货币的汇率。所谓关键货币是指该国国际收支中使用最多、外汇储备中所占比重最大、国际上普遍接受的货币。我国在计算人民币汇率时曾长时间把美元作为关键货币，把美元和人民币之间的汇率作为基本汇率。套算汇率是指两种货币通过第三种货币（通常为关键货币）为中介而间接套算出来的汇率，例如：

1 美元＝6.8 元人民币，1 英镑＝1.65 美元，则 1 英镑＝1.65×6.8＝11.22 元人民币，英镑和人民币的汇率即为套算汇率。

2. 按银行买卖外汇的角度可以划分为买入汇率、卖出汇率、中间汇率

买入汇率是银行向客户买进外汇时使用的汇率，一般外币折合本币数较少的那个汇率是买入汇率，它表示买入一定数额的外汇需要付出多少本国货币。卖出汇率是指银行向客户卖出外汇时所使用的汇率，一般外币折合本币数较多的那个汇率是卖出汇率，它表示银行卖出一定数额的外汇需要收回多少本国货币。中间汇率是买入价与卖出价的平均数，各国政府规定和公布的官方汇率以及经济理论著作中或报道中出现的汇率一般使用的都是中间汇率。

3. 按汇率制度角度可以划分为固定汇率和浮动汇率

固定汇率是指一国货币同另一国货币的汇率基本固定，汇率波动幅度很小。浮动汇率是指一国货币当局不规定本国货币对其他货币的官方汇率，也无任何汇率波动幅度的上下限，完全由外汇市场的供求关系决定，汇率自由涨落。

4. 从外汇交易交割期限长短可以划分为即期汇率和远期汇率

即期汇率是指即期外汇买卖的汇率，即外汇买卖成交后，买卖双方在当天或在两个营业日内进行交割时所使用的汇率，一般在外汇市场上挂牌的汇率，除特别标明远期汇率以外，都是即期汇率。远期汇率是在未来一定时期进行交割，而事先由买卖双方签订合同，达成协议的汇率，到了交割日期，由协议双方按预订的汇率、金额进行交割。

10.1.3 外汇市场

外汇市场是指经营外币和以外币计价的票据等有价证券买卖的市场，它是金融市场的主要组成部分。在全球经济一体化的今天，外汇市场的作用越来越重要，不仅决定了各种货币之间即期汇率和远期汇率的水平，也为投资者或投机者提供了规避汇率风险或赚取汇差的机会，还是各国政府进行汇率调控的场所。

一个国家的外汇市场主要由外汇银行、外汇银行的客户、外汇经纪商、外汇交易中心和中央银行与监管机构构成。

1. 外汇银行

外汇银行是指根据外汇法由中央银行指定可以经营外汇业务的商业银行或其他金融机构。外汇银行大致可以分为三类：专营或兼营外汇业务的本国商业银行，在本国的外国商业银行分行及本国与外国的合资银行，经营外汇业务的其他金融机构。我国的外汇指定银行包括了四大国有商业银行和交通银行等全国性的股份制商业银行，以及具有外汇经营资格的外资银行在华分支机构，各地方商业银行和信用社许多还不具备外汇指定银行的资格。

2. 外汇银行的客户

在外汇市场中，凡与外汇银行有外汇交易关系的公司和个人，都是外汇银行的供应者、需求者和投机者，在外汇市场上占有重要的地位。我国外汇银行的顾客主要是有外汇需要

的各类企业，由于生产经营和国际贸易的需要而产生了外汇的需求和供给。随着改革开放的不断深入和人们收入的普遍提高，个人在外汇交易中的地位开始变得越来越重要。

3. 外汇经纪商

外汇经纪商指介于外汇银行之间、外汇银行和其他外汇市场参与者之间，进行联系、接洽外汇买卖，从中赚取佣金的经纪公司或个人。目前中国外汇市场上外汇经纪商的角色已经出现，随着中国外汇市场的发展，外汇经纪商的作用将会逐步扩大。

4. 外汇交易中心

大部分国家的外汇市场都有一个固定的交易场所，交易中心为参与交易的各方提供了一个有规则和次序的交易场所和结算机制，便利了会员之间的交易，促进了市场的稳定与发展。位于上海外滩的中国外汇交易中心是我国外汇交易的固定交易场所。

5. 中央银行与监管机构

外汇市场上另一个重要的参与者是各国的中央银行。这是因为各国的中央银行都持有相当数量的外汇余额作为国际储备的重要构成部分，并承担着维持本国货币金融市场的职责。随着中国外汇储备的逐步增加，中央银行在中国外汇市场的作用日益重要，大量的外汇储备成为中央银行干预外汇市场的重要保证。另外由于外汇市场的重要性，各国一般由专门的监管机构来规范外汇市场的发展，我国外汇市场的监管机构为国家外汇管理局。

目前，世界上主要的外汇交易市场有英国伦敦、美国纽约、德国法兰克福、瑞士苏黎世、日本东京和中国香港外汇市场。这些外汇市场日交易量基本都在 20 000 亿美元，因为时差的因素，成为全球统一的市场。

10.2 外汇管理

10.2.1 外汇管理的概念

外汇管理又称外汇管制，是指一个国家为保持本国的国际收支平衡，对外汇的买卖、借贷、转让、收支、国际清偿、外汇汇率和外汇市场实行一定的限制措施的管理制度。其目的在于保持本国的国际收支平衡，限制资本外流，防止外汇投机，促进本国的经济发展。《中华人民共和国外汇管理条例》已经 2008 年 8 月 1 日国务院第 20 次常务会议修订通过，并公布实施，我国已经确立了建立在市场汇率基础上的、以经常项目可兑换，资本项目外汇管理为特征的外汇管理框架，实现了人民币经常项目可兑换，逐步建立了符合社会主义市场经济要求的外汇管理体制。

10.2.2 外汇管理的内容

1. 外汇管理的机构

外汇管理是一个国家金融宏观调控方面的重要手段，因此各个国家都会用政府名义制定外汇管理法令，牢牢掌握外汇管理权。我们国家负责外汇管理的政府机构主要是中国人民银行和国家外汇管理局。中国人民银行主要从宏观上进行外汇管理，负责确定人民币汇率政策，维护合理的人民币汇率水平，实施外汇管理，持有、管理和经营国家外汇储备和黄金储备。国家外汇管理局更多的是从微观上进行外汇管理，主要负责研究提出外汇管理的政策措施，参与起草外汇管理有关法律法规和部门规章草案，负责国际收支、对外债权债务的统计和监测，负责全国外汇市场的监督管理工作，负责依法监督检查经常项目和资本项目的外汇管理。

2. 外汇管理的目的

外汇管理是为本国的经济与政治服务的，因各国政治经济制度和经济发展水平的差异，外汇管理的侧重点有所不同。一般而言，外汇管理主要达到以下目的：

（1）扩大本国的商品生产

通过外汇管理限制外国商品的输入，促进本国商品输出，以扩大本国的商品生产。通过外汇管理来限制威胁本国幼稚产业存在与发展同类廉价商品的大量进口，同时鼓励本国产品出口，可以使国内幼稚产业在国内市场通过规模扩张而迅速成长起来，促进民族经济的提升和发展。

（2）保持国际收支平衡

通过外汇管理限制资本外逃和外汇投机，以稳定汇率和保持国际收支平衡。保持汇率稳定是发展对外经济的先决条件，平衡国际收支是任何国家始终坚持的经济政策目标之一。国际收支一旦恶化，本币汇率下跌，就会导致资本外流，加剧国际收支逆差。运用外汇管理可以限制资本外逃和外汇投机，达到稳定汇率和改善国际收支状况的目的。

（3）稳定国内物价

通过外汇管理稳定国内物价，避免由于国际市场价格变动对国内经济造成冲击。外汇管理可以阻断国际通货膨胀的输入。国际通货膨胀可以通过商品贸易传入国内，引发进口型的通货膨胀，货币趋于坚挺的国家常面临外国资本的冲击，通过外汇管理，限制商品的进口和资本流入，阻断国际通货膨胀的传入，维护国内物价水平的稳定。

（4）增强对外偿债能力

通过外汇管理，可以增加本国的国际储备，提高对外的偿债能力。

3. 外汇管理的方式

（1）对出口外汇收入的管理

为了加强对出口外汇收入的管理，往往将颁发出口许可证或出售出口商品的外汇转移证这类措施结合运用。有些国家为了奖出限入，对出口商品所得外汇，采取部分售给国家，部分自行按高价出售的办法，给出口商予以鼓励。

（2）对进口外汇的管理

对进口外汇的管理通常表现为进口商只有得到管汇当局的批准，才能在指定银行购买一定数量的外汇。管汇当局根据进口许可证决定是否批准进口商的买汇申请。有些国家将进口批汇手续与进口许可证的颁发同时办理。

（3）对非贸易外汇的管理

非贸易外汇涉及除贸易收支与资本输出入以外的各种外汇收支。对非贸易外汇收入的管理类似于对出口外汇收入的管理，即规定有关单位或个人必须把全部或部分外汇收支按官方汇率结售给指定银行。为了鼓励人们获取非贸易外汇收入，各国政府可能实行一些其他措施，如实行外汇留成制度，允许居民将个人劳务收入和携入款项在外汇指定银行开设外汇账户，并免征利息所得税。

（4）对资本输入的外汇管理

发达国家采取限制资本输入的措施通常是为了稳定金融市场和稳定汇率，避免资本流入造成国际储备过多和通货膨胀。它们所采取的措施包括：对银行吸收非居民存款规定较高的存款准备金，对非居民存款不付利息或倒数利息，限制非居民购买本国有价证券等。

（5）对资本输出的外汇管理

发达国家一般采取鼓励资本输出的政策，但是它们在特定时期，如面临国际收支严重逆差之时，也采取一些限制资本输出的政策，其中主要措施包括：规定银行对外贷款的最高额度，限制企业对外投资的国别和部门，对居民境外投资征收利息平衡税等。

10.2.3　旅游企业的外汇管理

外汇收入和支出是旅游企业财务活动的重要方面，也是国家外汇收支的有机组成部分。加强外汇管理，是搞好旅游企业财务管理的重要内容，也是国家外汇管理的重要环节。通过加强外汇管理，努力增加外汇收入，降低外汇资金成本，减少外汇风险，可以提高旅游企业的经济效益，提升旅游企业的国际竞争力。

具体来讲，旅游企业的外汇管理要把握以下几个方面。

首先，旅游企业要严格遵守国家有关外汇管理的法令、政策和制度。除了严格遵守最基本的《中华人民共和国外汇管理条例》以外，还要遵守专门针对旅游行业出台的一些政策法规，如国务院发布的《中国公民出国旅游管理办法》，国家外汇管理局发布的《关于旅游外汇管理有关问题的通知》、《关于旅行社旅游外汇收支管理有关问题的通知》、《旅行社组织境内居民赴香港、澳门地区旅游有关外汇管理问题的通知》等。

其次，在中华人民共和国境内的旅游活动要禁止外币流通，更不能私自进行外币买卖。人民币是我国的法定货币，《中华人民共和国外汇管理条例》明确规定，在中华人民共和国境内，禁止外币流通，并不得以外币计价结算。根据这一原则，境外人士到境内进行旅游活动，要把外汇兑换成人民币才能在境内使用。此外，严禁私自买卖外汇的行为，在进行外汇与人民币兑换的时候，只有通过经批准可经营外汇买卖业务的银行或通过中国外汇交易中心及其系统进行买卖，未经上述两个渠道的外汇与人民币的买卖，无论比价如何，均属私自买卖外汇行为，是我国法律所禁止的。

再次，严禁旅游企业“逃汇”和“套汇”行为。逃汇指将应该出售给国家的外汇，私自转移、转让、买卖、存放国外，以及将外汇或外汇资产私自携带、托带或邮寄出境的行为。套汇是指利用不同外汇市场的外汇差价，在某一外汇市场上买进某种货币，同时在另一外汇市场上卖出该种货币，以赚取利润。在我国，逃汇是一种违法行为，情节严重的构成“逃汇罪”，会受到法律的制裁，此外，只有银行和拥有“外汇业务经营许可证”的金融或非金融机构才能经营外汇业务，进行合法套汇行为。因此，旅游企业的任何“逃汇”和“套汇”行为都是不合法的，应该严厉禁止。

最后，旅游企业要加强外汇风险管理。外汇风险主要来自于汇率变动的不确定性，随着旅游企业外汇收入和支出的不断增加，外汇风险不断凸显出来。旅游企业应根据自身实际情况，树立必要的外汇风险意识，强化企业自身的外汇风险管理能力，重视外汇风险管理专业人才的培养，建立完善的外汇风险管理体系，有选择地组合运用各种避险策略来降低汇率波动带来的风险。

10.3 旅游企业外币业务

外币业务，是指以本国货币以外的货币进行的款项收付、往来结算等业务。旅游企业的外币业务主要涉及外币业务的构成和外币业务的管理两个问题。随着全球经济一体化的不断深入发展，不仅国外投资者向国内旅游企业投资要发生外币业务，国内旅游企业进入国际市场参与竞争也要发生外币业务，其他方面的外币业务也将随着国际经济往来的增加而增加。因此旅游企业必须不断加强外币业务的管理，降低外汇风险和汇兑损失，防止外币资金流失，确保外币资金安全。

10.3.1 外币业务的构成

1. 旅游企业的外汇收入

旅游企业的外汇收入是指旅游企业通过销售旅游产品所获得的以外币为结算单位的收入。旅游产品是一种组合产品，由此决定了旅游收入的多样性，因此，旅游企业的外汇收入不仅包括旅行社向旅游者销售整体旅游产品所获得的外汇收入，也包括各类企业向旅游者提供交通、住宿、饮食、游览、娱乐等单项旅游产品所获得的外汇收入，还包括旅游目的地通过向旅游者出售旅游商品和其他劳务所获得的外汇收入。

具体来讲，旅游企业的外汇收入可以分为基本旅游外汇收入和非基本旅游外汇收入。

（1）基本旅游外汇收入是指旅游部门和交通部门向旅游者提供旅游设施、旅游物品和旅游服务等所获得的外汇收入的总和，即旅游者在旅游过程中必须支出的费用，包括交通费、食宿费、游览费等。通常，基本旅游外汇收入与旅游者的人次数、停留时间成正比例变化，由此可以大致估量一个国家或地区旅游业的国际化程度。

（2）非基本旅游外汇收入是指其他相关部门向旅游者提供其设施、物品和服务所获得的外汇收入，即旅游者在旅游过程中可能发生的消费支出，如邮电通讯费、医疗保健费、修理费、咨询费及购物的费用等。非基本旅游外汇收入具有较大的弹性，它既取决于旅游者的支付能力，也取决于他们的兴趣和爱好。非基本旅游外汇收入也受旅游者人次数和停留天数的影响，但并不表现为正比例关系。

2. 旅游企业的外汇支出

旅游企业的外汇支出指旅游企业在经营过程中发生的各种以外币为结算单位的支出，主要包括：

（1）贸易支出。它包括进口货物支出的款项，开证保证金、尾款、运保费和从属费，转口贸易项下发生的对外支付，从保税区、保税库购买商品以及购买国外入境展品的用汇等。

（2）非贸易支出。它包括民航、海运、铁路、邮电的外汇支出，境外工程支付的工程款，在境外举办展览、招商、培训及拍摄影视片的用汇，对外宣传费、对外援助费、对外捐赠外汇、国际组织会费，参加国际会议的注册费、报名费，缴纳国际组织会费，在境外设立代表处或办事机构的开办费和经费，外商投资企业向境外汇出的利润以及其他非贸易外汇支出。

（3）资本支出。包括偿还境内外金融机构外汇贷款本金和利息，境外投资资金的汇出，外商投资企业的中方投资者经批准需以外汇投入的注册资本金的外汇支付等。

10.3.2 外币业务的管理

外币业务的管理包括外币收支预算管理和日常外币收支业务管理。

1. 外汇收支预算管理

外汇收支预算是以收支平衡的形式，对企业预算期内外汇收支总量及构成进行控制的的方法。它既是进行外汇管理的依据，又是保证外汇收支平衡的重要手段。旅游企业经营具有季节性特征，除编制年度外汇收支计划外，还应根据经营活动中各季、各月的具体情况，编制季度、月度的外汇收支预算，并使之成为企业全面预算的重要组成部分。

旅游企业编制外汇收支预算一般先根据相关的历史数据和对未来的市场预测，制定外汇收入预算，再根据收入预算水平编制相应的外汇支出预算，这些都可以通过编制旅游企业外汇收支预算表（见表10-1）体现出来。

表10-1 旅游企业外汇收支预算表

收入项目	金　额	支出项目	金　额
一、基本旅游外汇收入		一、贸易支出	
交通收入		进口货物支出	
住宿收入		运保费支出	
餐饮收入		二、非贸易支出	
门票收入		交通费	
娱乐收入		工程费	
商品销售收入		三、资本支出	
二、非基本旅游外汇收入		对外投资	
……		……	
总　计		总　计	

2. 日常外币收支业务管理

除了编制外汇收支预算，更重要的是要加强日常的外币收支业务管理。

第一，旅游企业要以中国人民银行每天发布市场外币对人民币的兑换价格作为基础，以中国银行外汇牌价作为兑换外币的价格，外国客人支付的现钞一律通过“外币兑换处”兑换成人民币予以结算。

第二，客人使用外币信用卡付款时，应将信用卡直接从银行购买外汇并存入外汇现汇户，也可以根据需要直接存入人民币账户。从异地或境外汇入的外汇可直接进入外币现汇户，其他托收的外汇支票、汇票等可在托收后存入外汇现汇户。

第三，严格按国家规定控制外汇现汇户的支出，外币不足时可向外汇管理局申请，批准后向银行购买。对外采购时必须严格控制，每笔汇款必须经过管理层批准审批后方可汇出。

第四，建立严格的往来款项记录，对于以外币应收国外的款项，应及时记账；同时建立外币铺助登记账，以便更好地核对、结算。对外币业务产生的汇兑损益，按国家有关规定进行账务处理，及时列入当期损益。

第五，企业外币兑换从银行购买水单后，立即登记并妥善保管，使用过的水单，要及时注销号码，每天外币兑换处管理人员必须对水单进行审核。使用过的水单定期打捆，送财务部档案库保存。

第六，企业按政府各部门对外汇管理要求，及时、准确地填写各种外汇报表。对外汇的收入、支出、结存的各项数字按报表要求的口径逐一填报。对企业内部各级外汇报表中的收支情况，要分析具体情况，剔除外汇在内部结算的因素，避免外汇收支的重复计划。

第七，做好日常的外汇稽核工作，主要对《外汇管理暂行条例》和《外汇管理施行细则》执行情况的稽核，对各有关外汇业务记录完整性、合法性，以及外汇账户核算的准确性进行稽核。杜绝套汇、逃汇现象。日常稽核工作由财务部相关人员负责督导执行。

10.4 旅游企业外汇风险管理

10.4.1 外汇风险的概念

风险是指未来的不确定性，因此，外汇风险是指由于未来汇率波动的不确定性而给外汇持有者或交易者带来经济损失的可能性。在实行浮动汇率制的今天，由于汇率的频繁波动，生产者和经营者在进行国际贸易活动时，就难以估算费用和盈利。在国际金融市场上，借贷的都是外汇，如果借贷的外汇汇率上升，借款人就会遭受巨大损失，汇率的剧烈变化甚至可以吞噬大企业。外汇汇率的波动还直接影响一国外汇储备价值的增减，从而给各国央行在管理上带来巨大风险和国难。可见，外汇风险无处不在，旅游企业作为外汇的持有者和交易者之一，也要清醒的认识到外汇风险的存在，加强对外汇风险的管理，这不仅是企业财务管理工作的重要内容，也是提高企业经济效益的有效途径。

10.4.2 外汇风险的类型

外汇风险基本上可以分成四大类：外汇买卖风险、交易结算风险、会计风险和经济风险。

1. 外汇买卖风险

外汇买卖风险是指由于外汇交易而产生的汇率风险。这种风险是以一度买进或卖出外汇，将来又必须卖出或买进外汇为前提而存在的。

例如，某旅行社为了支付一笔可能发生的外债，按1欧元＝10.86元人民币的汇率买进1000欧元，后来该笔外债没有发生，为了补充流动资金，又按1欧元＝10.56元人民币的汇率卖出这1000欧元。在整个外汇买卖过程中，由于外汇买卖时汇率的变动使得该公司亏损300元人民币，这就是外汇买卖风险。

2. 交易结算风险

交易结算风险指以外币计价的交易，由于结算时的汇率与交易发生时合同约定的汇率不同而引起亏损的可能性。

例如，某酒店从国外进口一批价值10万美元的洗衣设备，2009年8月1日签订合同时双方约定的付款时间为2009年10月1日，汇率为1美元＝6.8元人民币，即酒店方要用68万人民币兑换10万美元来支付设备款，而到2009年10月1日付款那天，汇率变为1美元＝7.0元人民币，酒店方要用70万人民币兑换10万美元，要多付出2万元。这2万元就是由于汇率的变动给酒店带来的损失。

3. 会计风险

会计风险又称外汇折算风险，它是指企业进行外币债权、债务结算和财务报表的会计处理时，对于必须换算成本币的各种外汇计价项目进行折算所产生的风险。企业会计通常是以本国货币表示一定时期的营业状况和财务内容的，这样，企业的外币资产、负债、收益和支出，都需按一定的会计准则换算成本国货币来表示，在换算过程会因所涉及的汇率水平不同、资产负债的评价各异，损益状况也不一样，因而就会产生一种外汇折算风险。

例如，2009年初，一家跨国酒店在美国购得一处价值为10万美元的房产，按当时汇率1美元＝6.8元人民币，这处房产价值为68万元人民币，到2009年年底，汇率变为1美元＝6.5元人民币，于是在2009年年末该跨国酒店的财务报表上，这笔美元资产的价值仅为65万元人民币，比购入时的价值减少了3万元。可见，折算风险的产生是由于折算时使用的汇率与当初入账时使用的汇率不同，从而产生的账面损失。

4. 经济风险

经济风险是指由于未预料的汇率变化导致企业未来的纯收益发生变化的外汇风险。风险的大小取决于汇率变化对企业产品的未来价格、销售量以及成本的影响程度。

例如，旅行社美国到中国的某条旅游线路报价是20 000元人民币，按照1美元＝6.5元人民币的汇率，折合美元的报价是3 077美元。如果美元升值后汇率变为1美元＝6.8元人民币，折合美元的报价是2 941美元，报价低了，相应的会有更多的美国游客购买该条线路，旅行社的效益可能会提高。但是美元升值之后，从美国到中国的机票价格、保险费、导服费等各种以美元计价的费用折合人民币的价格也会提高，旅行社的收益能否真正提高，还要看销售量的提高和成本的提高哪个幅度更大。

10.4.3　外汇风险的管理

外汇风险管理的方法很多，大致可以分为事前管理和事后管理两大类。

1. 外汇风险的事前管理

（1）做好汇率的预测工作。影响汇率变动的因素包括国际收支的状况、相对通货膨胀率、相对利率、心理预期和国际储备等，旅游企业应该通过对这些因素的综合分析，掌握汇率变动的趋势，便于在国际收支中正确选择和使用结算货币。

（2）正确选择结算货币。在进行国际经济业务过程中，结算货币选择不当往往会造成巨大的损失，因此，正确选择结算货币对于国际经济业务相当重要。旅游企业在选择结算货币的时候应把握以下原则：

① 选择本币结算。选择本币作为结算货币，不涉及货币的兑换，也就没有外汇风险。

② 选择自由兑换货币结算。选择自由兑换货币作为结算货币，便于外汇资金的调拨和运用，一旦出现外汇风险可以立即兑换成另一种有利的货币。

③ 选择有利的外币结算。注意货币汇率变化趋势，选择有利的货币作为结算货币，即在付款时尽量选择未来可能会贬值的货币结算，在收款时尽量选择未来可能会升值的货币结算。

（3）国际经营多样化。多样化经营策略是防范外汇风险的一种基本策略，即对原料来源、产品生产和销售采取分散化的策略。当汇率变动时，企业可以通过其在某些市场的竞争优势来抵消在另一些市场的竞争劣势，从而消除汇率变动带来的不利影响。例如，酒店对设备的采购可以建立多个供应渠道，当某个国家货币升值使得设备价格提高之后，可以选择其他货币没有升值的或者升值幅度相对较小的国家来采购设备，这样就可以避免因结算货币升值而带来的损失。

2. 外汇风险的事后管理

（1）利用套期保值方法规避外汇风险

套期保值指在已经发生的一笔即期或远期交易的基础上，为防止汇率变动所造成的损失而再做一笔方向相反的交易。如原来的一笔受损，则后做的交易就会得益，借此弥补损失。反之，如汇率出现相反的变化，则前者得益，后者受损，两者可以抵消。根据这个原理转嫁外汇风险的具体方式主要有：远期外汇合约、外汇期货合约、货币市场套期、外汇期权、货币互换等。

① 远期外汇合约。远期外汇合约是指外汇买卖双方在成交时先就交易的货币种类、数额、汇率及交割的期限等达成协议，并用合约的形式确定下来，在规定的交割日双方再履行合约，办理实际的收付结算。远期外汇合约的主要目的就是规避汇率风险，不论是有远期外汇收入的出口企业，还是有远期外汇支出的进口企业，都可以与银行订立远期外汇合约，按预约的价格，在将来到期时进行交割，避免进口产品成本上升和出口销售收入减少的损失，以控制结算风险。

② 外汇期货合约。外汇期货合约是一种交易所制定的标准化的法律契约，该合约规定交易双方各自支付一定的保证金和佣金，并按照交易币种、数量、交割月份与地点等买卖一定数量的外汇。如某旅行社有一笔欧元资金，可兑换成美元后在市场拆放获利，为防止一定时间（比如 6 月）内美元下跌欧元上升，另在外汇期货市场以欧元卖出期货美元（美

元空头）。6 个月后，如果美元兑欧元汇率果真下跌，但由于期货市场做了一笔相同期限的多头，可把原做的美元空头合同了结，这样就与现货市场的损失相抵。

③ 货币市场套期保值。货币市场套期保值指通过在货币市场上的短期借贷，建立配比性质或抵消性质的债权、债务，从而达成抵补外币应收款项、应付款项所涉及的汇率变动风险的目的。

④ 外汇期权。外汇期权是一种选择契约，其持有人即期权买方享有在契约届期或之前以规定的价格购买或销售一定数额某种外汇资产的权利，而期权卖方收取期权费，则有义务在买方要求执行时卖出（或买进）期权买方买进（或卖出）的该种外汇资产。

⑤ 货币互换。货币互换（又称货币掉期）是指两笔金额相同、期限相同、计算利率方法相同，但货币不同的债务资金之间的调换，同时也进行不同利息额的货币调换。货币互换的目的在于降低筹资成本及防止汇率变动风险造成的损失。

（2）调整价格法

在进出口贸易中，出口收硬币，进口付软币是一种最佳选择，但实际业务中，这往往只是一厢情愿，有时出口不得不以软币成交，而进口不得不支付硬币。由此产生的外汇风险就要考虑实际调整价格的避险法，即出口加价和进口压价，把外汇风险分摊到价格中去，来达到减少外汇风险的目的。

① 加价保值法，主要用于出口交易中，出口商在接受软币计价成交时，将汇率损失计入出口商品价格中。

② 压价保值法，主要用于商品进口交易中，进口商接受硬币计价成交时，可将汇率损失从进口商品价格中剔除。

（3）提前收付或拖延收付法

在国际经济业务中，如果当事人对汇率变化预测较有把握，就可以通过更改外汇资金的收付日期来抵补或转嫁外汇风险。例如在出口贸易中，如果预期结算货币汇率将下浮，本币升值，外币贬值，则出口企业应与外商尽早签订出口合同，提前收汇。相反，如果预计结算货币汇率将上升，则可设法拖延出口商品，延长出口收汇期限。

（4）福费廷交易法（Forfaiting）——改善出口商现金流和财务报表的无追索权融资方式

福费廷交易是指出口商将期限长、金额大、经进口商承兑的远期汇票无追索权地卖给办理福费廷的银行或金融公司进行贴现，提前取得外汇现款，从而将汇率风险转嫁给承办福费廷业务的银行或金融公司。这种方法能够有效的规避外汇风险，但费用较高。

包买商从出口商那里无追索地购买已经承兑的、并通常由进口商所在地银行担保的远期汇票或本票的业务就叫做包买票据，音译为福费廷。其特点是远期票据，如图 10-1 所示。

应产生于销售货物或提供技术服务的正当贸易；做包买票据业务后，出口商放弃对所出售债权凭证的一切权益，将收取债款的权利、风险和责任转嫁给包买商，而银行作为包买商也必须放弃对出口商的追索权；出口商在背书转让债权凭证的票据时均加注“无追索权”字样（Without Recourse），从而将收取债款的权利、风险和责任转嫁给包买商。

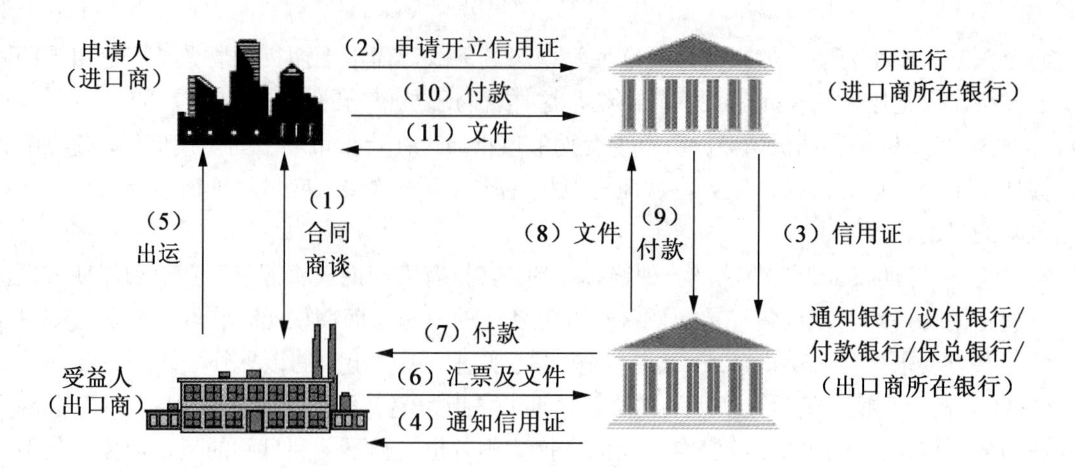

图 10-1 远期票据图示

福费廷业务主要提供中长期贸易融资，利用这一融资方式的出口商应同意向进口商提供期限为 6 个月至 5 年甚至更长期限的贸易融资；同意进口商以分期付款的方式支付货款，以便汇票、本票或其他债权凭证按固定时间间隔依次出具，以满足福费廷业务需要。除非包买商同意，否则债权凭证必须由包买商接受的银行或其他机构无条件地、不可撤销地进行保付或提供独立的担保。福费廷业务是一项高风险、高收益的业务，对银行来说，可带来可观的收益，但风险也较大；对企业和生产厂家来说，货物一旦出手，可立即拿到货款，占用资金时间很短，无风险可言。因此，银行做这种业务时，关键是必须选择资信十分好的进口地银行。

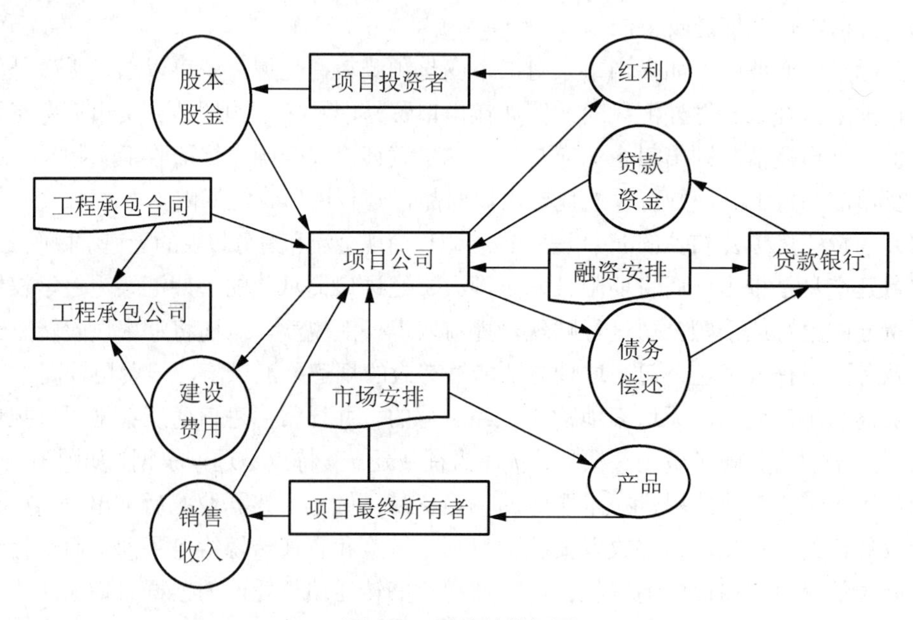

图 10-2 融资结构框图

10.5　本章观念总结

外汇有静态和动态两种含义。汇率是两种不同货币之间的兑换比率，有两种不同的标价方式，有不同的分类。外汇市场是经营外币和以外币计价的票据等有价证券买卖的市场。

外汇管理又称外汇管制，包括政府部门的管理和旅游企业自身的管理。

旅游企业外汇业务包括外汇收入业务和外汇支出业务，加强外汇业务管理要做好外汇收支业务的预算和外汇收支业务的日常管理。

外汇风险是由于未来汇率波动的不确定性而给外汇持有者或交易者带来经济损失的可能性。外汇风险包括外汇买卖风险、交易结算风险、会计风险、经济风险。外汇风险管理分为事前管理和事后管理两个方面。

10.6　本 章 习 题

一、思考题

1．什么是外汇和汇率？汇率是如何标价的？

2．什么是外汇管理？旅游企业应该如何加强外汇管理？

3．旅游企业的外汇业务是由什么构成的？怎样对外汇业务进行管理？

4．什么是外汇风险？外汇风险具体包括哪些？如何进行外汇风险管理？

二、单项选择题

1．下列不属于外汇的是（　　）。

A．美元　　B．美国政府债券

C．欧元存款　　D．人民币

2．目前，多数国家（包括我国）采用的汇率标价方法是（　　）。

A．直接标价法　　B．间接标价法

C．应收标价法　　D．美元标价法

3．按汇率制定方法，可以将汇率分为（　　）。

A．买入汇率和卖出外汇　　B．固定汇率和浮动汇率

C．基本汇率和套算汇率　　D．即期汇率和远期汇率

4．（　　）是指由于外汇交易而产生的汇率风险。

A．外汇买卖风险　　B．交易结算风险

C．会计风险　　D．经济风险

5．（　　）不属于外汇风险的事前管理。

A．做好汇率的预测工作　　B．正确选择结算货币

C．利用套期保值方法　　D．国际经营多样化

三、多项选择题

1．我们国家的外汇管理机构包括（ ）。

A．国务院　　B．中国人民银行

C．财政部　　D．国家外汇管理局

2．旅游企业外汇支出主要包括（ ）。

A．贸易支出　　B．非贸易支出

C．资本　　D．营业外支出

3．外汇风险包括（ ）。

A．外汇买卖风险　　B．交易结算风险

C．会计风险　　D．经济风险

4．外汇风险的事后管理包括（ ）。

A．利用套期保值方法　　B．调整价格法

C．提前收付　　D．福费廷交易法

四、判断题

1．在直接标价法下，汇率上升说明本币升值了。（ ）

2．买入汇率是企业购买外汇时使用的汇率。（ ）

3．严禁旅游企业“逃汇”和“套汇”行为。（ ）

4．旅游企业只需要编制年度外汇收支预算。（ ）

5．外汇风险来源于汇率的上升。（ ）

（参考答案）

一、思考题

（略）

二、单项选择题

1．D　2．A　3．C　4．A　5．D

三、多项选择题

1．BD　2．ABC　3．ABCD　4．ABCD

四、判断题

1．错　2．错　3．对　4．错　5．错

旅游饭店财务运行模式

财务部在饭店中具有十分重要的地位。现代饭店财务部管理机构的运行除了包括对财务部收银人员的工作管理，还包括饭店收入及稽核运行程序、会计核算运行程序、财产物资核算运行程序、存货采购运行程序等重要组成部分。

11.1 旅游饭店收入及稽核运行模式

饭店收入主要是创收部门的营业收入，主要由客房收入、餐饮收入、商品收入、康乐收入等主营业务收入构成，其预算一般主要有客房、餐饮、商品和其他（康乐、洗衣、出租汽车）等几个部分。

11.1.1 前厅收入及稽核运行模式

1. 前厅收银员职责

（1）将住客之分类及最新账目记入房号内并注意保存。

（2）负责为结账收取现金或转账、支票、信用卡等支付方式支付的住宿、餐饮、洗衣等费用。

（3）核实账单及信用卡。

2. 业务要求

（1）熟悉和掌握各国货币当天的兑换率，能识别各货币的真伪。

（2）将宾客的各种账单保存好，不可遗失，不可搞混。

（3）熟悉和掌握收银机及计算机的操作方法。

（4）会计英语。

3. 工作内容

（1）熟悉和掌握酒店内各类房费、餐费和洗涤费等费用标准及折扣。

（2）将各类收取费用过入房号内。

（3）为宾客结账。

宾客来结账时要表示欢迎，迅速为客人结账。

若客人来得太多，要礼貌地示意客人排队按顺序结账。

客人结账时要将客人房费、餐饮费、洗涤费、娱乐费等费用累计总收费。

客人交款时要当客人面点清，要唱收，并向客人表示多谢。客人结完账离开时要表示欢送，欢迎他下次光临。

（4）宾客付款方式。

现金付款：现金包括人民币和外币。

银行信用卡结账。

用支票、转账方式结账。

（5）将收取的以支票、换账、信用卡支付的账项过入相应的账号内。

（6）将所收宾客的现金、支票、转账、信用卡的账单汇总，送交会计部入账。

（7）对于走单账项，应配合信用部经理采取措施追账。

（8）编制每日营业报表。

11.1.2 餐饮收入及稽核运行模式

1. 职责

（1）负责在餐厅饮食销售活动中顾客结账收款。

（2）负责将顾客用转账方式、支票或信用卡结账的账单转送前台收款处或会计部。

（3）核实账单及信用卡。

2. 业务要求

（1）能识别各国家货币的真伪，熟悉和掌握各国货币当天的兑换率。

（2）熟悉和掌握收银机及计算机的操作方法。

（3）不可将不同客人的点菜单、饮品单等搞混。

3. 运行模式

（1）收款员接到值台送来的收款结账单后要累计食品、饮品、茶芥（杂项）等费用，开出收款单交值台为客人结账。

（2）收市后将现金、支票、账单汇总交总收款员。

（3）结算后将入厨菜单与账单存根整理。

（4）编制当市营业情况报告或报表交会计汇总。

11.1.3 总收款（出纳）员收入及稽核运行模式

1. 职责

（1）负责收集当日所有现金款项，并按币类币值面额归类整理、点清入保险柜。

（2）负责收集当日所有账单收据、追查遗失账单。

（3）编制每日银行存款及按银行规定留存流动金外，其余送银行存。

（4）负责报账的现金支付，掌管零用现金。
（5）整理收款员每日营业报告表。

2. 业务要求

（1）熟悉和掌握信贷政策和处理支票、信用卡、转账的工作程序。
（2）熟悉和掌握各国货币当天的汇率，能识别各国货币的真伪。
（3）熟悉和掌握收银机及计算机的操作方法。

3. 运行模式

（1）每日收集及点算（在证人面前）收款员交来款项数目，并报告差异数目，以备调查。
（2）收取每日收据及收款员每日工作报告表，将所有现金及支票金额拨入每日的存款额内。
（3）向所有的收款员提供所需零钱以供找数。
（4）补充收款员支出的款项。
（5）检查准备支付现金的单据是否经过上级批准。
（6）编制收款员每日报告。
（7）对收款员进行定期培训，不断提高他们的素质和业务能力，帮助他们解决工作上的问题和困难。

11.1.4　日间稽核的运行模式

1. 职责

（1）负责对收款进行督导。
（2）核查酒店的收益及编制每日收益报告书。

2. 业务要示

（1）熟悉和掌握会计及簿记业务。
（2）熟悉和掌握内部管理程序及审校账目。

3. 运行模式

（1）审校现金收入及单据。
（2）编制每日的营业报告。
（3）根据夜间稽核员的误差报告书调查账目的差异。
（4）编制营业摘要说明，作为进入营业日记账的资料。
（5）编制每月优待付款的对账表。
（6）检查定价是否合适，及证实未来房间的租用率。
（7）检查酒店高级职员的账单签署是否合适，并依照管理部门的指示对所有未付款账单进行核准。
（8）控制餐厅账单及会计账号的发出。
（9）实施内部现金管制及账目系统的内部管制。

11.1.5 夜间稽核的运行模式

夜间稽核是酒店隶属于财务部的一个工作岗位，直接领导和汇报对象是收银处主管，工作内容主要是：稽核收银工作质量，统计编报酒店营业收入日报表。

1. 夜间稽核的必要性

第一，酒店是24小时对外营业的服务场所。许多部门，如餐饮、娱乐等营业时间可持续到凌晨2点，甚至更晚。要对这些部门的营业收入做出全面的核查汇总报表，以便在第二天开始经营前将收入报表交到各部门，时间上要求晚上进行。夜间稽核将发现的误差赶在第二天早晨总台结账高峰前及时更正，时间上要求当天晚上进行。

第二，总台的客人入住到凌晨3点钟后相对清淡，便于总台账务核对（特别是在手工收银情况下）。夜间稽核电脑过租需安排在夜间稽查完成之后，赶在早晨退房高峰之前进行。过租时间，一般定在凌晨四点左右。此时各营业点都已打烊，理论上夜间稽核工作也已完成，当天夜审工作中可能发现的误差都已更正，此时才可进行夜审电脑过租。因此，夜间稽核必须在夜间进行。

2. 夜间稽核的程序

（1）认真核对餐饮娱乐营业收入

检查餐饮娱乐收银账单收入项目品名、数量、金额与餐饮娱乐点菜单、酒水单上品名、数量、金额相符。检查收银员账单与工作底表金额是否相符。检查收银工作底表与班报表金额是否相符。检查核对登记收银员账单领用消号情况。检查餐饮优免折扣是否符合酒店优惠政策。

稽核员对检查中发现的问题，要在工作日记本上做好记录，并对处理情况做好记载，以便收银主管核对。

以上工作旨在保证酒店相关收入的发生额与收回金额的正确与完整。

（2）编制餐饮娱乐收入夜审工作底表

根据审核无误的收银员班报表，按营业点汇各营业点收入情况。然后根据各营业点汇总的收入情况，汇总整个餐饮娱乐部门营业收入情况。汇总的餐饮娱乐夜审工作底表，包括当日餐饮娱乐收入和收款两个部分。餐饮娱乐收入项目有：食品收入（主营业务收入）、酒水收入、香烟收入、杂项收入、服务费等；餐饮娱乐收款项目有：现金、支票、信用卡（人民币卡、外币卡）、客账（房客挂账）、挂账（街客挂账）、优免。

通过此项工作，可得出每日餐饮娱乐收入的总体情况。

（3）编报餐饮娱乐收入日报表

根据核对无误的餐饮娱乐夜审工作底表，将餐饮娱乐收入项目与收款项目输入电脑报表系统，以生成餐饮娱乐收入日报表。

在现在先进的收银局域网络系统中，夜间稽核员完成对餐饮娱乐营业收入审核后，计算机可将审核无误的餐饮娱乐部门各营业点的数据自动过入夜间稽核模块，自动生成这两个部门营业收入日报表。

（4）审核总台客房营业收入

认真检查前台收银员各班次账单与收银员各班次工作底表是否相符。检查总台收银员工作底表与其班报表是否相符。检查客户优免折扣是否与酒店优惠政策相符。

检查总台房客账单涉及的当日营业收入相关账项的准确性。总台房客账项除客房房费收入外，还涉及酒店餐饮娱乐部门转房客账的客账，涉及客房部其他收入账务稽查，如：商务中心传真收入，客房小酒吧收入，洗衣中心收入，客房杂项收入等。这些收入各营业点都会每天报一份报表给夜间稽核。餐饮娱乐部门客账凭账单逐单核对，其他收入根据入住登记单、房费记录、押金单、各项营业收入传票逐笔核对。核对内容主要有客账的金额是否正确，录入的房号是否准确，客人签署是否与入住登记相符。

在运用手工账单情况下，各部营业点转总台的客账涉及营业点与总台收银员的工作质量。因此，对客账审核要特别细致。在酒店收银局域网情况下，餐饮娱乐转总台客账可实现自动划账，金额不会错；但必须认真核对房号与签署是否相符。其他收入项目在未由客务中心录入情况下主要由总台收银录入，故对其金额、签署、房号审核都不可放松。

通过以上工作，旨在保证酒店总台收银客房部门相关收入发生额与收回金额准确无误。

（5）编制夜审营业收入试算平衡表

根据试算平衡的收入平衡表，检查各项收入与收款项目与电脑中各项目是否相符。酒店夜间稽核主要通过编制夜审试算平衡表，以达到对总台收银账务及整个酒店营业收入控制的目的。后面在夜间稽核相关会计原理中将详细论叙。

（6）过租生成各类报表

运用电脑系统过租，并生成当日各部门营业收入日报表，生成夜间稽核试算平衡表和酒店营业收入日报表。

过租是电脑将房费自动过入在住客人客账中，在手工状态下，房费由总台收银员与夜间稽核员逐房登入客房账单。房费的统计则由夜审员编制客房客账结余表表示完成。夜间稽核员将当日在住客人与当日入住当日退房的客房的账单按楼层，每份账单逐个登记，包括账单中昨日余额、本日发生账项、押金、本日金额等项目。本日房费发生额汇总即为当日客房房租总金额。

（7）填写收入传票

根据各部门收银员收款情况，填制现金、支票、信用卡、应收账款（街客挂账）客账、优免等各项收款传票。交财务部出纳员中的总收银，做为第二天点收营业款的凭据。将应收账款账单、优免账单、报表与收入传票一起交财务部相关人员核算。在财务管理严格、制度健全的酒店，还设置日间稽核员对夜间稽核员工作进行复核检查。

11.2　旅游饭店会计核算运行模式

11.2.1　旅游饭店会计核算原则

（1）遵守中华人民共和国的法律法规、条例及政策的有关规定和批准的协议、合同。

（2）会计年度采用历年制。即自公历每年 1 月 1 日起至 12 月 31 日止为一个会计制度。

（3）采用借贷复式记账法记账。

（4）根据权责发生制的原则记账。即凡是本期已经实现的收益和已经使用的费用，不论款项是否收付，都应作为本期的收益与费用入账。凡不属于本期的收益与费用，即使款项已在本期收付，都不应作为本期的收益与费用处理。

（5）一切会计凭证、账薄、报表等各种会计记录，都必须根据实际发生的经济业务进行登记，做到手续齐备，内容完整，准确及时。

（6）记账用的货币单位为人民币。凭证、账簿、报表均用中文记录。

（7）一切收入与费用的计算，必须互相配合，必须在同一时期内登记入账，不应脱节，不应提前或推后。

（8）划清资本出去与收益支出的界限，不能互相混淆。

（9）有关会计处理方法，前后各期必须一致，不得任意改变，如有改变，须经批准。

（10）建立内部稽核制度，对款项的支付、财产物资的收发保管、债权债务的发生与清算等各项经济业务，都要有明确的经济责任，有合法的凭证，并经授权人员审核签证。

11.2.2 旅游饭店会计科目

会计科目是按照经济业务的内容和经济管理的要求，对会计要素的具体内容进行分类核算的科目，称为会计科目。

1. 资产类

（1）现金

每项现金分人民币和外汇两类。核算酒店库存现金，包括找零备用金和周转备用金。设置“现金日记账”，根据收付凭证，按照业务发生顺序，逐日登记。

（2）银行存款

核算酒店存入银行的各种存款。“根据人民币、外币（主要折为美元）等不同货币存入不同银行，分别设置“银行存款日记账”，根据收、付凭证日逐笔登记，结出余数。

采用人民币为记账单位，对美元或其他外币存款，在登记外币金额的同时，按当日银行汇率折合人民币登记。

（3）应收账款

核算酒店商业大楼、公寓住宅大楼、餐馆、商场及其附属项目的营业收入中对方的欠款。可分旅行社、公司、单位、客账、信用卡、租户、街账等不同类项，按团体或个人设分户账。设立专人负责催收账款，对不能收回的账款必须查明原因追究责任，并取得有关证明。报财务总监和总经理批准，转为坏账损失。

（4）其他应收款

核算应收账款不包括的其他应收款，包括按金，应付保险赔偿等。按不同货币和债务人每月编制明细表进行核算。

（5）待摊费用

核算已经发生，但应由本期和以后时期分别负担的各项费用，如持摊保险费等。

对支付金额较少，不超过人民币××元（由酒店定）以下的费用，不入本科目。每项待摊费用一般在12个月内分摊完毕。

（6）存货

核算餐厅制作食品用的原材料、油味料、半成品、烟、酒、饮品等库存商品和存入仓库暂未领用的物料、用品及为包装销售食品而储备的各种包装容器。

各咎存货按不同类别仓库设专人管理，按品名设明细账登记，定期盘点。

（7）其他流动资产及按金

不属于以上 6 个科目的流动资产属于本科目核算。根据不同类型或项目，每月编制明细表进行核算。

（8）固定资产

核算所有固定资产的原价。所谓固定资产是指使用年限在一年以上，或单价在人民币××元（由酒店定）以上的房屋、建筑物、机器设备、运输设备和其他设备。

第一批购入的营业性设备，如布草、瓷器、玻璃器皿、金银器等，虽在人民币××元（由酒店定）以下，也属于固定资产。

（9）累计折旧

核算固定资产的提取固定资产折旧额标准，按项目提取折旧额，并设置登记卡登记。根据合作经营合同的精神，每月提取的折旧额，优先用于归还资本。

（10）开办费（指新建酒店）

核算为筹办企业而支付的费用。本科目在开业后多少个月摊销由酒店定。每月分摊所得资金优先用于归还投资者。

（11）其他递延费用

核算一次支付金额较大、收效时间较长、不应作本期全部负担的费用，如设备保养费、广告费、在未还清本息前的固定资产更新等。

每项金额通常需要超过人民币 10 万元以上或由酒店定。

按项目根据收效时间按期转入费用。

2. 负债类

（1）应付账款

核算购入的设备、用品、餐厅用的食品原材料、饮品及接受劳务供应而拖欠的款项。对往来款项较大及往来次数频密的单位，按不同货币和单位户名分别设立明细账。

（2）应付工资

核算本期应付给员工的各种工资，包括固定工资、浮动工资、奖金和补贴等。按应付工资的明细账核算。

（3）应付税金

核算应付的各种税金，如所得税等。按税金种类设明细账登记。

（4）其他应付账及税金

核算应付账款、应付税金以外的其他各项应付款，包括应付手续费、应付赔偿费、存入保证金、各种暂收预收款等。按不同类别，不同货币和债权人每月编制明细表进行核算。

（5）预提费用

核算预提计入成本、费用而实际尚未支付的一宗一次支付人民币××元范围内的各项支出。超过范围须经职权单位或人员批准。按费用性质设明细账。

（6）社会劳动保险基金

核算按规定提取的社会劳动保险基金。如医保、住房、养老、失业、工伤、生育等，此科目要专款专用。

3. 资本类

（1）实收资本

核算资本总额。按投资者户名设明细账。

（2）归还资本

本科目为借方科目，以每年未分配利润加固定资产折旧及摊销开办费之等额资金，拨作归还资本之用，累积金额即为归还总数。

（3）本年利润

核算本年内实现的利润（或亏损）总额。

年度结算时将营业收入、营业成本、费用、汇兑损益和营业外收支等各科目的余额分别转入本科目，在本科目内出本年实现的利润（或亏损），最后将余额转入“未分配利润”。

（4）分配利润

核算酒店利润的分配和历年利润分配后的结存金。

4. 损益类

（1）营业收入

核算酒店经营范围内的各项业务收入。营业收入分为：

酒店收入：客房、餐饮、出租汽车、洗衣、舞厅、游戏机、音乐茶座、电话、电传、健身房、桑拿浴室、桌球、网球、保龄球、音乐厅、美容中心。

住宅大楼收入：出租高级公寓租金及大楼其他收入。

商业大楼收入：出租写字楼及大楼其他收入。

商场收入：自营商场收入、出租商场租金及商场其他收入。

其他收入：不属于上列收入的划为其他收入。

（2）营业税金

根据各项营业收入的不同税率，核算本期应负担的增值税、营业税、房产税、土地使用税及其他费用和税金。根据各项营业税分别列账登记。

（3）营业部门直接成本

核算营业过程中支付的直接成本支出。

（4）营业部门直接费用

核算能够划分各部门发生的各项费用。根据营业收入的各部门划分作为本科目的子目和细目。

各部门直接费用中除“薪金及有关费用”子目外，其余子目根据各部门或各项业务的不同性质及需要分别命名。

（5）非营业部门费用

薪金及有关费用：凡所有属于行政及一般部门，如市场推广（公共关系“销售”）部，物业操作及保养部的薪金及有关费用划归此项目。

其他间接费用：如行政及一般费用、市场推广费、物业操作及保养费、能源供应费。这四类费用的子目将根据不同性质及需要分别命名。

（6）营业外收支

汇兑损益：是在各种外币业务的会计处理过程中，因采用不同的汇率而产生的会计记账本位币金额的差异，主要指已实现汇兑损益，即通过新的外币业务的开展，正式得以实现的汇兑损益。这种损益一般不会再随汇率的变化而变化，是已定的收益或损失。具体包括四种汇兑损益：①交易外币汇兑损益。在发生以外币计价的交易业务时，因收回或偿付债权、债务而产生的汇兑损益，称为“交易外币汇兑损益”；②兑换外币汇兑损益。在发生外币与记账本位币，或一种外币与另一种外币进行兑换时产生的汇兑损益，称为“兑换外币汇兑损益”；③调整外币汇兑损益。在现行汇率制下，会计期末将所有外币性债权、债务和外币性货币资金账户，按期末社会公认的汇率进行调整而产生的汇兑损益，称为“调整外币汇兑损益”；④换算外币汇兑损益。会计期末为了合并会计报表或为了重新修正会计记录和重编会计报表，而把外币计量单位的金额转化为记账本位币计量单位的金额，在此过程中产生的汇兑损益，称为“换算外币汇兑损益”。

保险费、借款利息：房屋和内部保险的各种费用及正常经营所需的利息的支出（可用银行存款利息收入冲减本科目）。

售卖资产损益：核算提前报废或出售的单价在人民币××元（由酒店定）以上固定资产的变价净收入与该项固定资产净值的差额。

（7）推销开办费

核算筹备开业而发生的开办费按月分摊。

酒店经营活动中提出的摊销开办费资金用于归还投资资本。

（8）固定资产折旧

核算固定资产按月提取的折旧费。

提取的折旧资金通常用于归还投资资本。

（9）投资利息

根据投资总额按期核算应付利息。

提取利息金额用于归还资本的利息。

11.2.3 旅游饭店会计凭证和会计账簿

（1）每发生一笔经济业务，必须取得或者填写原始凭证。各种原始凭证必须内容真实、手续完备、数字准确。自制的原始凭证则由经办业务部门的负责人和经办人员签证。

（2）记账凭证包括收款凭证、付款凭证。各种记账凭证必须填明日期、编号、业务内容摘要、会计科目、金额等。经过制单人、指定的审核人员和会计部负责人签证后，据此记账。

各种记账凭证连同所付原始凭证，均须证明凭证种类、张数、起讫号码、所属年度、月份，并由有关人员签证、归档保管，不得丢失。对于某些需要永远保存的重要凭证，应另外保管，并在该项原始凭证和有关记账凭证上加注说明。

（3）对外开出的凭证都要依次编号，并应自留副本或存根，副本或存根上所记载的内容和金额必须与正本一致。副本和存根应妥善保存。误写或收回作废的对外凭证的正本，应附于原编号的副本或存根之上。短缺或不能收回的，应在副本或存根上注明理由。

（4）尚未使用的重要空白凭证，如支票簿、现金收据等，都要由会计部专设登记簿进行登记，妥善保管，防止丢失。领用时，应经过指定的人员批准并登记后由领用人签名。

（5）由电脑记录的账簿具有不能涂改或用褪色药水消除字迹的优点，发生错误时只能另行填制记账凭证，予以更正。

由人手记录的账簿和会计凭证，不得刮擦、挖补。涂改或用褪色药水消除字迹，发生错误时，应根据错误性质和具体情况，采用划线或另行填制记账凭证簿方法，予以更正。划线更正时，应由记账人员在更正处盖章或签名。

（6）各种账簿应根据审核无误的原始凭证、记账凭证、凭证汇总表进行登记，要逐项记载：发生日期、凭证编号、业务内容摘要、金额等。

11.2.4 旅游饭店会计档案

（1）会计凭证、会计账簿和会计报表等各种会计档案资料要妥善保管，不得丢失损坏。

（2）年度会计报表、会计师查账报告等必须长期保存，一般会计凭证、凭证账簿和月份、季度会计报表保存期限至少为 15 年。

（3）会计档案保存期满需要销毁时，须开列清单，经领导审查、报上级主管部门和税务机关同意后，才能销毁。销毁会计档案的清单应长期保存。

11.3 旅游饭店财产物资核算运行模式

为了进一步发展旅游业，延长财产使用年限，充分发挥财产的效能，必须加强财产管理，使酒店获得最佳的经济效果。

11.3.1 旅游饭店财产物资的划分

1. 固定资产

单位价值 2 000 元以上（含 2 000 元），使用年限在一年以上的财产为固定资产。单位价值虽然低于规定标准，但为酒店营业的主要财产，使用时间在两年以上（如沙发、沙发床、地毯、电视机等）也应视为固定资产。

房屋、建筑物以及不能分开的附属设备，单位价值虽低于规定标准但也应一律列为固定资产。

符合上述条件应列为固定资产的物品，按照《旅游饮食服务行业会计制度》分类进行管理：①房屋及建筑物，②机器设备，③交通运输工具，④家具设备，⑤电器及影视设备，⑥文体及其他设备。

2. 低值易耗品

低值易耗品是酒店使用流动资金购置的不够固定资产条件的财产，即：单位价值在 2 000 元以下（不包括 2 000 元），单位价值在 150 元以上者为低值易耗品。单位价值在 150

元以上的炊具、餐具、茶具等不列入低值易耗品。

低值易耗品的分类：①家具，②医疗用具，③办公用品，④客房用品，⑤餐饮部用具，⑥厨房用具，⑦清洁用具，⑧办公用品，⑨洗衣用具，⑩影视用具，⑪美容用品，⑫营业用品，⑬灯具，⑭园林用具，⑮家用电器，⑯康乐用品，⑰工艺品，⑱搬运用具，⑲通讯工具，⑳其他。

3. 零星物品（无价保管品）

零星物品为单位价值在 15 元以下的物品以及工具用具等有保管价值的物品。如炊、餐、茶、瓷器、玻璃器皿等就是零星物品。

4. 物料用品（消耗品）

物料用品为企业生产经营中所必需用的物资，如修缮材料、宾客用品、卫生用品、事务用品以及加工用品等消耗物品。

5. 基建材料及设备专门为工程项目购置的原材料及设备

这类物品必须专门保管及核算。

6. 餐饮原材料

餐饮原材料是指食品、饮料及其他食品原材料。

7. 废旧物资

废旧物资为企业已报废的各项财产。如：棉织品、机电设备、各种器材、家具、用具等物资，以及由机电及建筑物上拆除下来的，尚能使用的旧零配件，随运物资的完整包装物及各种废旧材料。

此类物品报损时开列“报损单”经批准后，按手续作财务处理，凭报损单交库房入财保管，并在报损物上盖报废印章，一般不再发放。个别物品需要利用时，要开出库单经部门经理批准，到库房领取。处理时需列清单报总经理在店务会上批准后，才能实施处理方案。

8. 其他物品

它包括旅客赠送的礼品、旅客遗丢（不能归还者）物品、拣拾东西、退还脏物等，此类物品一律交库房验收并保管，开列清单，清单一式二份，一份库房登账，一份由上交物品的部门留存，以上物品不得隐瞒不交或私自留用。个别物品，班组需用时须经经理批准后到库房领取，并转入零星物品（无价保管品）账房处理。属于规定应缴上级者，要造表上缴，属于本单位可以处理的也要造表经店务会议讨论作价处理。

11.3.2 旅游饭店财产物资的请购、审批、验收、入库规定

1. 请购计划的编制

财产专职会计要根据酒店的业务情况，熟识定额指标及日常使用情况，编制年、季、月的请购计划，报财务经理审核并报总经理在店务会议讨论通过后列入年（季、月）度计

划，由财务安排执行。没有计划者不准采购，临时追加计划者要按规定程序报经理批准。

2. 采购

酒店所有财产的采购一律统一由采购部办理，各使用部门不得自行购置。任何物品如无购置计划或未经财务部同意采购的财产物资，库房应拒绝验收，财务部也不予报销。若使用部门自行采购，但也要有采购部办理入库报销等手续。采购员必须遵守国家政策、法律和财产管理制度，发票、支票要妥善保管，不得丢失。报财要及时，一律不能跨用。采购备用金要经常核对，公私要分开，严禁套购、转卖、挪用公款和代私采购，要按使用部门的要求采购物品，并注意规格质量，以免造成积压和浪费。

3. 验收手续

（1）收货部接到采购员购进的财物，要根据订单和原始发票进行检斤、点数，检查规格、质量，验收合格后按本企业的财产名称填制收货记录单和收货日报，签收后由供应商凭验收单供应商联向财务部结算货款。

（2）遇有下列情况，收货员可以拒绝验收，或报请经理处理。未按计划批准购进的或与合同不符者不验收；购进的财产物品与原始发票不符者不验收；供货单位的发票未开台头、发票未盖公章者，台头不符、字迹不清有涂改者不予验收；如属物品先到而发票未到的，收货部可点清实物，开无发票收货单，待发票到后补办有关手续。如发票先到而物品未到的，不予办理验手续。如系外地进货，可由采购部报财务部经理办预付款汇款手续。

11.3.3 旅游饭店财产物资的管理规定

（1）各部门每月制定采购计划，经财务部核价后转交采购部门根据该部的费用定额掌握采购，财务部根据该部门费用定额审核报销。

（2）由使用部门指定专人负责管理，建立卡和账册，卡片一式两份，由采购部门专人保管一份，使用部门专人保管一份，财务部登记明细分类账。领料单必须由部门负责人签字才能生效。

（3）对损坏和丢失的财产物资，应分清责任，属工作差错的要由责任人填写报废单，部门负责人签字方能核销。属于个人过失的要赔偿，属有意破坏或丢失的要罚款处理。

（4）年终对库存的财产物资进行一次盘点，并写出盈亏报告及原因，由有关部门负责人审核，凭此报销或入账。

11.4 旅游饭店存货采购运行模式

存货是指集团酒店业在日常经营过程中行将消耗的原物料、燃料及经营性辅助设备（不包括固定资产部分）。

存货具体包括以下几个部分。

（1）原材料：餐饮业各种制作的基础性原材料，如鱼、肉、蔬菜，以及干货、调料等；

（2）库存商品：存放于仓库及水吧的香烟、酒水、纸巾等出售商品；

（3）物料用品：一次性餐具、客用拖鞋等一次性耗材和经营性辅助设备（不包括固定资产部分）；

（4）燃料：指酒店各设备正常运营维护所需的各种燃料等。

11.4.1　旅游饭店存货的购进管理

1．对不同存货，采取不同时期申报计划

（1）日计划：指需购进的各种基础性原材料食品，由厨部、餐饮部于头一天预测第二天的需要量，据此拟定需求，填制《厨房订货申请表》，报使用部门负责人审核签字后，交采购部办理正式采购业务。申报计划时间一般为每天下午 4:00—8:30。

（2）周计划：指需购进的冻品、烟等，可填制《××酒店物料采购申请单》。

由部门或仓库申报，交采购部办理采购业务。申报计划时间为每周六下午。

（3）半月计划：指需购进的干货调料，由仓库报计划，填制《××酒店物料采购申请单》，仓库领班签字后，送交采购部办理正式采购业务。申报计划时间为每月 1～5 号和 15～20 号。

（4）月计划：指需购进的客房用品、印刷用品等，由仓库以及各部预测该月需要量，并据此拟定需求，填制《××酒店物料采购申请单》，送交采购部，并办理正式采购业务。申报计划时间为每月 25～30 号。

2．对需特别制作（指经营物品上需加注酒店管理公司或酒店的标识）的各种经营性材料及物品（如一次性餐具、纸巾、客房洗具、拖鞋、茶具等），原则上应采取招标的方式选择相对固定的制作供应商，签订定期的供货合同（除非因产品质量、结算价格及其他合作方面的原因需更换）及价格协议（按时间段）；每月末，各物料使用部门（指客房部、餐饮部和休闲娱乐部）根据酒店预计需要量拟订需求计划。

11.4.2　旅游饭店存货的验收管理

1．采购部收到批准的申购单后，应及时与供应商联系，确定具体的供货时间和每批次的供货量，并在申购单对应栏次予以注明；注明后的申购单一联由采购部留存，督促货物按时到位。一联送交请购部门，以便及时了解进货的时间，安排相应的工作；一联送交仓库，以便核对验收，安排仓位；一联交财务部，以便准备资金付款。

2．到货时的具体验收规定

（1）购进的各种食品鲜货部分，直接由厨部、餐饮部实物管理责任人（指经营场所日常经营性货物的实物管理人）专人验收，仓库保管监收；其他贵重食品部分，由各对应仓库库管进行，由财务部稽核人员监收。

① 厨部、餐饮部所需货品的验收，原则上应指定相对固定的货品验收区域（指定的验收区域应邻近贮藏室或仓库，应保持灯光明亮、清洁卫生、安全保险），配备专门的实物

数量验收工具、必要的质量检验测试装置和特殊货物（如冷冻、保鲜货物）的贮藏工具及场地。

② 货品验收人和监收人必须对照申购单上所列品名、单价、数量和质量办理货品验收和监收工作。

③ 验收工作包括货品数量验收和货品质量验收两方面内容。

- 货品数量验收：

  如果是密封的容器，应逐个检查是否有启封的痕迹，并逐个过称，以防短缺；

  如果是袋装货品，应通过点数或称重，检查袋上印刷的重量是否与实际一致；

  散装货品，应逐个品种称重，确定实际货品数量。

- 品质量验收：

  货品验收人员应具备货品质量方面的知识和货品质量检验水平；

  验收中对货品质量把握不准的，应证询相关技术人员的意见。对海鲜及其他水产品的质量验收工作，原则上应由厨部主管参与进行；

  必须严把货品保质期关，对同一批货品不同保质期的不予验收，对与合同或订货单上规定的保质期不符的不予验收。

④ 填制《××酒店入库单》（一式三联，货物验收人一联，送交货人或供应单位一联，财务部一联（此联由货物监收人送交）。入库单各栏次内容字迹必须清楚明了，数量严禁乱涂乱改；各相关责任人必须在入库单对应栏次对入库单内容签字确认。

⑤ 验收工作完成后，将订货单、《××酒店入库单》和发票订在一起，及时送交财务部稽核人员。

（2）其他货物的验收工作，直接由各对应仓库库管进行，由财务部稽核人员监收，其具体验收规定同上。

11.4.3 旅游饭店存货的款项支付

按照酒店管理公司规定的审批权限进行报批，财务部依据审批及验收手续齐全的各有效凭证进行审核后，办理付款手续。

1. 财务部稽核人员收到订货单、申购单、验收单和发票后，必须对照核查各单、表、票据之间的货品、数量、质量、单价及金额是否完全相符，是否按照规定的程序办妥了齐全的手续，任何一单、一项、一个数据不符，都要查明原因，妥善解决，切实做到问题不查清解决、不向下办理付款手续。

（1）检查请购部门交来的申购单与采购部交来的订货单或订货合同有无批准签署，核对申购单与订货单的内容；如果订货单与申购单中名称、规格不符，须到请购部门和采购部门查明是否属替代品；核对后把它们订在一起，并按订货单的编号及供货单位名称存放。

（2）收到仓库交来的验收单和发票后，取出订货单与其核对。

① 检查验收单上的货品品种、实际验收数量是否涂改，验收、监收签字手续是否齐全，签名是否真实、有效；

② 检查验收单上的名称、规格、数量、质量、单价及交货时间是否与订货单的内容一致；

③ 检查发票是否为正式有效票据；

④ 检查发票上的价格与订货单上的价格是否相符；

⑤ 检查发票上总金额的计算是否正确，短斤缺两、数量不足、质量不够等级问题是否已作出扣减。

（3）检查货品是否已预付定金或预付货款。已预付了定金或部分货款的，应计算出本次应付货款的金额。

（4）签署正式的付款核准意见。

2．请付款凭证经财务部稽核人员审核签字后，报财务部负责人审批。

3．出纳人员依据财务部负责人审批的付款凭证，办理正式的付款手续。

11.4.4　旅游饭店存货的领用管理

各部门原则上应指定专门的领料人，部门领料人有权对本部门日常所需物资进行领用；超出领料范围且没有总经理或财务经理签字的，仓库有权拒绝发货。

发料人必须认真审验领料单中的签字式样，防止不法领料人模仿经理签字冒领库存物品。可要求酒店相关部门负责人预留签字笔迹。

特殊情况下的急件领用，由财务规定的领料人或部门经理口头或书面授权当值仓库保管员，仓库保管员方可发货，但通知人必须在 1 日内到仓库办理签字手续；若在领货后的 1 日内没有办理签字手续的，由当值仓库保管员向财务上报。

11.4.5　旅游饭店存货的库存管理

酒店仓库及各部门实物管理责任人，对各库存的物品，必须按照物品的属性和具体物品的保存要求分类或专门存放，严禁将不同属性和不同存放要求的物品混存。

库存实物的进库和发出，必须依据上述规定的程序和凭证进行，严禁无单、无手续的物品进库和发放；办妥物品进库和发放手续后，应及时依据相关凭证，登记实物库存保管账，并定期（各部门实物管理责任人于每天下班前；酒店仓库库管每天对库存异动的物品，每三天对全部的库存物品）进行库存物品的账实核对盘点工作，发现差异，及时查明原因，予以解决，无法解决的，报财务部负责人处理；对超过保质期和有质量问题的货品，不得对外发放，并及时填制《质量问题物品报告表》（一式三联，一联仓库留存备查，另两联经财务部签字后一联留存财务部处理、一联返回仓库据此处理质量问题物品），经部门负责人审核签字，送交财务部稽核人员核实后，报财务部负责人处理。各实物管理责任人当所保管的实物库存接近或达到最低库存储备量时，应及时主动地向部门负责人或相关部门提出采购（领用）申请计划。

各实物管理责任人在发放各物品时，必须严格按照“先进先出”的原则发放实物。先进先出是指按照物品购进的先后顺序和物品保质期的短长顺序，进行物品的发放。即先购进和保质期短的物品先发放，后购进和保质期长的物品后发放。

11.5 本章观念总结

本章主要介绍了饭店收入及稽核运行程序、会计核算运行程序、财产物资核算运行程序、存货采购运行程序等，饭店收入及稽核运行程序需要掌握前厅、餐饮等收入的运行，尤其是夜审的工作程序，了解饭店相关的会计科目、会计凭证、会计账簿及会计档案，掌握饭店财产物资的分类，掌握饭店存货的采购制度。

11.6 本章习题

一、思考题

1．酒店夜间审核的必要性是什么？工作程序需要注意哪些方面？

2．酒店存货的验收过程管理制度如何？

二、多项选择题

1．旅游饭店收入包括（　　）。

A．客房收入　　B．餐饮收入

C．商品收入　　D．康乐收入

2．收到仓库交来的验收单和发票后，取出订货单与其核对的项目有（　　）。

A．检查验收单上的货品品种、实际验收数量是否涂改，验收、监收签字手续是否齐全，签名是否真实、有效

B．检查验收单上的名称、规格、数量、质量、单价及交货时间是否与订货单的内容一致

C．检查发票是否为正式有效票据

D．签署正式的付款核准意见

3．下列属于资产类会计科目的有（　　）。

A．固定资产　　B．应交税金　　C．现金　　D．银行存款

4．对于不同存货，采取不同时期申报计划包括（　　）。

A．日计划　　B．周计划　　C．半月计划　　D．月计划

三、判断题

1．固定资产是指使用年限在3年以上，或单价在人民币××元（由酒店定）以上的房屋、建筑物、机器设备、运输设备和其他设备。（　　）

2．酒店仓库及各部门实物管理责任人，对各库存的物品，必须按照物品的属性和具体物品的保存要求分类或专门存放，严禁将不同属性和不同存放要求的物品混存。（　　）

3．没有计划者不准采购，临时追加计划者要按规定程序报可以暂时不由经理批准。（　　）

4．年度会计报表，会计师查账报告等必须长期保存，一般会计凭证、凭证账簿和月份、季度会计报表保存期限至少为 10 年。　　　　（　　）

5．由电脑记录的账簿具有不能涂改或用褪色药水消除字迹的优点，发生错误时只能另行填制记账凭证，予以更正。　　　　（　　）

（练习题参考答案）

一、思考题

（略）

二、多项选择题

1．ABCD　2．ABCD　3．ABD　4．BCD

三、判断题

1．错　2．对　3．错　4．错　5．对

附　　录

附录 1　一元复利终值系数表

n \ i	1%	2%	3%	4%	5%	6%	7%	8%	9%	10%
1	1.0100	1.0200	1.0300	1.0400	1.0500	1.0600	1.0700	1.0800	1.0900	1.1000
2	1.0201	1.0404	1.0639	1.0816	1.1025	1.1236	1.1449	1.1664	1.1881	1.2100
3	1.0303	1.0612	1.0927	1.1249	1.1576	1.1910	1.2250	1.2597	1.2950	1.3310
4	1.0406	1.0824	1.1255	1.1699	1.2155	1.2625	1.3108	1.3605	1.4116	1.4641
5	1.0510	1.1041	1.1593	1.2167	1.2763	1.3382	1.4026	1.4693	1.5386	1.6105
6	1.0615	1.1262	1.1941	1.2653	1.3401	1.4185	1.5007	1.5809	1.6671	1.7716
7	1.0721	1.1487	1.2299	1.3159	1.4071	1.5036	1.6058	1.7138	1.8280	1.9487
8	1.0829	1.1717	1.2668	1.3686	1.4775	1.5938	1.7182	1.8509	1.9926	2.1436
9	1.0937	1.1951	1.3048	1.4233	1.5513	1.6895	1.8385	1.9990	2.1719	2.3579
10	1.1046	1.2190	1.3439	1.4802	1.6289	1.7908	1.9672	2.1589	2.3674	2.5937
11	1.1157	1.2434	1.3842	1.5359	1.7103	1.8983	2.1049	2.3316	2.5804	2.8531
12	1.1268	1.2682	1.4258	1.6010	1.7959	2.0122	2.2522	2.5182	2.8127	3.1384
13	1.1381	1.2936	1.4685	1.6651	1.8856	2.1329	2.4098	2.7196	3.0658	3.4523
14	1.1495	1.3195	1.5126	1.7317	1.9799	2.2609	2.5785	2.9372	3.3417	3.7975
15	1.1610	1.3459	1.5580	1.8009	2.0789	2.3966	2.7590	3.1722	3.6425	4.1772
16	1.1726	1.3728	1.6047	1.8730	2.1829	2.5404	2.9522	3.4259	3.9703	4.5950
17	1.1843	1.4002	1.6528	1.9479	2.2920	2.6928	3.1588	3.7000	4.3276	5.0545
18	1.1961	1.4282	1.7024	2.0258	2.4066	2.8543	3.3799	3.9660	4.7171	5.5599
19	1.2081	1.4568	1.7535	2.1068	2.5270	3.0256	3.6165	4.3457	5.1417	6.1159
20	1.2202	1.4859	1.8061	2.1911	2.6533	3.2071	3.8697	4.6610	5.6044	6.7275
21	1.2324	1.5157	1.8603	2.2788	2.7860	3.3996	4.1406	5.0338	6.1088	7.4002
22	1.2447	1.5460	1.9161	2.3699	2.9253	3.6035	4.4304	5.4365	6.6586	8.1403
23	1.2572	1.5769	1.9736	2.4647	3.0715	3.8197	4.7405	5.8715	7.2579	8.2543
24	1.2697	1.6084	2.0328	2.5633	3.2251	4.0489	5.0724	6.3412	7.9111	9.8497
25	1.2824	1.6406	2.0938	2.6658	3.3864	4.2919	5.4274	6.8485	8.6231	10.835
26	1.2953	1.6734	2.1566	2.7725	3.5557	4.5494	5.8074	7.3964	9.3992	11.918
27	1.3082	1.7069	2.2213	2.8834	3.7335	4.8823	6.2139	7.9881	10.245	13.110
28	1.3213	1.7410	2.2879	2.9987	3.9201	5.1117	6.6488	8.6271	11.167	14.421
29	1.3345	1.7758	2.3566	3.1187	4.1161	5.4184	7.1143	9.3173	12.172	15.863
30	1.3478	1.8114	2.4273	3.2434	4.3219	5.7435	7.6123	10.163	13.268	17.449
40	1.4889	2.2080	3.2620	4.8010	7.0400	10.286	14.794	21.725	31.408	45.259
50	1.6446	2.6916	4.3839	7.1067	11.467	18.420	29.457	46.902	74.358	117.39
60	1.8167	3.2810	5.8916	10.520	18.679	32.988	57.946	101.26	176.03	304.48

（续表）

n \ i	12%	14%	15%	16%	18%	20%	24%	28%	32%	36%
1	1.1200	1.1400	1.1500	1.1600	1.1800	1.2000	1.2400	1.2800	1.3200	1.3600
2	1.2544	1.2996	1.3225	1.3456	1.3924	1.4400	1.5376	1.6384	1.7424	1.8496
3	1.4049	1.4815	1.5209	1.5609	1.6430	1.7280	1.9066	2.0872	2.3000	2.5155
4	1.5735	1.6890	1.7490	1.8106	1.9388	2.0736	2.3642	2.6844	3.0360	3.4210
5	1.7623	1.9254	2.0114	2.1003	2.2878	2.4883	2.9326	3.4360	4.0075	4.6526
6	1.9738	2.1950	2.3131	2.4364	2.6996	2.9860	3.6352	4.3980	5.2899	6.3275
7	2.2107	2.5023	2.6600	2.8262	3.1855	3.5832	4.5077	5.6295	6.9826	8.6054
8	2.4760	2.8526	3.0590	3.2784	3.7589	4.2998	5.5895	7.2058	9.2170	11.703
9	2.7731	3.2519	3.5179	3.8030	4.4355	5.5198	6.9310	9.2234	12.166	15.917
10	3.1058	3.7072	4.0456	4.4114	5.2338	6.1917	8.5944	11.806	16.060	21.647
11	3.4785	4.2262	4.6524	5.1173	6.1759	7.4301	10.657	15.112	21.199	29.439
12	3.8960	4.8179	5.3503	5.9360	7.2876	8.9161	13.215	19.343	27.983	40.037
13	4.3635	5.4924	6.1528	6.8858	8.5994	10.699	16.386	24.759	36.937	54.451
14	4.8871	6.2613	7.0757	7.9875	10.147	12.839	20.319	31.691	48.757	74.053
15	5.4736	7.1379	8.1371	9.2655	11.974	15.407	25.196	40.565	64.359	100.71
16	6.1304	8.1372	9.3576	10.748	14.129	18.488	31.243	51.923	84.954	136.97
17	6.8660	9.2765	10.761	12.468	16.672	22.186	38.741	66.461	112.14	186.28
18	7.6900	10.575	12.375	14.463	19.673	26.623	48.039	86.071	148.02	253.34
19	8.6128	12.056	14.232	16.777	23.214	31.948	59.568	108.89	195.39	344.54
20	9.6463	13.743	16.367	19.461	27.393	38.338	73.864	139.38	257.92	468.57
21	10.804	15.668	18.822	22.574	32.324	46.005	91.592	178.41	340.45	637.26
22	12.100	17.861	21.645	26.186	38.142	55.206	113.57	228.36	449.39	866.67
23	13.552	20.362	24.891	30.376	45.008	66.247	140.83	292.30	593.20	1178.7
24	15.179	23.212	28.625	35.236	53.109	79.497	174.63	374.14	783.02	1603.0
25	17.000	26.462	32.919	40.874	62.669	95.396	216.54	478.90	1033.6	2180.1
26	19.040	30.167	37.857	47.414	73.949	114.48	268.51	613.00	1364.3	2964.9
27	21.325	34.390	43.535	55.000	87.260	137.37	332.95	784.64	1800.9	4023.3
28	23.884	39.204	50.066	63.800	102.97	164.84	412.86	1004.3	2377.2	5483.9
29	26.750	44.693	57.575	74.009	121.50	197.81	511.95	1285.6	3137.9	7458.1
30	29.960	50.950	66.212	85.850	143.37	237.38	634.82	1645.5	4142.1	10143
40	93.051	188.83	267.86	378.72	750.38	1469.8	5455.9	19427	66521	*
50	289.00	700.23	1083.7	1670.7	3927.4	9100.4	46890	*	*	*
60	897.60	2595.9	4384.0	7370.2	20555	56348	*	*	*	*

* >99999

附录2　一元复利现值系数表

n \ i	1%	2%	3%	4%	5%	6%	7%	8%	9%	10%
1	0.9901	0.9804	0.9709	0.9615	0.9524	0.9434	0.9346	0.9259	0.9174	0.9091
2	0.9803	0.9712	0.8426	0.9246	0.9070	0.8900	0.8734	0.8573	0.8417	0.8264
3	0.9706	0.9423	0.9151	0.8890	0.8638	0.8396	0.8163	0.7938	0.7722	0.7513
4	0.9610	0.9238	0.8885	0.8548	0.8227	0.7921	0.7629	0.7350	0.7084	0.6830
5	0.9515	0.9057	0.8626	0.8219	0.7835	0.7473	0.7130	0.6806	0.6499	0.6209
6	0.9420	0.8880	0.8375	0.7903	0.7462	0.7050	0.6663	0.6302	0.5963	0.5645
7	0.9327	0.8606	0.8131	0.7599	0.7107	0.6651	0.6227	0.5835	0.5470	0.5132
8	0.9235	0.8535	0.7874	0.7307	0.6768	0.6274	0.5820	0.5403	0.5019	0.4665
9	0.9143	0.8368	0.7664	0.7026	0.6446	0.5919	0.5439	0.5002	0.4604	0.4241
10	0.9053	0.8203	0.7441	0.6756	0.6139	0.5584	0.5083	0.4632	0.4224	0.3855
11	0.8963	0.8043	0.7224	0.6496	0.5847	0.5268	0.4751	0.4289	0.3875	0.3505
12	0.8874	0.7885	0.7014	0.6246	0.5568	0.4970	0.4440	0.3971	0.3555	0.3186
13	0.8787	0.7730	0.6810	0.6006	0.5303	0.4688	0.4150	0.3677	0.3262	0.2897
14	0.8700	0.7579	0.6611	0.5775	0.5051	0.4423	0.3878	0.3405	0.2992	0.2633
15	0.8613	0.7430	0.6419	0.5553	0.4810	0.4173	0.3624	0.3152	0.2745	0.2394
16	0.8528	0.7284	0.6232	0.5339	0.4581	0.3963	0.3387	0.2919	0.2519	0.2176
17	0.8444	0.7142	0.6050	0.5134	0.4363	0.3714	0.3166	0.2703	0.2311	0.1978
18	0.8360	0.7002	0.5874	0.4936	0.4155	0.3503	0.2959	0.2502	0.2120	0.1799
19	0.8277	0.6864	0.5703	0.4746	0.3957	0.3305	0.2765	0.2317	0.1945	0.1635
20	0.8195	0.6730	0.5537	0.4564	0.3769	0.3118	0.2584	0.2145	0.1784	0.1486
21	0.8114	0.6598	0.5357	0.4388	0.3589	0.2942	0.2415	0.1987	0.1673	0.1351
22	0.8034	0.6468	0.5219	0.4220	0.3418	0.2775	0.2257	0.1839	0.1502	0.1228
23	0.7954	0.6342	0.5067	0.4057	0.3256	0.2618	0.2109	0.1703	0.1378	0.1117
24	0.7876	0.6217	0.4919	0.3901	0.3101	0.2470	0.1971	0.1577	0.1264	0.1015
25	0.7798	0.6095	0.4776	0.3751	0.2953	0.2330	0.1842	0.1460	0.1160	0.0923
26	0.7720	0.5976	0.4637	0.3604	0.2812	0.2198	0.1722	0.1352	0.1064	0.0839
27	0.7644	0.5859	0.4502	0.3468	0.2678	0.2074	0.1609	0.1252	0.0976	0.0763
28	0.7568	0.5744	0.4371	0.3335	0.2551	0.1956	0.1504	0.1159	0.0895	0.0693
29	0.7493	0.5631	0.4243	0.3207	0.2429	0.1846	0.1406	0.1073	0.0822	0.0630
30	0.7419	0.5521	0.4120	0.3083	0.2314	0.1741	0.1314	0.0994	0.0754	0.0573
35	0.7059	0.5000	0.3554	0.2534	0.1813	0.1301	0.0937	0.0676	0.0490	0.0356
40	0.6717	0.4529	0.3066	0.2083	0.1420	0.0972	0.0668	0.0460	0.0318	0.0221
45	0.6391	0.4102	0.2644	0.1712	0.1113	0.0727	0.0476	0.0313	0.0207	0.0137
50	0.6080	0.3715	0.2281	0.1407	0.0872	0.0543	0.0339	0.0213	0.0134	0.0085
55	0.5785	0.3365	0.1968	0.1157	0.0683	0.0406	0.0242	0.0145	0.0087	0.0053

（续表）

n \ i	12%	14%	15%	16%	18%	20%	24%	28%	32%	36%
1	0.8929	0.8772	0.8696	0.8621	0.8475	0.8333	0.8065	0.7813	0.7576	0.7353
2	0.7972	0.7695	0.7561	0.7432	0.7182	0.6944	0.6504	0.6104	0.5739	0.5407
3	0.7118	0.6750	0.6575	0.6407	0.6086	0.5787	0.5245	0.4768	0.4348	0.3975
4	0.6355	0.5921	0.5718	0.5523	0.5158	0.4823	0.4230	0.3725	0.3294	0.2923
5	0.5674	0.5194	0.4972	0.4762	0.4371	0.4019	0.3411	0.2910	0.2495	0.2149
6	0.5066	0.4556	0.4323	0.4104	0.3704	0.3349	0.2751	0.2274	0.1890	0.1580
7	0.4523	0.3996	0.3759	0.3538	0.3139	0.2791	0.2218	0.1776	0.1432	0.1162
8	0.4039	0.3506	0.3269	0.3050	0.2660	0.2326	0.1789	0.1388	0.1085	0.0854
9	0.3606	0.3075	0.2843	0.2630	0.2255	0.1938	0.1443	0.1084	0.0822	0.0628
10	0.3220	0.2697	0.2472	0.2267	0.1911	0.1615	0.1164	0.0847	0.0623	0.0462
11	0.2875	0.2366	0.2149	0.1954	0.1619	0.1346	0.0938	0.0662	0.0472	0.0340
12	0.2567	0.2079	0.1689	0.1685	0.1373	0.1122	0.0757	0.0517	0.0357	0.0250
13	0.2292	0.1821	0.1625	0.1452	0.1163	0.0935	0.0610	0.0404	0.0271	0.0184
14	0.2046	0.1597	0.1413	0.1252	0.0985	0.0779	0.0492	0.0316	0.0205	0.0135
15	0.1827	0.1401	0.1229	0.1079	0.0835	0.0649	0.0397	0.0247	0.0155	0.0099
16	0.1631	0.1229	0.1069	0.0980	0.0709	0.0541	0.0320	0.0193	0.0118	0.0073
17	0.1456	0.1078	0.0929	0.0802	0.0600	0.0451	0.0259	0.0150	0.0089	0.0054
18	0.1300	0.0946	0.0808	0.0691	0.0508	0.0376	0.0208	0.0118	0.0068	0.0039
19	0.1161	0.0829	0.0730	0.0596	0.0431	0.0313	0.0168	0.0092	0.0051	0.0029
20	0.1037	0.0728	0.0611	0.0514	0.0365	0.0261	0.0135	0.0072	0.0039	0.0021
21	0.0926	0.0638	0.0531	0.0443	0.0309	0.0217	0.0109	0.0056	0.0029	0.0016
22	0.0826	0.0560	0.0462	0.0382	0.0262	0.0181	0.0088	0.0044	0.0022	0.0012
23	0.0738	0.0491	0.0402	0.0329	0.0222	0.0151	0.0071	0.0034	0.0017	0.0008
24	0.0659	0.0431	0.0349	0.0284	0.0188	0.0126	0.0057	0.0027	0.0013	0.0006
25	0.0588	0.0378	0.0304	0.0245	0.0160	0.0105	0.0046	0.0021	0.0010	0.0005
26	0.0525	0.0331	0.0264	0.0211	0.0135	0.0087	0.0037	0.0016	0.0007	0.0003
27	0.0469	0.0291	0.0230	0.0182	0.0115	0.0073	0.0030	0.0013	0.0006	0.0002
28	0.0419	0.0255	0.0200	0.0157	0.0097	0.0061	0.0024	0.0010	0.0004	0.0002
29	0.0374	0.0224	0.0174	0.0135	0.0082	0.0051	0.0020	0.0008	0.0003	0.0001
30	0.0334	0.0196	0.0151	0.0116	0.0070	0.0042	0.0016	0.0006	0.0002	0.0001
35	0.0189	0.0102	0.0075	0.0055	0.0030	0.0017	0.0005	0.0002	0.0001	*
40	0.0107	0.0053	0.0037	0.0026	0.0013	0.0007	0.0002	0.0001	*	*
45	0.0061	0.0027	0.0019	0.0013	0.0006	0.0003	0.0001	*	*	*
50	0.0035	0.0014	0.0009	0.0006	0.0003	0.0001	*	*	*	*
55	0.0020	0.0007	0.0005	0.0003	0.0001	*	*	*	*	*

* <0.0001

附录3 一元年金终值系数表

i / n	1%	2%	3%	4%	5%	6%	7%	8%	9%	10%
1	1.0000	1.0000	1.0000	1.0000	1.0000	1.0000	1.0000	1.0000	1.0000	1.0000
2	2.0100	2.0200	2.0300	2.0400	2.0500	2.0600	2.0700	2.0800	2.0900	2.1000
3	3.0301	3.0604	3.0909	3.1216	3.1525	3.1836	3.2149	3.2464	3.2781	3.3100
4	4.0604	4.1216	4.1836	4.2465	4.3101	4.3749	4.4399	4.5061	4.5731	4.6410
5	4.2135	5.2040	5.3091	5.4163	5.5256	5.6371	5.7507	5.8666	5.9847	6.1051
6	6.1520	6.3081	6.4684	6.6330	6.8019	6.9753	7.1533	7.3359	7.5233	7.7156
7	7.0721	7.4343	7.6625	7.8983	8.1420	8.3938	8.6540	8.9228	9.2009	9.4872
8	8.2857	8.5830	8.8923	9.2142	9.5491	9.8975	10.260	10.637	11.028	11.436
9	9.3685	9.7546	10.159	10.583	11.027	11.491	11.978	12.488	13.021	13.579
10	10.462	10.950	11.464	12.006	12.578	13.181	13.816	14.487	15.193	15.937
11	11.567	12.169	12.808	13.486	14.207	14.972	15.784	16.645	17.560	18.531
12	12.683	13.412	14.192	15.026	15.917	16.870	17.888	18.977	20.141	21.384
13	13.809	14.680	15.618	16.627	17.713	18.882	20.141	21.495	22.953	24.523
14	14.947	15.974	17.086	18.292	19.599	21.015	22.550	24.214	26.016	27.975
15	16.097	17.293	18.599	20.024	21.579	23.276	25.129	27.152	29.361	31.772
16	17.258	18.639	20.157	21.825	23.657	25.673	27.888	30.324	33.003	35.950
17	18.430	20.012	21.762	23.698	25.840	28.213	30.840	33.750	36.974	40.545
18	19.615	21.412	23.414	25.645	28.132	30.906	33.999	37.450	41.301	45.599
19	20.811	22.841	25.117	27.671	30.539	33.760	37.379	41.446	46.018	51.159
20	22.019	24.297	26.870	29.778	33.066	36.786	40.995	45.752	51.160	57.275
21	23.239	25.783	28.676	31.969	35.719	39.993	44.865	50.423	56.765	64.002
22	24.472	27.299	30.537	34.248	38.505	43.392	49.006	55.457	62.876	71.403
23	25.716	28.845	32.453	36.618	41.430	46.996	53.436	60.883	69.532	79.543
24	26.973	30.422	34.426	39.083	44.502	50.816	58.177	66.765	76.790	88.497
25	28.243	32.030	36.459	41.646	47.727	54.863	63.249	73.106	84.701	98.347
26	29.526	33.671	38.553	44.312	51.113	59.156	68.676	79.954	93.324	109.18
27	30.821	35.344	40.710	47.084	54.669	63.706	74.484	87.351	102.72	121.10
28	32.129	37.051	42.931	49.968	58.403	68.528	80.698	95.339	112.97	134.21
29	33.450	38.792	45.219	52.966	62.323	73.640	87.347	103.97	124.14	148.63
30	34.485	40.568	47.575	56.085	66.439	79.058	94.461	113.28	136.30	163.49
40	48.886	60.402	75.401	95.026	120.80	154.76	199.64	259.06	337.88	442.59
50	64.463	84.759	112.80	152.67	209.35	290.34	406.53	573.77	815.08	1163.9
60	81.670	114.05	163.05	237.99	353.58	533.13	813.52	1253.2	1944.8	3034.8

（续表）

n \ i	12%	14%	15%	16%	18%	20%	24%	28%	32%	36%
1	1.0000	1.0000	1.0000	1.0000	1.0000	1.0000	1.0000	1.0000	1.0000	1.0000
2	2.1200	2.1400	2.1500	2.1600	2.1800	2.2000	2.2400	2.2800	2.3200	2.3600
3	3.3744	3.4396	3.4725	3.5056	3.5724	3.6400	3.7776	3.9184	4.0624	4.2096
4	4.7793	4.9211	4.9934	5.0665	5.2154	5.3680	5.6842	6.0156	6.3624	6.7251
5	6.3528	6.6101	6.7424	6.8771	7.1542	7.4416	8.0484	8.6999	9.3983	10.146
6	8.1152	8.5355	8.7537	8.9775	9.4420	9.9299	10.980	12.136	13.406	14.799
7	10.089	10.730	11.067	11.414	12.142	12.916	14.615	16.534	18.696	21.126
8	12.300	13.233	13.727	14.240	15.327	16.499	19.123	22.163	25.678	29.732
9	14.776	16.085	16.786	17.519	19.086	20.799	24.712	29.369	34.895	41.435
10	17.549	19.337	20.304	21.321	23.521	25.959	31.643	38.593	47.062	57.352
11	20.655	23.045	24.349	25.733	28.755	32.150	40.238	50.398	63.122	78.998
12	24.133	27.271	29.002	30.850	34.931	39.581	50.895	65.510	84.320	108.44
13	28.029	32.089	34.352	36.786	42.219	48.497	64.110	84.853	112.30	148.47
14	32.393	37.581	40.505	43.672	50.818	59.196	80.496	109.61	149.24	202.93
15	37.280	43.842	47.580	51.660	60.965	72.035	100.82	141.30	198.00	276.98
16	42.753	50.980	55.717	60.925	72.939	87.442	126.01	181.87	262.36	377.69
17	48.884	59.118	65.075	71.673	87.068	105.93	157.25	233.79	347.31	514.66
18	55.750	68.394	75.836	84.141	103.74	128.12	195.99	300.25	459.45	770.94
19	63.440	78.969	88.212	98.603	123.41	154.74	244.03	385.32	607.47	954.28
20	72.052	91.025	102.44	115.38	146.63	186.69	303.60	494.21	802.86	1298.8
21	81.669	104.77	118.81	134.84	174.02	225.03	377.46	633.50	1060.8	1767.4
22	92.503	120.44	137.63	157.41	206.34	271.03	469.06	812.00	1401.2	2404.7
23	104.60	138.30	159.28	183.60	244.49	326.24	582.63	1040.4	1850.6	3271.3
24	118.16	158.66	184.17	213.98	289.49	392.48	723.46	1332.7	2443.8	4450.0
25	133.33	181.87	212.79	249.21	342.60	471.98	898.09	1706.8	3226.8	6053.0
26	150.33	208.33	245.71	290.09	405.27	567.38	1114.6	2185.7	4260.4	8233.1
27	169.37	238.50	283.57	337.50	479.22	681.85	1383.1	2798.7	5624.8	11198.0
28	190.70	272.89	327.10	392.50	566.48	819.22	1716.1	3583.3	7425.7	15230.3
29	214.58	312.09	377.17	456.30	669.45	984.07	2129.0	4587.7	9802.9	20714.2
30	241.33	356.79	434.75	530.31	790.95	1181.9	2640.9	5873.2	12941	28172.3
40	767.09	1342.0	1779.1	2360.8	4163.2	7343.2	22729	69377	*	*
50	2400.0	4994.5	7217.7	10436	21813	45497	*	*	*	*
60	7471.6	18535	29220	46058	*	*	*	*	*	*

* >99999

附录4 一元年金现值系数表

n \ i	1%	2%	3%	4%	5%	6%	7%	8%	9%
1	0.9901	0.9804	0.9709	0.9615	0.9524	0.9434	0.9346	0.9259	0.9174
2	1.9704	1.9416	1.9135	1.8861	1.8594	1.8334	1.8080	1.7833	1.7591
3	2.9410	2.8839	2.8286	2.7751	2.7232	2.6730	2.6243	2.5771	2.5313
4	3.9020	3.8077	3.7171	3.6299	3.5460	3.4651	3.3872	3.3121	3.2397
5	4.8534	4.7135	4.5797	4.4518	4.3295	4.2124	4.1002	3.9927	3.8897
6	5.7955	5.6014	5.4172	5.2421	5.0757	4.9173	4.7665	4.6229	4.4859
7	6.7282	6.4720	6.2303	6.0021	5.7864	5.5824	5.3893	5.2064	5.0330
8	7.6517	7.3255	7.0197	6.7327	6.4632	6.2098	5.9713	5.7466	5.5348
9	8.5660	8.1622	7.7861	7.4353	7.1078	6.8017	6.5152	6.2469	5.9952
10	9.4713	8.9826	8.5302	8.1109	7.7217	7.3601	7.0236	6.7101	6.4177
11	10.3674	9.7868	9.2526	8.7605	8.3064	7.8869	7.4987	7.1390	6.8052
12	11.2551	10.5753	9.9540	9.3851	8.8633	8.3838	7.9427	7.5361	7.1607
13	12.1337	11.3484	10.635	9.9856	9.3936	8.8527	8.3577	7.9038	7.4869
14	13.0037	12.1062	11.2961	10.5631	9.8986	9.2950	8.7455	8.2442	7.7862
15	13.8651	12.8493	11.9379	11.1184	10.3797	9.7122	9.1079	8.5595	8.0607
16	14.7179	13.5777	12.5611	11.6523	10.8378	10.1059	9.4466	8.8514	8.3126
17	15.5623	14.2919	13.1661	12.1657	11.2741	10.4773	9.7632	9.1216	8.5436
18	16.3983	14.9920	13.7535	12.6896	11.6896	10.8276	10.0591	9.3719	8.7556
19	17.2260	15.6785	14.3238	13.1339	12.0853	11.1581	10.3356	9.6036	8.9601
20	18.0456	16.3514	14.8775	13.5903	12.4622	11.4699	10.5940	9.8181	9.1285
21	18.8570	17.0112	15.4150	14.0292	12.8212	11.7641	10.8355	10.0168	9.2922
22	19.6604	17.6580	15.9369	14.4511	13.4886	12.3034	11.0612	10.2007	9.4424
23	20.4558	18.2922	16.4436	14.8568	13.4886	12.3034	11.2722	10.3711	9.5802
24	21.2434	18.9139	16.9355	14.2470	13.7986	12.5504	11.4693	10.5288	9.7066
25	22.0232	19.5235	17.4131	15.6221	14.0939	12.7834	11.6536	10.6748	9.8226
26	22.7952	20.1210	17.8768	15.9828	14.3752	13.0032	11.8258	10.8100	9.9290
27	23.5596	20.7059	18.3270	16.3296	14.6430	13.2105	11.9867	10.9352	10.0266
28	24.3164	21.2813	18.7641	16.6631	14.8981	13.4062	12.1371	11.0511	10.1161
29	25.0658	21.8444	19.1885	16.9837	15.1411	13.5907	12.2777	11.1584	10.1983
30	25.8077	22.3965	19.6004	17.2920	15.3725	13.7648	12.4090	11.2578	10.2737
35	29.4086	24.9986	21.4872	18.6646	16.3742	14.4982	12.9477	11.6546	10.5668
40	32.8347	27.3555	23.1148	19.7928	17.1591	15.0463	13.3317	11.9246	10.7574
45	36.0945	29.4902	24.5187	20.7200	17.7741	15.4558	13.6055	12.1084	10.8812
50	39.1961	31.4236	25.7298	21.4822	18.2559	15.7619	13.8007	12.2335	10.9617
55	42.1472	33.1748	26.7744	22.1086	18.6335	15.9905	13.9399	12.3186	11.0140

（续表）

n \ i	10%	12%	14%	15%	16%	18%	20%	24%	28%	32%
1	0.9091	0.8929	0.8772	0.8696	0.8621	0.8475	0.8333	0.8065	0.7813	0.7576
2	1.7355	1.6901	1.6167	1.6257	1.6052	1.5656	1.5278	1.4568	1.3916	1.3315
3	2.4869	2.4018	2.3216	2.2832	2.2459	2.1743	2.1065	1.9813	1.8684	1.7663
4	3.1699	3.0373	2.9173	2.8550	2.7982	2.6901	2.5887	2.4043	2.2410	2.0957
5	3.7908	3.6048	3.4331	3.3522	3.2743	3.1272	2.9906	2.7454	2.5320	2.3452
6	4.3553	4.1114	3.8887	3.7845	3.6847	3.4976	3.3255	3.0205	2.7594	2.5342
7	4.8684	4.5638	4.2882	4.1604	4.0386	3.8115	3.6046	3.2423	2.9370	2.6775
8	5.3349	4.9676	4.6389	4.4873	4.3436	4.0776	3.8372	3.4212	3.0758	2.7860
9	5.7590	5.3282	4.9164	4.7716	4.6065	4.3030	4.0310	3.5655	3.1842	2.8681
10	6.1446	5.6502	5.2162	5.0188	4.8332	4.4941	4.1925	3.6819	3.2689	2.9304
11	6.4951	5.9377	5.4527	5.2337	5.0286	4.6560	4.3271	3.7757	3.3351	2.9776
12	6.8137	6.1944	5.6603	5.4206	5.1971	4.7932	4.4392	3.8514	3.3868	3.0133
13	7.1034	6.6235	5.8424	5.5831	5.3423	4.9095	4.5327	3.9124	3.4272	3.0404
14	7.3667	6.6282	6.0021	5.7245	5.4675	5.0081	4.6106	3.9616	3:4587	3.0609
15	7.6061	6.8109	6.1422	5.8474	5.5755	5.0916	4.6755	4.0013	3.4834	3.0764
16	7.8237	6.9740	6.2651	5.9542	5.6685	5.1624	4.7296	4.0333	3.5026	3.0882
17	8.0216	7.1196	6.3729	6.0472	5.7487	5.2223	4.7746	4.0591	3.5177	3.0971
18	8.2014	7.2497	6.4674	6.1280	5.8178	5.2732	4.8122	4.0799	3.5294	3.1039
19	8.3649	7.3658	6.5504	6.1982	5.8775	5.3162	4.8435	4.0967	3.5386	3.1090
20	8.5136	7.4694	6.6231	6.2593	5.9288	5.3527	4.8696	4.1103	3.5458	3.1129
21	8.6487	7.5620	6.6870	6.3125	5.9721	5.3837	4.8913	4.1212	3.5514	3.1158
22	8.7715	7.6446	6.7429	6.3587	6.0113	5.4099	4.9094	4.1300	3.5558	3.1180
23	8.8832	7.7184	6.7921	6.3988	6.0442	5.4321	4.9245	4.1371	3.5592	3.1197
24	8.9847	7.7843	6.8351	6.4338	6.0726	5.4509	4.9371	4.1428	3.5619	3.1210
25	9.0770	7.8431	6.8729	6.4641	6.0971	5.4669	4.9476	4.1474	3.5640	3.1220
26	9.1609	7.8957	6.9061	6.4906	6.1182	5.4804	4.9563	4.1511	3.5656	3.1227
27	9.2372	7.9426	6.9352	6.5135	6.1364	5.4919	4.9636	4.1542	3.5669	3.1233
28	9.3066	7.9844	6.9607	6.5335	6.1520	5.5016	4.9697	4.1566	3.5679	3.1237
29	9.3696	8.0218	6.9830	6.5509	6.1656	5.5098	4.9747	4.1585	3.5687	3.1240
30	9.4269	8.0552	7.0027	6.5660	6.1772	5.5168	4.9789	4.1601	3.5693	3.1242
35	9.6442	8.1755	7.0700	6.6166	6.2153	5.5386	4.9915	4.1644	3.5708	3.1248
40	9.7791	8.2438	7.1050	6.6418	6.2335	5.5482	4.9966	4.1659	3.5712	3.1250
45	9.8628	8.2825	7.1232	6.6543	6.2421	5.5523	4.9986	4.1664	3.5714	3.1250
50	9.9148	8.3045	7.1327	6.6605	6.2463	5.5541	4.9995	4.1666	3.5714	3.1250
55	9.9471	8.3170	7.1376	6.6636	6.2482	5.5549	4.9998	4.1666	3.5714	3.1250

参考文献

[1] 王惠君，陈民全．旅游企业成本核算及财务管理全书[M]．北京：当代中国音像出版社，2004．
[2] 闫华红．中级财务管理[M]．北京：北京大学出版社，2007．
[3] 财政部会计资格评价中心．财务管理[M]．北京：中国财政经济出版社，2007．
[4] 龚韵笙．现代旅游企业财务管理[M]．大连：东北财经大学出版社，2008．
[5] 北京注册会计师协会 CAP 考前辅导专家组．财务成本管理[M]．北京：经济科学出版社，2010．